2014

El año del
Caballo de Madera

2014

El año del
Caballo de Madera

Mónica Koppel y Bruno Koppel

Planeta

Dedicamos este libro a todas aquellas personas interesadas en aprender a vivir y fluir en armonía y equilibrio con todo lo que nos rodea; a todas las personas que esperan este libro con alegría e ilusión, misma alegría e ilusión con la que fue escrito; a todas aquellas personas que reciben este trabajo con el corazón y comparten la intención de mejorar su vida y su entorno.

Mónica y Bruno Koppel

Diseño de portada: Bruno Koppel y Alejandra Ruiz Esparza
Fotografía de portada: Bruno Koppel

© 2013, Mónica y Bruno Koppel

Derechos reservados

© 2013, Editorial Planeta Mexicana, S.A. de C.V.
Bajo el sello editorial PLANETA M.R.
Avenida Presidente Masarik núm. 111, 2o. piso
Colonia Chapultepec Morales
C.P. 11570, México, D.F.
www.editorialplaneta.com.mx

Primera edición: agosto de 2013
ISBN: 978-607-07-1793-2

Impreso en los talleres de Litográfica Ingramex, S.A. de C.V.
Centeno núm. 162-1, colonia Granjas Esmeralda, México, D.F.
Impreso y hecho en México – *Printed and made in Mexico*

Índice

Introducción

Este libro surge de una inquietud personal de calcular cómo adaptar cada año nuestra casa y nuestro entorno personal con feng shui a la energía reinante a partir del signo zodiacal chino, la carta anual de la estrella voladora, las cartas mensuales de la estrella voladora y el *ki* de las nueve estrellas.

Al comprobar que, conforme fluía el año y nuestra energía se apoyaba de acuerdo con lo que habíamos analizado previamente al comenzar cada año, y todos los aspectos tenían resultados positivos, comenzamos a escribir artículos que se publicaban cada inicio de año en *Astrología China*.

Al descubrir el interés del público por recibir, año con año, el artículo nuevo correspondiente, nos dimos cuenta que era importante compartir, lo que cada año preparamos con mucho cariño para nuestro feng shui personal, con todos aquellos que están interesados en implementar el feng shui como un estilo de vida.

Así inicia éste libro que se convierte en una aventura personal cíclica en la que invitamos a los lectores a fluir durante todo este año que comienza, tal como sucedió con los libros de años anteriores: *Cabra de agua 2003, Mono de madera 2004, Gallo de madera 2005, Perro de fuego 2006, 2007 Año del cerdo de fuego, 2008 Año de la rata de tierra, 2009 año del buey de tierra, 2010 Año del tigre de metal, 2011 Año del conejo de metal, 2012 año del dragón de agua, 2013 Año de la serpiente de agua.*

En este libro, Bruno Koppel contribuye como coautor con el almanaque chino.

Deseamos de todo corazón que sea un excelente año para todo el mundo. Si queremos vivir grandes cambios y formar parte de la transformación del mundo, nuestra aportación comienza de manera individual en el espacio personal, comencemos a vivir en armonía y equilibrio para contagiar a todos aquellos que nos rodean.

El éxito es resultado de nuestra voluntad de cambio y nuestra actitud hacia la vida, aprende a fluir en armonía y equilibrio con el Universo, de esa manera, el éxito estará de tu lado. El éxito radica en disfrutar cada instante y cada momento, en agradecer lo recibido y aprender de lo vivido. El éxito es consecuencia del esfuerzo, la tenacidad, el énfasis, el disfrute y de aprender a perseguir nuestros sueños.

1. Año Nuevo chino del caballo de madera

Existen dos calendarios que se utilizan en China. Uno es el calendario lunar, que tiene una fecha de inicio variable cada año, pues se basa en la segunda luna nueva después del solsticio de invierno, a la que se denomina primera luna nueva de primavera; el otro es el calendario solar, que tiene como fecha de inicio fija el día 4 de febrero de cada año. ¿Cuál de los dos es el importante? La respuesta es los dos. El inicio del Año Nuevo chino, acorde al calendario lunar, es cuando se realizan rituales y fiestas que duran 15 días, y se considera la festividad más importante en la tradición china. El calendario solar chino se emplea para cálculos astrológicos y pronósticos, así como para armonizar y sanar las áreas y espacios de una casa y a las personas. Recuerda que inicia el día 4 de febrero de cada año.

En esta ocasión, el Año Nuevo chino lunar comienza el 30 de enero. En esta misma fecha da inicio la primavera en China y se realizan diversos festivales y rituales para atraer la buena fortuna. Al igual que en años anteriores, hemos descrito estos rituales en los libros correspondientes, y son producto de la recopilación y estudio de las festividades, que año con año, se realizan de manera tradicional en China. 2014 se considera un año que inicia con primavera y trae consigo energía de madera. Esto significa que es un año de crecimiento, creatividad, desarrollo, innovación y vanguardia. Es un año rápido, dinámico y de mucho movimiento.

Este 2014 es el año 4712 en el calendario chino.

2. Rituales para recibir el Año Nuevo lunar chino

Para celebrar la llegada del año nuevo, los chinos acostumbran repartir sobres de color rojo con caracteres o símbolos de buena fortuna en color dorado. Por lo general colocan dulces o monedas adentro de los sobres y los entregan niños, ancianos y amigos.

Otro ritual constante año con año es colocar el símbolo del *fu* o *fo*, que representa la buena fortuna, a la entrada de las casas y en las ventanas, dirigido hacia el exterior para invitar a la buena fortuna.

Símbolo del *fo* o *fu*

Es característico prender cohetes o juegos pirotécnicos para alejar los problemas y la mala energía durante el año, también colocan dentro de la casa, arriba de la puerta principal, imitaciones de cohetes con caracteres chinos de suerte y fortuna que se pueden hacer con los sobres rojos que mencioné con anterioridad, también se pueden colocar cinco de estos sobres sobre el marco de la puerta principal, por el interior de la casa, para alejar desastres naturales y problemas; se colocan en forma de pirámide o ascendente. Existe la creencia, en la tradición China, que la noche en que inicia el año nuevo lunar los demonios salen y generan problemas y conflictos. Las luces y los cohetes ayudan a asustarlos y los alejan, por eso se considera que las casas, pueblos o ciudades que no usan cohetes, ni juegos pirotécnicos, quedan en manos de los demonios.

Se considera importante, al inicio del año, decorar las casas con pinturas de flores, aves y mariposas que simbolizan el comienzo del crecimiento y la creatividad del año que está llegando. Las aves y las mariposas simbolizan amor romántico y fidelidad, mientras que las flores se asocian con alegría y felicidad. Se cree que al integrar estos elementos en la decoración de nuestras casas se invita a ese tipo de energías a nuestro hogar.

El festival de la primavera es uno de los más importantes en China y se le conoce también como festival de Año Nuevo. Es recomendable, en este primer día, regalar talismanes de buena suerte y fortuna a quienes te rodean y a tus amigos. Pero, ¿qué haces con los talismanes del año anterior? Los talismanes que se colocaron para recibir el año que está terminando, deben quemarse antes de colocar los nuevos. El 15º día del primer mes lunar concluye el festival de la primavera con el festival de la linterna.

Para recibir a la Primavera se limpia perfectamente la casa, se pagan las deudas pendientes, se corta el cabello, se compra ropa nueva y así dar la bienvenida a la nueva energía del año.

Después de realizar una buena limpieza física de la casa, se puede continuar con una limpieza energética. Recuerda que hay etapas, y espacios de la casa, en los que la energía se estanca, provocando una sensación de conflicto, pesadez y tedio. Por ello, es recomendable realizar frecuentemente rituales para aclarar o limpiar la energía de la casa. Esto se reflejará en una sensación de libertad y tranquilidad en nuestro espacio personal. La cultura China se ha caracterizado por rituales que simbolizan la ideología y las creencias del pueblo. Dichos rituales conforman un concepto, lleno de espíritu racional, que refleja las leyes de la naturaleza, tales como la unión de todo entre el Cielo y la Tierra.

El primer paso es llevar a cabo una limpieza física de esos objetos que hemos acumulado innecesariamente en nuestra casa, poner orden en nuestros espacios. La acumulación de objetos y el desorden son la causa principal de que la energía se estanque, provocando problemas continuos, discusiones, proyectos detenidos, emociones retenidas y conflictos de salud.

¡Procedamos a poner orden nuestras ideas y principios para recibir el año con la mejor energía posible!

¿Te imaginaste alguna vez que la casa y nuestros espacios emite señales, o mensajes, acerca de nosotros? Pues así es, nuestra casa habla de nuestras emociones:

- ¿Cómo están acomodados los muebles?
- ¿Qué es lo primero que observas al entrar a tu casa?
- ¿Tienes objetos desordenados y mal acomodados?
- ¿Cómo están los cajones de tus clósets?
- ¿Qué guardas en tu clóset?
- ¿Qué tan limpia está la cocina?
- ¿Qué tanto usas cada habitación de la casa?

Es momento de limpiar y poner en orden nuestras cosas. Te recomendamos deshacerte de todo aquello que no usas. Regala la ropa que no has vestido en los últimos dos años. Guarda aquellos recuerdos que consideras gratos, pero no te conviertas en una bodega de emociones pasadas y deja espacio para emociones nuevas. Manda reparar aquello que está descompuesto y libera tus espacios del exceso de adornos y de muebles.

Con frecuencia nos convertimos en acumuladores de objetos en los que, de manera inconsciente, depositamos nuestra sensación de seguridad y estabilidad. Queremos hacer énfasis en que el exceso de estabilidad puede generar estancamiento ¿estás de acuerdo?

Al limpiar nuestros espacios, limpiamos nuestras emociones. Si limpiamos nuestras emociones nos liberamos de miedos y de confusiones. Los peores enemigos del éxito son el miedo y la confusión. Impiden que pensemos objetivamente y que nos aventuremos a tomar decisiones.

El simple hecho de limpiar nuestro clóset, nuestro escritorio, nuestra recámara, en fin, todos nuestros espacios, se verá reflejado en una sensación de libertad.

¡Maravilloso! ¡Hemos dado el primer paso para establecer de manera objetiva que es lo que queremos y buscamos en nuestra vida comenzando por el año que comienza.

Los seres humanos emitimos mensajes y señales de acuerdo al acomodo de nuestros objetos personales, incluso nuestros cajones. La acumulación de objetos es una forma de emitir señales negativas; demasiados objetos, emiten la señal de saturación de ideas, proyectos y planes totalmente confusos, poco estructurados y definidos.

El desorden altera el *tao*, o camino para llegar a nuestras metas, bloquea las vías de acceso a oportunidades y nos hace perder tiempo, que puede ser valiosísimo, para estructurar de manera ordenada y disciplinada nuestro plan de vida. Dependiendo del lugar donde se acumule el desorden, será el mensaje que estaremos emitiendo.

- El desorden, y objetos amontonados a la entrada, de la casa se interpreta como miedo a relacionarse con otras personas.
- El desorden, y objetos amontonados en el clóset, es señal de no tener control sobre el análisis, manejo y control de las emociones.
- El desorden, y objetos amontonados en la cocina, es señal de resentimiento o de fragilidad sentimental.
- El desorden en el escritorio, o área de trabajo, es mensaje de frustración, miedo y necesidad de controlar las situaciones.
- El desorden detrás de las puertas es mensaje de miedo a no ser aceptado por los demás, la sensación de sentirse vigilado constantemente.
- El desorden debajo de los muebles mensaje de que dar demasiada importancia a las apariencias.

- El desorden, y objetos acumulados en bodegas, es señal de vivir en el pasado.
- El desorden, y objetos acumulados en el garaje, es mensaje de temor y falta de habilidad para actualizarse.
- El desorden, y objetos amontonados por toda la casa, es mensaje de rabia, enojo, desidia y apatía hacia todos los aspectos de la vida.
- El desorden, y objetos acumulados en pasillos, es señal de problemas para comunicarse, miedo a expresar y manifestar lo que se desea en la vida.
- El desorden, y objetos acumulados en la sala, es mensaje de temor al rechazo social.
- El desorden en el comedor es mensaje de miedo a dar pasos firmes y sensación de dominio por parte de la familia.

Muchas personas tenemos antigüedades u objetos heredados. Estos se impregnan de la energía de las personas a las que han pertenecido. Un ritual para limpiar estos objetos es quemar incienso o aceite esencial natural de algún cítrico como naranja, limón, toronja o mandarina.

Ya que hemos limpiado nuestro entorno físico, procedamos a limpiar, o despejar, la energía de nuestros espacios de vida. "La técnica de despejar el espacio se lleva a cabo para aumentar el nivel de luz astral de la atmósfera en nuestro espacio personal y, al hacerlo, se aumenta también la calidad de vida que podemos llegar a experimentar." Esto te ayudará a convertir tus espacios en lugares sagrados, vas a trabajar en encontrar más sentido a tu vida y serás más asertivo en tus decisiones proyectos.

Cuando te sientes obstaculizado y detenido en diversos aspectos de tu vida, quiere decir que en alguna parte de tu hogar existe un obstáculo que se refleja de esa manera. Procedamos pues a conocer algunas técnicas para despejar el espacio. Para empezar es importante que te sientas en estado óptimo, que hayas descansado la noche previa, evita estar enfermo, cansado, de mal humor o con alguna herida que sangre. Si eres mujer y estás embarazada o menstruando evita realizar el ritual.

Antes de iniciar, para obtener el mejor resultado, la casa debe estar trapeada, barrida. Es decir, perfectamente limpia y ordenada.

- Báñate antes de realizar el ritual de limpieza de la casa.
- Evitar traer en tu cuerpo joyas u objetos de metal como relojes, collares o aretes, pues provocan cansancio, malestar y dolores de cabeza o de cuerpo.
- Trata de realizar el ritual de limpieza descalzo y vestido de blanco.
- Guarda los alimentos y las bebidas en muebles o en contenedores cerrados.
- Coloca tus objetos de trabajo en una mesa limpia, despejada, que te permita movilidad y libertad de espacio.
- Coloca en esa mesa un mantel de color blanco, que se utilice solamente para estos rituales.
- Coloca un jarrón con flores frescas.
- Necesitas incienso, cerillos, tres velas blancas y un tazón con agua.
- Necesitas unas campanas, unos cimbales o un tazón tibetano.

Comienza a trabajar sensibilizando tus manos a la energía en el campo electromagnético de los seres vivos. La limpieza de espacios se debe realizar durante las horas de sol del día, y es recomendable que sea en periodos de luna llena o luna nueva.

- Evita distracciones durante el ritual.
- Trabaja tu respiración.
- Sensibilízate y entra en contacto con tu hogar.
- Comienza por las partes bajas de las construcciones y después las partes altas.
- Enciende las velas y el incienso.
- Coloca un tazón de cerámica, o vidrio, con agua que hayas cargado previamente con la energía del sol o de la luna. Tres horas de exposición a la energía de los astros es suficiente. En ese tazón coloca flores frescas como ofrenda y una vela encendida.

En tu mesa coloca tazones con agua cargada con energía de la luna, el sol, cuarzos (24 horas) o con tu propia mano en efecto arcoíris.

Coloca tazones pequeños con sal de grano en las esquinas y en las entradas de la construcción. Coloca una vela de color blanco en cada área de tu casa.

Coloca otro tazón de ofrenda con flores y una vela en la cocina y otros espacios importantes de la casa.

Enciende inciensos en todas las áreas de la casa.

Haz una invocación a los Ángeles y a tus seres protectores, realiza una oración.

Recorre la casa encendiendo las velas que colocaste en cada área, invocando al fuego protector, despejador y liberador (FUEGO).

Recorre el lugar con inciensos encendidos ayudándote de una pluma de pavo real u otro animal (VIENTO).

Ahora despeja la energía atorada por medio de aplausos, campanas, *windchimes*, palitos que suenen, varas de poder, un tazón tibetano o un tambor. Recorre el lugar por dentro en forma circular (SONIDO).

Recorre todo el lugar rociando agua de los tazones previamente preparados, ayudándote de una flor (AGUA).

En cada habitación donde colocaste tazones con sal gruesa de cocina, invoca al espíritu de la tierra para que, a través de la sal, purifique ese espacio, lanza algunos granos de sal en cada esquina y espacio que sientas estancado en la casa (TIERRA).

Puedes colocar un camino de sal que rodee tu cama, esto ayudará a despejar tu mente y alejará influencias negativas de tu vida. La sal se considera sumamente protectora en China. También puedes bañarte con sal para limpiar y purificar tu energía.

Lávate las manos después de cada paso.

Magnetiza el lugar

- Puedes colocar en la casa aromas de aceites esenciales naturales como eucalipto, menta, hierbabuena y pino.
- Pon música de mantras o sonidos de la naturaleza.
- Coloca cuarzos programados en tu casa (ágata, ámbar, amatista, aguamarina, aventurita, cornalina, coral, jade, lapislázuli, malaquita, cuarzo rosa, ojo de tigre, turmalina, piedra luna, etcétera). Usa accesorios (collares, pulseras, aretes de piedras naturales) en tu cuerpo y prográmalos.
- Nombra y coloca plantas y árboles guardianes, como tótem, en tu casa.
- Coloca cobre en tu casa para proteger y mejorar la energía.
- Diseña jardines donde invites a las hadas y espíritus protectores de la tierra a cuidarte.
- Coloca tazones con semillas en la cocina y lugares importantes de la casa.
- Agradece a la energía de los elementos, de tus protectores, e invítalos a quedarse en tu hogar.

Al terminar la purificación de tu espacio, báñate con agua y cáscaras de naranja. Evita comer carne de res o de cerdo el día anterior y, el día de la purificación, bebe muchos líquidos. Siempre agradece las bendiciones que recibes de la energía creadora de la naturaleza y de la vida.

Al quedar energética y físicamente limpia la casa, procedemos a realizar rituales para recibir el año nuevo y atraer buena suerte.

En China colocan, a los lados de la puerta principal, tiras de papel con símbolos de buena suerte en color rojo y negro viendo hacia la calle. También se pueden colocar talismanes taoístas, los talismanes del año anterior se deben quitar y quemar antes de colocar los nuevos.

El día anterior al Año Nuevo chino se recomienda barrer la casa de adentro hacia el exterior, hacia la calle, y el techo de la casa. Esto debe hacerse con una escoba nueva.

En las casas se enciende incienso ya iniciado el año nuevo, y se pide a los Dioses por buena salud en la etapa que comienza. Este incienso es preferentemente de sándalo.

Las personas se reúnen para celebrar y preparan cenas abundantes para simbolizar la abundancia y augurar un buen año para la cosecha en otoño. En esta cena se evita el uso de cuchillos ya que se asocia su uso con las agresiones y problemas durante el año. Esta cena se realiza durante la noche previa al día en que inicia el Año Nuevo chino que, en esta ocasión, será la noche del 30 de enero. También se acostumbra estrenar palillos chinos en esa noche y, lo ideal, es que sean de color dorado para atraer buena suerte económica durante el año.

En la noche se acostumbra encender linternas de tela o de papel, que son esas bolas de papel que vemos con frecuencia a la entrada de los restaurantes chinos. Las que se utilizan en esta fecha son de color rojo y se les pueden colocar velas o lucecitas adentro. Estas linternas se pueden ubicar a la entrada de las casas. En China se elaboran linternas de distintas formas, pueden ser pescados, aves, flores, en forma de frutas como naranjas, piñas, lichis y mandarinas.

Aromas como el sándalo en incienso se emplean para ambientar y limpiar la energía de las casas. Los árboles se decoran con papeles de color rojo y buenos pensamientos y deseos escritos en negro. En los templos colocan linternas octagonales con incienso de sándalo para atraer Bendiciones.

Este festival simboliza también algunos rituales de amor.

Otro festival que se realiza en ésta época de la primavera es la feria de las flores, un ritual para pedir por un buen año de siembra y que consiste en colocar flores y vegetales verdes en las entradas de las casas, por el exterior. Se deben comprar las flores ese día y se acomodan con mandarinas, paisajes pequeños y caminitos formados por flores de colores que simbolizan "ríos de alegría". Las mujeres decoran su cabello con flores de durazno, y de colores rosa y rojo para atraer el amor.

Otra costumbre es comprar, en el día de la primavera, un árbol pequeño de mandarinas y colocarlo en la entrada de la casa. Se deja ahí durante todo el año para atraer buena cosecha en otoño. El interior de la casa se adorna con jarrones de flores frescas para atraer amor y alegría durante todo el año.

Las flores que se consideran de buena suerte son:

- Flores de ciruela y crisantemos amarillos, que atraen buena suerte, belleza y esplendor, incluso en momentos de adversidad.
- Crisantemos, propicios para el amor, el éxito y que impulsan a lograr metas y atraer buena suerte.
- Flor de loto, para el éxito y gran abundancia.
- Orquídeas, que atraen perfección, suerte para toda la familia, prosperidad, amor y belleza. Las de color morado o violeta se consideran más adecuadas.
- Magnolias, para la belleza femenina, dulzura y alegría para el matrimonio.
- Narcisos, que ayudan a destacar el talento interior, seguridad y autoestima. Promueven el reconocimiento profesional y el obtener premios. Se pueden sustituir con Jacintos.

Se puede colocar un jarrón chino con motivos de dragones y aves fénix (simbolizan a la pareja, se les conoce como la pareja cósmica y representan el amor eterno) con las flores típicas de las cuatro estaciones del año, de seda preferentemente, y ubicadas durante todo el año en un lugar prominente para asegurar la buena fortuna.

Las flores representativas de las estaciones son:

- Primavera: iris y magnolias.
- Verano: peonias y flor de loto.
- Otoño: crisantemos.
- Invierno: flor de ciruelo.

Las mandarinas simbolizan suerte y riqueza, mientras que los crisantemos simbolizan longevidad. En la tradición china se dice que quien no compra flores y no adorna con flores su casa se sentirá triste durante todo el año.

Es recomendable hacer un árbol que simbolice el cultivo de la energía del dinero en casa. Se puede comprar un pequeño árbol de mandarina, lima o naranja y decorarlo con cuarzos de colores, papeles rojos o sobres rojos con símbolos de buena suerte en dorado y cien monedas chinas. Se coloca en la entrada de la casa o a los lados de la puerta principal. Este ritual sirve para atraer abundancia y buenos negocios durante todo el año. Coloca también canastas con limones, naranjas, toronjas, mandarinas y piñas cerca de la entrada y en el área de la cocina, el comedor y la sala para atraer buenos proyectos económicos, buenas relaciones sociales y apoyos importantes durante el año.

Un abanico colocado a la entrada de la casa y dirigido hacia la calle, aleja las malas intenciones y la energía negativa. El abanico se coloca frente a la puerta principal, es decir, al entrar se debe ver. Se puede colocar otro sobre la cabecera de la cama para alejar personas mal intencionadas respecto a la pareja.

Otro ritual es colocar un paraguas imperial fuera de la casa para protegerla de ladrones y personas mal intencionadas durante todo el año. Además, este año se puede buscar un paraguas imperial con tonos azules, morados, negro, verde, turquesa, rojo, naranja, vino, dorado y amarillo. Otra alternativa es colocar un paraguas imperial dentro de la casa, para atraer protección. Se coloca en forma diagonal hacia la puerta de entrada.

Para atraer abundancia durante todo el año, se elige un recipiente de porcelana o cerámica con tapa, se colocan tres monedas chinas en el fondo y se llena, en tres cuartas partes, de arroz. A continuación se tapa y se guarda en un lugar escondido de la cocina o alacena, donde nadie lo vea durante todo el año. Para el siguiente año se cambia el arroz y las monedas y se repite el ritual. Una fecha ideal para este ritual es también el día de tu cumpleaños.

Para atraer dinero y buenos proyectos económicos durante todo el año, se deben colocar cajitas de color dorado que simbolicen lingotes de oro por toda la casa.

Se recomienda sonar una campana en las esquinas de la casa con la intención de limpiar la energía detenida y estancada del año anterior. Esto permite, además, abrir la puerta para la llegada de nueva energía y nuevas oportunidades a nuestra vida.

Colocar un jarrón con flores frescas y aromáticas en la sala y la recámara simbolizará atraer amor fresco y renovado a nuestra vida.

Otro ritual para atraer buenos negocios durante el año que comienza consiste en poner monedas antiguas, y de distintos países, en un tazón cerca de la puerta de entrada. Opcionalmente, se puede colocar ese tazón en el noroeste de la casa y oficina para atraer viajes y dinero de otras partes del mundo.

Coloca en un difusor agua y unas gotas de aceite esencial natural de eucalipto, menta o limón y rocíalo por las habitaciones, esto ionizará el ambiente y contribuirá a fortalecer la salud de los habitantes.

Para promover el crecimiento económico durante el año que comienza, se recomienda colocar en el este del jardín, o de la casa, un árbol con cien monedas chinas amarradas con hilo rojo. En este año del caballo de madera también se puede colocar ese árbol en el norte y sur para asegurar buenos proyectos económicos, clientes y apoyos constantes. Otro ritual es enterrar una caja metálica, con monedas diversas, en el oeste del jardín para promover la energía de solidez y estabilidad económica. Este ritual también se puede realizar en una maceta colocada en el lado oeste, al interior de la casa.

Para promover la salud durante el año, el folclor chino asocia el *wu lu* con la salud. Se trata de una especie de guaje que se coloca a un lado de la cama, en el buró, o a un lado de la puerta de entrada. El *wu lu* puede ser natural, pintado en color dorado o de cristal. Colócalo una hora a la luz del sol y otra hora a la luz de la luna llena o creciente antes de ponerlo en su lugar. Durante el año del caballo de madera es importante que lo ubiques al este de la casa, recámara, negocio u oficina. También puedes portar contigo un *wu lu* pequeño, de jade o cuarzo, durante el año para reducir la tendencia a situaciones de enfermedad y conflictos en la relación con la familia.

El día antes del el Año Nuevo (29 de enero), se recomienda hacer una limpieza profunda de la casa. Cambia de lugar

veintisiete objetos o muebles pesados que no se muevan co-
múnmente. Esto es con la intención atraer cambios y situaciones nuevas para el año que inicia.

En la tarde previa a la llegada del Año Nuevo chino se
recomienda hacer una limpieza personal. Una buena opción
es realizarla con jugo de limón o lima, incluso de naranja. En
China se cree que el jugo de estos cítricos limpia el cuerpo de
energía negativa acumulada y estancada. El siguiente método
lo puedes aplicar también al regresar de un funeral, velorio,
boda, celebración de nacimiento de un bebé y cumpleaños:

- Comprar tres limas, limones, toronjas o naranjas de su-
  perficie limpia y brillante.
- Lavarlas y cortarlas en seis mitades.
- Exprimir el jugo en un tazón o cubeta con agua.
- Rociar una taza de esa agua sobre la cabeza.
- Repetir este paso tres veces seguidas.
- Bañarse de manera normal.
- Emplear el agua con el jugo del cítrico para lavarse de
  toda la energía negativa.
- Secarse con una toalla nueva y vestirse con ropa nueva,
  de preferencia en color rojo o dorado.
- No es conveniente que nadie entre al baño duran-
  te tres horas después de haberse limpiado. Si alguien
  entra, se puede contaminar de la energía negativa que
  recién se liberó.
- Al pasar tres horas se recogen las cáscaras o las seis mitades de la fruta con una bolsa de plástico y se tiran lejos
  de la casa.

Para limpiar la energía interior de la persona se recomienda el
siguiente método:

- Comprar un limón, lima, toronja o naranja de superficie
  limpia y brillante.
- Lavarlo y cortarlo en dos mitades.
- Exprimir el jugo de esas dos mitades en una taza de agua
  para beber.

- Agregar agua y beberlo.
- Emplear las mitades para tallar la cara, el cuerpo, las piernas y las manos.
- Tirar a la basura las cáscaras al terminar.

Durante los primeros quince días del Año Lunar Chino se sugiere evitar el uso de tijeras y objetos punzocortantes. También es importante evitar los pensamientos negativos y expresarse con groserías y malas palabras. Se considera adecuado tener pensamientos positivos, optimistas y desear cosas positivas a cada persona que veamos. Se considera una actitud positiva agradecer todo lo que recibimos y repartir dulces y caramelos a las personas con que convivimos.

Si un plato se rompe durante los primeros cinco días del año nuevo, se debe de decir "paz durante todo el año" lo más pronto posible, para evitar que se rompa la cadena de buena suerte que estás procurando.

Mantener inciensos y velas encendidas día y noche para promover longevidad. En este caso, las velas se pueden suplir por lámparas pequeñas o de seguridad.

Es importante no regañar a los niños durante los días que dura la festividad.

Evita tirar cosas y objetos ya iniciado el año nuevo, durante la festividad, igualmente evita vestir de blanco y negro.

El primer día del primer mes lunar: 31 de enero *Yuan ri, yuan chen* o *rui ri*

En Oriente se truenan cohetes para alejar la mala suerte y dar la bienvenida al Año Nuevo. La gente venera a las deidades y bendice a sus ancestros antes de salir de casa.

Es importante que durante este día se repartan sobres con dinero y dulces, sobre todo a personas mayores, se evite trapear, barrer y sacar basura. Algunos chinos sugieren incluso no bañarse para no quitarse la buena suerte.

Asimismo es conveniente arreglarse, maquillarse y vestir con ropa nueva, de colores brillantes, de acuerdo a su signo zodiacal chino:

- Cabra y mono: plateado, metálicos, azules, oscuros.
- Caballo: rojo, naranja, magenta.
- Dragón y serpiente: rojo, naranja, plateado, metálicos.
- Perro y cerdo: plateado, gris, metálicos.
- Rata: verde esmeralda, turquesa, rojo.
- Conejo: plateado, gris, metálicos.
- Buey y tigre: oscuros, azul rey, morado.
- Gallo: azul rey, morado.

Abre las puertas y ventanas durante el día para que la energía del nuevo año entre en tu casa. Asegúrate de que lo primero que pruebes en este día sea dulce para asegurar buenas noticias durante el año.

El segundo día del primer mes lunar: 1 de febrero

En China, en este día se da la bienvenida al dios del dinero en cada casa. Es costumbre visitar a parientes como cuñados y suegros y que el yerno presente un regalo al suegro para invocar buena suerte para las futuras generaciones.

Honra a tus mayores y ancestros.

Coloca esculturas de caballo en tu casa, préndeles incienso y acompáñalas de dulces, semillas (ocho distintas) y monedas, ya que es el cumpleaños de este signo.

El tercer día del primer mes lunar: 2 de febrero. El día de *chi gou*

En este día los Chinos se quedan en casa y se van a dormir temprano. Durante este día se demuestra el aprecio por animales y mascotas. A lo largo del día trata de mantenerte en silencio como señal de respeto y evita comer puerco, pues se considera de muy mala suerte.

El cuarto día del primer mes lunar: 3 de febrero

En este día se reciben a las deidades de casa. Se coloca un altar con ofrendas de frutas, vino y platillos agradables, y se encienden incienso y velas. Quédate en casa a recibir al dios de la cocina y reza y pide por sus bendiciones. Evita comer borrego, cabrito o cordero ya que se considera de mala suerte.

El ritual del dios de la cocina comienza una semana antes (el día 23 del último mes lunar chino, 23 de enero en esta ocasión) del Año Nuevo chino y se ofrece un "sacrificio" u ofrenda. Existe la creencia de que el dios de la cocina es un enviado del Cielo a cada familia para observar y cuidar su comportamiento durante el año. El día mencionado este dios regresa al Cielo y hace un reporte de la familia al emperador de Jade.

El ritual consiste en colocar una fotografía o imagen del dios de la cocina (Tsao Chun) colgando cerca de la estufa. Este dios no sólo vigila el comportamiento de la familia, también representa una fuerte influencia y fuerza moral en la vida de la familia.

El dios de la cocina

Por costumbre, los miembros de la familia tratan de "pegar" sus labios, cerrar la boca del dios; es decir, tratan de suavizar el reporte de su comportamiento colocando en su boca azúcar o miel.

Para facilitar su ascensión al cielo, este día se quema la imagen o fotografía que se ha conservado todo el año junto a la estufa y se coloca una nueva junto a la estufa; se prepara un altar con dulces, agua y frijoles de soya. Este ritual para el dios de la cocina lo debe hacer el hombre mayor o padre de la familia.

Durante el año se le ofrece incienso y un par de velas rezando diariamente para pedir protección.

Este dios protege la cocina del fuego, los accidentes, los desastres y de cualquier problema no deseado.

El quinto día del primer mes lunar: 4 de febrero. *Po wu*

Este día se conoce en China como el día de separación (*ge kai*), y significa el fin de las celebraciones del Año Nuevo. En este día se deben retirar las ofrendas, sacar la basura de la casa y regresar a las actividades cotidianas. Los hombres de negocios cuelgan un pedazo de tela roja en los anuncios exteriores del negocio para anunciar el inicio de las actividades del nuevo año.

En una hora favorable, coloca al dios del dinero viendo hacia el este, que es la dirección auspiciosa este año. El padre de familia se debe de quedar todo el día en casa como señal de respeto y para invitar al dios del dinero a casa.

Coloca en un jarrón de cerámica, con tapa, arroz crudo y siete semillas más, ocho monedas chinas o de otros países (se pueden poner monedas de oro y plata también) y ocho cuarzos o piedras preciosas. Si te es posible coloca, además, un dios de la riqueza pequeño en el interior, y ocho monedas de chocolate forradas de dorado. Agrega un puñito de tierra de la casa o del negocio de alguien rico. Un listón de 9 cm azul marino o negro, uno verde, uno rojo, uno amarillo y uno blanco. Por último, un símbolo *fu*, y una tela roja. Coloca ese jarrón, bien tapado, en tu sector personal de prosperidad con base en tu número *kua*:

1 SE, 2 NE, 3 S, 4 N, 6 O, 7 NO, 8 SO, 9 E

Cálculo del número *kua* o trigrama personal (*ming gua*)

Ejemplo:

Año 1961 ➡ 1 + 9 + 6 + 1 = 17 ➡ 1 + 7 = 8

8 es el Número Anual

Hombres	**Mujeres**
Se resta de una constante de **11**	Se suma de una constante de **4**

Ejemplo:	Ejemplo:
1961 ➡ 1 + 9 + 6 + 1 = 17	1961 ➡ 1 + 9 + 6 + 1 = 17
1 + 7 = 8	1 + 7 = 8
11 - 8 = 3	8 + **4** = 12 ➡ 1 + 2 = 3

3 es el Trigrama Personal T.P. Hombre o T.P. Masculino	3 es el Trigrama Personal T.P. Mujer o T.P. Femenino

Como se aprecia en el ejemplo anterior, el número *kua* o tri-grama personal se calcula en forma diferente para hombres y mujeres. En el caso de los hombres se utiliza la fórmula yang, mientras que para las mujeres se utiliza la fórmula yin.

De acuerdo a la utilización de cada una de las fórmulas, el número *kua* puede ser cualquier número entre el 1 y el 9. Es importante aclarar que el número *kua* es equivalente al trigra-ma personal, tanto para hombres como para mujeres; mientras que el número 5 o estrella 5, no está asociado con ningún tri-grama. Estos son los números o estrellas del cuadrado mágico del Lo Shu, en el cual cada número está asociado con un ele-mento, una dirección, un color, una polaridad, una fuerza na-tural y un puesto en la familia cósmica. Si el cálculo resultante es el número 5, los hombres adoptan el número 2 y las mujeres el número 8. Para aplicar esta fórmula se debe tomar en cuenta la fecha de nacimiento de acuerdo al calendario solar chino (que comienza el 4 de febrero de cada año). Es decir, si nacis-te antes del 4 de febrero de un año determinado, debes tomar como año de nacimiento el anterior.

Este aspecto del número *kua* pertenece a la escuela o teo-ría ba zhai (ocho mansiones u ocho portentos). Esta teoría se enfoca en determinar direcciones y posiciones favorables para cada persona con base en su fecha de nacimiento.

Evita visitar a alguien en este día ya que puede acarrear mala suerte para ambas partes.

El sexto día del primer mes lunar: 5 de febrero

En este día visita a tus parientes y amigos, ya que se considera un día de buena suerte para hacer ello. Lleva contigo naran-jas y mandarinas y un sobre rojo para ofrecer y compartir. Se considera favorable hacer esto del sexto día al décimo día. Las mandarinas con hojas aseguran que la relación entre personas se mantenga sana y segura. Las naranjas y mandarinas son sím-bolos de felicidad abundante.

El séptimo día del primer mes lunar: 6 de febrero. El día de la humanidad (*ren zi*)

En este día, los asiáticos colocan un plato con pescado crudo para desear un año próspero y positivo para la humanidad. Preparan un platillo con pescado crudo para cenar, y todos deben participar en su preparación. Esto significa éxito en todo lo que hagas. Asegúrate de servir un tazón de sopa de fideos con siete tipos diferentes de vegetales para atraer abundancia de comida y buena salud. También se pueden preparar siete platillos diferentes y encender siete velas.

El octavo día del primer mes lunar: 7 de febrero

En este día, la gente sale a pasear, compra flores, las coloca en casa y visita los templos. Se ofrecen rezos y plegarias al dios del Cielo o Ti Kong. Se dice que si el día es soleado representa un año provechoso, si el día es lluvioso indica un año de posibles pérdidas.

El noveno día del primer mes lunar: 8 de febrero. El nacimiento del dios del cielo (*tian gong dan*)

Este día es el nacimiento del gran emperador de jade o dios del Cielo. Se debe de ser amable con las personas para no ofender a este Dios. Se colocan cañas de azúcar como ofrenda y se deben evitar las groserías, malas palabras y malos pensamientos deseos.

Del décimo al decimotercer día del primer mes lunar: 9 al 12 de febrero

Visita al resto de tus familiares y amigos.

El decimocuarto día del primer mes lunar:
13 de febrero

Limpia y organiza tu casa a detalle. Asegúrate de tener mandarinas y naranjas en casa. Prepara todo para el Festival de las linternas.

El decimoquinto día del primer mes lunar:
14 de febrero. El Festival de las linternas

Este día se llama yuan xiao o shang yuan. La gente se reúne para comer pelotitas de arroz, que representan alegría. Colocan linternas en el exterior de sus casas y se considera un día similar al día de San Valentín que se celebra en Occidente.

En este día 15 también se realiza un ritual para atraer un esposo durante el año. Este ritual se basa en la luna y, cuando la luna es llena y brillante, se recomienda tirar hermosas naranjas (dulces y brillante) al agua, de mar, lago o río (de preferencia un lago de agua limpia). Existe la creencia de que el dios del matrimonio vive en la luna y que, entre más dulce y suculenta sea la naranja mejor posición o estatus tendrá el futuro esposo. Se debe tirar una naranja por cada candidato o pretendiente que se busca. El ritual se debe de hacer durante la noche y visualizar las características de la pareja.

Las naranjas se consideran símbolos de oro en China por lo que colocar naranjas en la sala, el comedor y la cocina representa riqueza y abundancia para los habitantes de la casa.

También se puede colocar una fotografía o imagen de la luna llena ese día en la recámara para atraer una pareja nueva durante este año.

Este día se considera también el día del nacimiento del dios del Cielo por lo que no es adecuado ingerir bebidas alcohólicas, sino más bien rezar y meditar.

Ritual para recibir al dios de la abundancia

Este ritual se debe de realizar el día 1 o el día 15 del año lunar Chino. Se ofrece incienso en un altar y se camina hacia fuera de la puerta de entrada tomando el incienso con las palmas de las manos, juntas y presionadas. Camina cien pasos hacia la dirección (este) del dios de la abundancia (tsai shen). La hora ideal para hacerlo es entre las 11 y la 1 de la mañana o de la noche.

Al salir de tu casa y localizar la dirección anual del dios de la abundancia, caminas los cien pasos. Al terminar, invita a los dioses de las cuatro direcciones cardinales a ir contigo a tu casa. Con sinceridad y respeto, les dices tu nombre y tu dirección, les ofreces incienso y los invitas. Visualiza que aceptan tu ofrenda y que vienen a casa. De regreso a casa habla con ellos, descríbeles el camino y platícales tus planes y tus metas. Al llegar a casa ábreles la puerta y permíteles pasar primero. Deja la puerta abierta un rato para no dejar a ninguna deidad afuera.

Visualiza toda la abundancia que ellos traen consigo y muéstrales toda tu casa. Invítalos a quedarse en tu altar o en algún lugar prominente de la sala. Visualízate ofreciéndoles incienso y siente cómo todo lo tuyo les pertenece y viceversa.

Termina el ritual repitiendo diez mantras distintos o repitiendo el mantra **OM MA NI PAD ME HUM** ciento ocho veces.

Comida recomendada para recibir el Año Nuevo chino

- Fideos chinos, entre más lagos mejor, para promover longevidad y larga vida.
- Pescado completo con cabeza y cola, para la prosperidad.
- Semillas de loto, cacahuates y pomelos representan la esperanza para el nacimiento de bebés.
- Naranjas, mandarinas y toronjas para la riqueza y una vida dulce.
- Mejillones para la buena suerte y fortuna en negocios.
- Dátiles y nueces para la fertilidad y procreación.
- Vegetales verdes para juventud, limpieza espiritual y cosecha sana.

- Pelotitas de pescado y carne, simbolizan unión.
- *Dumplings*, representan ayuda para amasar fortuna y riqueza.
- Pudín de harina de arroz, simboliza apoyo para obtener mejores posiciones y prosperidad paso a paso de manera sostenida.
- Pollo completo con cabeza y cola, representa el inicio y el término de la vida.
- Toronjas, representan abundancia.
- Huevos, simbolizan el resurgimiento.

El pescado y el pollo simbolizan alegría y prosperidad, mientras que los platillos preparados con naranjas representan riqueza y buena fortuna ya que en China se considera la fruta más abundante.

Los *dumplings* son un platillo muy popular en China, incluso en algunas regiones se pone una moneda dentro, y existe la creencia de que quien reciba y muerda uno de esos *dumplings*, tendrá una excelente suerte durante el año.

Algunas recetas que puedes preparar para tu cena de Año Nuevo son las siguientes:

Carne condimentada a la naranja

INGREDIENTES:

- 2 cucharadas de aceite vegetal.
- 1 libra de filete de res cortado en tiritas o diagonalmente.
- ¼ de taza de cáscara de naranja cortada en pedacitos.
- 1 diente de ajo rebanado.
- Media cucharadita de jengibre.
- 2 cucharadas de maíz en polvo (harina).
- 1 taza de caldo de res.
- ¼ taza de salsa de soya.
- ¼ de taza de jerez.
- ¼ de taza de mermelada de naranja.
- ½ cucharada de pimiento rojo en hojuelas.

PREPARACIÓN:

Calentar el aceite vegetal a temperatura media. Agregar las tiras de carne de res y freír por 3 minutos o hasta que se oscurezca por el exterior. Retirar y secar el exceso de aceite. Volver a colocar la carne en el wok o sartén. Integrar las cáscaras de naranja, el ajo y el jengibre. Freír 1 minuto.

En un tazón aparte mezclar el maíz en polvo (harina), el caldo de res, la salsa de soya, el jerez, la mermelada de naranja y el pimiento rojo en hojuelas. Una vez mezclado y caliente, combinar con la carne de res en tiras y cocinar por un minuto. Servir caliente.

Pollo a la naranja

INGREDIENTES:

- 1 ½ taza de agua.
- 2 cucharadas de jugo de naranja.
- ¼ de taza de jugo de limón.
- 1/3 de taza de vinagre de arroz.
- 2 ½ cucharadas de salsa de soya.
- 1 cucharada de ralladura de naranja.
- 1 taza de azúcar morena.

½ cucharadita de raíz fresca de jengibre picada.

½ cucharadita de ajo picado.

2 cucharadas de cebollín verde picado.

¼ de cucharada de hojuelas de pimiento rojo.

3 cucharadas de harina de maíz.

2 cucharadas de agua.

2 pechugas de pollo cortadas en pedazos.

1 taza de harina.

¼ de cucharadita de sal.

¼ de cucharadita de pimienta.

3 cucharadas de aceite de oliva.

PREPARACIÓN:

Mezclar en la sartén 1½ tazas de agua, jugo de naranja, jugo de limón, vinagre de arroz y la salsa de soya. Calentar a fuego medio. Agregar la ralladura de naranja, el azúcar morena, el jengibre, el ajo y el cebollín. Al primer hervor retirar y dejar enfriar de 10 a 15 minutos.

Colocar las piezas de pollo en una bolsa resellable. Cuando la mezcla esté fría, verter 1 taza de la salsa en la bolsa. Separar el resto de la salsa. Sellar la bolsa y refrigerar por al menos 2 horas. En otra bolsa resellable mezclar la harina, la sal y la pimienta. Mezcla y agrega las piezas de pollo marinadas. Agita bien hasta que el pollo quede cubierto.

Calentar el aceite de oliva a fuego medio. Colocar el pollo y dorarlo de ambos lados. Pasar el pollo a toallas absorbentes y cubrir con papel aluminio.

Freír la salsa restante y, al primer hervor, agregar la harina de maíz y las dos cucharadas de agua. Reducir la temperatura de la estufa, integrar las piezas de pollo y mezclar bien durante cinco minutos.

Dumplings de res

INGREDIENTES:

- 680 g de carne molida de res.
- 150 g de lechuga rallada.
- 1 zanahoria rallada.
- 1 cebolla picada.
- 1 huevo.
- 4 g de azúcar.
- 6 g de sal.
- 15 ml de salsa de soya.
- 15 ml de aceite vegetal.
- 1 paquete de pasta de won ton.

PREPARACIÓN:

En un tazón grande mezclar la carne, la lechuga, la zanahoria y la cebolla. Integrar poco a poco el huevo, el azúcar, la sal, la salsa de soya y el aceite vegetal.

Colocar una cucharada de esta mezcla en el centro de la pasta de won ton y doblar para sellarlo. Hacer varios *dumplings* siguiendo este método.

Hervir los *dumplings* en agua, hasta que floten, aproxima-
damente 5 minutos.

Se pueden servir con salsa picante, salsa de soya o en sopa.
Nunca se deben contar los *dumplings* mientras los preparas,
ni debe de haber niños en la cocina. Los chinos lo consideran
de mala suerte. Existe la creencia de que entre más *dumplings*
cuentes más pobre te volverás.

En la cena de Año Nuevo, la mesa se coloca como ofrenda
a los dioses. Es una cena muy especial donde se invita a los
dioses a convivir con la familia. Se coloca en la mesa uno de los
platillos principales, ya sea pollo, pescado o carne, naranjas y
arroz. Se encienden velas e inciensos mientras se reza. Cuando
el incienso se ha consumido se considera que los dioses ya han
cenado, ya que los dioses inhalan la esencia de la comida. En
ese momento, la familia debe comenzar a cenar y a celebrar.

En China se cree que la manera de comunicarse con los
dioses, o de enviar objetos al otro plano de vida, es a través del
humo del fuego. Es por eso que escriben o dibujan sus peticio-
nes en papel que queman para que, por medio del humo, sean
escuchados por los dioses.

En la mañana del primer día del Año Nuevo se puede vene-
rar a los ancestros quemando papeles con dibujos de las cosas
que les gustaban en vida, y hacer la ofrenda de la comida de la
misma manera que se ofreció a los dioses la noche anterior.

¡Gong xi fa kai!
¡Gung hay fat choy!

Regalos que debes evitar en esta época

- Relojes (se interpreta como deseo de muerte).
- Sombreros verdes (representan infidelidad).
- Zapatos (se asocian con suspiros).
- Peras (separación).
- Servilletas o pañuelos (duelo).
- Paraguas (conclusiones).
- Tijeras, cuchillos, objetos afilados (cortar lazos y amis-
tades).

3. Rituales para recibir cada mes lunar chino

Cada mes inicia en luna nueva. Los meses lunares chinos son de 29 o 30 días. Durante el año 2014 los meses lunares chinos comienzan en las siguientes fechas:

- 30 de enero, 21:39:39, mes del tigre (en China se celebra el 31 de enero).
- 1 de marzo, 08:00:46, conejo.
- 30 de marzo, 18:45:47, dragón (los chinos lo aplican el 31 de marzo).
- 29 de abril, 06:15:26, serpiente.
- 28 de mayo, 18:41:20, caballo (los chinos lo aplican el 29).
- 27 de junio, 08:09:40, cabra.
- 26 de julio, 22:42:59, mono (los chinos lo aplican el 27).
- 25 de agosto, 14:13:59, gallo.
- 24 de septiembre, 06:14:59, perro.
- 23 de octubre, 21:57:48 (noveno mes intercalado).
- 22 de noviembre, 12:32:00, cerdo (décimo mes lunar).
- 22 de diciembre, 01:36:59, rata.
- 20 de enero 2015, 13:14:49, buey (decimosegundo mes).

Al inicio de cada mes lunar se realizan rituales que se asocian con la energía de la siembra y la cosecha. Se llevan a cabo durante los tres primeros días y se recomienda encender tres inciensos con aroma de sándalo, canela, naranja o toronja.

También se puede colocar un jarrón con flores frescas el día que inicia el mes lunar. El color de las flores puede ser el siguiente: febrero y noviembre, rojas; marzo y diciembre, azules; abril y enero, azules o moradas; mayo blancas; junio, azules; julio, rojas; agosto, blancas; septiembre, moradas o azules; octubre, rojas o naranjas.

Los primeros quince días del mes lunar son ideales para impulsar deseos, anhelos, planes y proyectos, así como para cortarse el cabello, arreglar jardines y sembrar plantas. Los últimos quince días son adecuados para cancelar deudas, cobrar dinero, recoger frutos, arreglar problemas, terminar o deshacer sociedades y acuerdos.

Dentro de los tres primeros días del mes lunar escribe en una hoja tus planes para ese mes, dobla la hoja en nueve partes, guárdala en una caja de madera pintada en color gris y escóndela en la parte noroeste de tu clóset, o en cajón donde guardes tu ropa o tus pertenencias. Coloca dentro de esa caja, junto con el papel, tres cuarzos de color blanco, boleados y programados, para que limpien, depuren y armonicen la energía y se abran los caminos para tus metas y proyectos en armonía y amor.

En el último día del mes lunar abre la caja y quema el papel. Coloca los cuarzos en un tazón con agua y, un día después, los vuelves a utilizar y programar con tus deseos del mes siguiente.

Dentro de los tres primeros días del mes lunar puedes colocar una escultura de rana de tres patas, con una moneda china en la boca, sobre una base al lado de la puerta de entrada. La escultura debe simular que entra a tu casa. El último día del mes lunar la quitas, la limpias y la pasas sobre el humo de tres inciensos. El primer día del siguiente mes lunar la vuelves a colocar a la entrada de tu casa. Esto es para honrar al dios de la Luna.

Si te es posible, el primer día del mes lunar chino enciende tres cohetes y escribe un deseo en cada uno. Esto es para alejar la mala energía de tu casa durante ese mes. También en el primer día, pinta de rojo un huevo (el cascarón) y colócalo junto a donde guardas el dinero, o en tu cocina. Déjalo ahí todo el mes y el último día del mes lunar lo abres y lo tiras al desagüe. Este ritual es muy útil para cuestiones asociadas con ventas.

Elige una alcancía y colócala en el sureste de tu habitación. El último día del mes lunar deposita en esa alcancía tres o nueve monedas de una determinada denominación. Este ritual es para fomentar y trabajar la energía del ahorro.

El primer día del mes lunar organiza una cena o comida familiar, similar a la del inicio del año. Durante los tres primeros días del mes, coloca en tu cocina y el comedor fruteros con fruta fresca: naranjas, piñas, mandarinas, limones, toronjas (para la abundancia), duraznos y manzanas (para el amor).

Al inicio del mes lunar inserta clavos de olor a una naranja fresca y guárdala en cualquier parte de tu casa. Al final del mes tira esa naranja al mar, al río o a una corriente de agua. Este ritual es para atraer amor, abundancia y buena suerte.

4. Astrología china. Descripción de cada signo

La astrología china se basa en un calendario sexagenario que parte de diez elementos madre (cinco elementos en fase yin, y cinco en fase yang), conocidos como los diez tallos celestiales y las doce ramas terrestres; estos corresponden a los doce animales zodiacales que, en realidad, son elementos con una asociación a signos. Cada uno de estos animales o signos rige durante un año y se corresponde con un elemento determinado, en fase yin o yang. Si multiplicamos 10 elementos por 12 animales, y lo dividimos entre 2 (yin y yang) obtenemos 60, es decir el ciclo sexagenario. Esto quiere decir que cada sesenta años se vuelve a presentar un animal con un elemento. Este año 2014 rige el caballo de madera yang. Tendrán que pasar sesenta años para que vuelva a presentarse otro año del caballo de madera yang.

Los doce animales o signos zodiacales chinos son la rata, el buey (o búfalo), el tigre, el conejo (o gato), el dragón, la serpiente, el caballo, la cabra, el mono, el gallo, el perro y el cerdo (o jabalí).

Cada animal o signo zodiacal chino tiene un elemento fijo y uno variable. El elemento fijo que le corresponde a cada uno es el siguiente:

- Mono yang y gallo yin: metal.
- Tigre yang y conejo yin: madera.
- Rata yang y cochino yin: agua.
- Serpiente yin y caballo yang: fuego.
- Buey yin, dragón yang, cabra yin y perro yang: tierra.

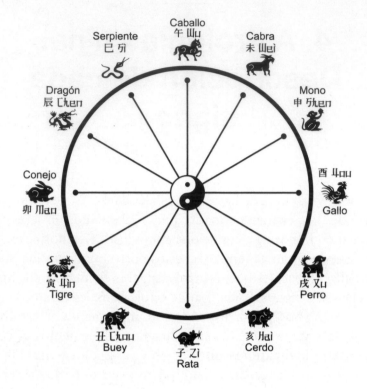

Rueda zodiacal china con los doce signos y su nombre en chino.

Cada uno de nosotros tiene un elemento variable, con base en la terminación del año de nacimiento (contando a partir del inicio del año solar, 4 de febrero). El número final del año de nacimiento se corresponde con su elemento de la siguiente manera:

0	Metal
1	Metal
2	Agua
3	Agua
4	Madera
5	Madera
6	Fuego

7	Fuego
8	Tierra
9	Tierra

Un signo de naturaleza yang sólo se puede combinar con un año de elemento yang; un signo de naturaleza yin sólo se puede combinar con un año de elemento yin.

Además, a cada signo le corresponde una estación del año que favorece al signo si nace en esa estación del año. Veamos:

- Tigre, Conejo, Dragón: primavera
- Serpiente, Caballo, Cabra: verano
- Mono, Gallo, Perro: otoño
- Cerdo, Rata, Buey: invierno

Cada estación del año se asocia con un elemento y un órgano del cuerpo:

- Primavera — madera — hígado
- Verano — fuego — corazón
- Verano tardío — tierra — bazo
- Otoño — metal — pulmones
- Invierno — agua — riñones

También, cada signo zodiacal se corresponde con un par de horas del día:

- Rata: 11 pm a 1 am
- Buey: 1 am a 3 am
- Tigre: 3 am a 5 am
- Conejo: 5 am a 7 am
- Dragón: 7 am a 9 am
- Serpiente: 9 am a 11 am
- Caballo: 11 am a 1 pm
- Cabra: 1 pm a 3 pm
- Mono: 3 pm a 5 pm

- Gallo: 5 pm a 7 pm
- Perro: 7 pm a 9 pm
- Cerdo: 9 pm a 11 pm

Con base en tu signo zodiacal puedes establecer tus horas más propicias del día. Esta información también sirve para establecer otro signo, de acuerdo con la hora en que naciste.

A cada animal o signo zodiacal le corresponde un mes, empezando el año con el signo del tigre, representante del elemento madera y del inicio de la primavera. Recuerda que el Año Nuevo chino comienza en febrero, por lo tanto los meses corresponden de la siguiente manera:

- Tigre: febrero
- Conejo: marzo
- Dragón: abril
- Serpiente: mayo
- Caballo: junio
- Cabra: julio
- Mono: agosto
- Gallo: septiembre
- Perro: octubre
- Cerdo: noviembre
- Rata: diciembre
- Buey: enero

Tu signo zodiacal chino por año de nacimiento ayuda a establecer tu personalidad en el mundo y la forma en que te manifiestas; mientras que el signo por hora de nacimiento sirve para determinar tu carácter y la forma en que reaccionas ante situaciones difíciles. Además, el signo por hora de nacimiento te brinda dos horas más del día como propicias, lo cual se puede interpretar como tus logros. Existen un tercer y un cuarto signos relacionados con tu mes de nacimiento y el día de nacimiento. El mes de nacimiento se asocia con tu profesión y el día de nacimiento con tu ser real interior, es decir, tus verdaderos e íntimos sentimientos y emociones.

Esto es precisamente lo que se estudia y analiza en cuatro pilares o astrología *ba zi* para determinar el destino de las personas.

Signo del día de nacimiento o pilar del día de nacimiento
日柱 / 日元 (*ri zhu / ri yuan*)

El Pilar del día de nacimiento es decisivo en el estudio astrológico de una persona, ya que contiene al soberano del día o *ri zhu* (日主), que es el tallo celestial (del día de nacimiento) y el que define al ser, es decir a la persona misma.

Este tallo celestial es lo que realmente marca a una persona, ya que interactúa con los otros pilares y con base en él se determinan los pilares de la suerte.

Cuatro pilares

Periodos de la suerte

Ser

Para calcular el pilar del día, se necesita saber cuál es nuestro número del día de nacimiento. A partir del día 1 de enero, de cualquier año, del calendario Gregoriano. Es decir, el 1 de enero es el día 1 y el 31 de diciembre es el día 365, excepto en un año bisiesto, que es el día 366.

Para calcular el pilar del día podemos utilizar la siguiente fórmula matemática, que al principio se ve complicada, pero

1	Ene	2	Feb	3	Mar	4	Abr	5	May	6	Jun
1	1	1	32	1	60	1	91	1	121	1	152
2	2	2	33	2	61	2	92	2	122	2	153
3	3	3	34	3	62	3	93	3	123	3	154
4	4	4	35	4	63	4	94	4	124	4	155
5	5	5	36	5	64	5	95	5	125	5	156
6	6	6	37	6	65	6	96	6	126	6	157
7	7	7	38	7	66	7	97	7	127	7	158
8	8	8	39	8	67	8	98	8	128	8	159
9	9	9	40	9	68	9	99	9	129	9	160
10	10	10	41	10	69	10	100	10	130	10	161
11	11	11	42	11	70	11	101	11	131	11	162
12	12	12	43	12	71	12	102	12	132	12	163
13	13	13	44	13	72	13	103	13	133	13	164
14	14	14	45	14	73	14	104	14	134	14	165
15	15	15	46	15	74	15	105	15	135	15	166
16	16	16	47	16	75	16	106	16	136	16	167
17	17	17	48	17	76	17	107	17	137	17	168
18	18	18	49	18	77	18	108	18	138	18	169
19	19	19	50	19	78	19	109	19	139	19	170
20	20	20	51	20	79	20	110	20	140	20	171
21	21	21	52	21	80	21	111	21	141	21	172
22	22	22	53	22	81	22	112	22	142	22	173
23	23	23	54	23	82	23	113	23	143	23	174
24	24	24	55	24	83	24	114	24	144	24	175
25	25	25	56	25	84	25	115	25	145	25	176
26	26	26	57	26	85	26	116	26	146	26	177
27	27	27	58	27	86	27	117	27	147	27	178
28	28	28	59	28	87	28	118	28	148	28	179
29	29			29	88	29	119	29	149	29	180
30	30			30	89	30	120	30	150	30	181
31	31			31	90			31	151		

Nota: En un año bisiesto agrega un día más después del 28 de febrero.

7	Jul	8	Ago	9	Sep	10	Oct	11	Nov	12	Dic
1	182	1	213	1	244	1	274	1	305	1	335
2	183	2	214	2	245	2	275	2	306	2	336
3	184	3	215	3	246	3	276	3	307	3	337
4	185	4	216	4	247	4	277	4	308	4	338
5	186	5	217	5	248	5	278	5	309	5	339
6	187	6	218	6	249	6	279	6	310	6	340
7	188	7	219	7	250	7	280	7	311	7	341
8	189	8	220	8	251	8	281	8	312	8	342
9	190	9	221	9	252	9	282	9	313	9	343
10	191	10	222	10	253	10	283	10	314	10	344
11	192	11	223	11	254	11	284	11	315	11	345
12	193	12	224	12	255	12	285	12	316	12	346
13	194	13	225	13	256	13	286	13	317	13	347
14	195	14	226	14	257	14	287	14	318	14	348
15	196	15	227	15	258	15	288	15	319	15	349
16	197	16	228	16	259	16	289	16	320	16	350
17	198	17	229	17	260	17	290	17	321	17	351
18	199	18	230	18	261	18	291	18	323	18	352
19	200	19	231	19	262	19	292	19	323	19	353
20	201	20	232	20	263	20	293	20	324	20	354
21	202	21	233	21	264	21	294	21	325	21	355
22	203	22	234	22	265	22	295	22	326	22	356
23	204	23	235	23	266	23	296	23	327	23	357
24	205	24	236	24	267	24	297	24	328	24	358
25	206	25	237	25	268	25	298	25	329	25	359
26	207	26	238	26	269	26	299	26	330	26	360
27	208	27	239	27	270	27	300	27	331	27	361
28	209	28	240	28	271	28	301	28	332	28	362
29	210	29	241	29	272	29	302	29	333	29	363
30	211	30	242	30	273	30	303	30	334	30	364
31	212	31	243			31	304			31	365

con algo de práctica, cualquier persona podrá calcular el bino-mio, pilar o signo del día de nacimiento.

$$\frac{5(X\text{-}1) + (X\text{-}1)/4 + 15 + Y}{60} = q$$

- X = Últimos 2 dígitos del año de nacimiento.
- Y = Días transcurridos del año, incluido el día del nacimiento.
- q = Cociente.
- r = Remanente, el cual es el que realmente se utiliza para obtener el binomio.

EJEMPLO:
Hombre nacido el 17 de mayo de 1968

$$\frac{5(68\text{-}1) + (68\text{-}1)/4 + 15 + 138}{60} = q$$

$$\frac{5(67) + (67)/4 + 15 + 138}{60} = q$$

$$\frac{335 + 16 + 15 + 138}{60} = \frac{504}{60}$$

Nota: en este ejemplo se consideró el año bisiesto pues 1968 así lo fue.

En este punto, 504 se divide entre 60, pero es importante hacer notar lo siguiente:

A partir de la cantidad completa se busca cuál es la cantidad mas cercana exactamente divisible entre 60, que en este caso es 480 (480/60 = 8), así que la diferencia entre 504 y 480 es 24, por lo que 24 es el remanente.

Ahora buscamos en la tabla de los 60 *jia zi* la combinación número 24, que corresponde a ding/hai (fuego yin/cerdo), y ese es el pilar del día.

六十甲子 Los 60 *jia zi* (*liu shi jia zi*)

1	甲子	Jia Zi	Madera +	**Rata**	31	甲午	Jia Wu	Madera +	**Caballo**
2	乙丑	Yi Chou	Madera -	Buey	32	乙未	Yi Wei	Madera -	Cabra
3	丙寅	Bing Yin	Fuego +	**Tigre**	33	丙申	Bing Shen	Fuego +	**Mono**
4	丁卯	Ding Mao	Fuego -	Conejo	34	丁酉	Ding Youo	Fuego -	Gallo
5	戊辰	Wu Chen	Tierra +	**Dragón**	35	戊戌	Wu Xu	Tierra +	**Perro**
6	己巳	Ji Si	Tierra -	Serpiente	36	己亥	Ji Hai	Tierra -	Cerdo
7	庚午	Geng Wu	Metal +	**Caballo**	37	庚子	Geng Zi	Metal +	**Rata**
8	辛未	Xin Wei	Metal -	Cabra	38	辛丑	Xin Chou	Metal -	Buey
9	壬申	Ren Shen	Agua +	**Mono**	39	壬寅	Ren Yin	Agua +	**Tigre**
10	癸酉	Gui You	Agua -	Gallo	40	癸卯	Gui Mao	Agua -	Conejo
11	甲戌	Jia Xu	Madera +	**Perro**	41	甲辰	Jia Chen	Madera +	**Dragón**
12	乙亥	Yi Hai	Madera -	Cerdo	42	乙巳	Yi Si	Madera -	Serpiente
13	丙子	Bing Zi	Fuego +	**Rata**	43	丙午	Bing Wu	Fuego +	**Caballo**
14	丁丑	Ding Chou	Fuego -	Buey	44	丁未	Ding Wei	Fuego -	Cabra
15	戊寅	Wu Yin	Tierra +	**Tigre**	45	戊申	Wu Shen	Tierra +	**Mono**
16	己卯	Ji Mao	Tierra -	Conejo	46	己酉	Ji You	Tierra -	Gallo
17	庚辰	Geng Chen	Metal +	**Dragón**	47	庚戌	Geng Xu	Metal +	**Perro**
18	辛巳	Xin Si	Metal -	Serpiente	48	辛亥	Xin Hai	Metal -	Cerdo
19	壬午	Ren Wu	Agua +	**Caballo**	49	壬子	Ren Zi	Agua +	**Rata**
20	癸未	Gui Wei	Agua -	Cabra	50	癸丑	Gui Chou	Agua -	Buey
21	甲申	Jia Shen	Madera +	**Mono**	51	甲寅	Jia Yin	Madera +	**Tigre**
22	乙酉	Yi You	Madera -	Gallo	52	乙卯	Yi Mao	Madera -	Conejo
23	丙戌	Bing Xu	Fuego +	**Perro**	53	丙辰	Bing Chen	Fuego +	**Dragón**
24	丁亥	Ding Hai	Fuego -	Cerdo	54	丁巳	Ding Wu	Fuego -	Serpiente
25	戊子	Wu Zi	Tierra +	**Rata**	55	戊午	Wu Wu	Tierra +	**Caballo**
26	己丑	Ji Chou	Tierra -	Buey	56	己未	Ji Wei	Tierra -	Cabra
27	庚寅	Geng Yin	Metal +	**Tigre**	57	庚申	Geng Shen	Metal +	**Mono**
28	辛卯	Xin Mao	Metal -	Conejo	58	辛酉	Xin You	Metal -	Gallo
29	壬辰	Ren Chen	Agua +	**Dragón**	59	壬戌	Ren Xu	Agua +	**Perro**
30	癸巳	Gui Si	Agua -	Serpiente	60	癸亥	Gui Hai	Agua -	Cerdo

En la rueda zodiacal se establecen relaciones entre los signos que se denominan trinos. Formando trinos establecemos los signos que son compatibles. Las horas propicias para los dos signos compatibles al nuestro también serán propicias para nosotros.

Los trinos nos hablan de signos compatibles que representan afinidad entre unos y otros:

- Mono — rata —dragón
- Tigre — caballo — perro
- Cerdo — conejo — cabra
- Serpiente — gallo — buey

Trinos compatibles en la rueda zodiacal.

Los signos no compatibles se establecen por los opuestos en la rueda zodiacal.

- Rata — caballo
- Buey — cabra
- Tigre — mono
- Conejo — gallo
- Dragón — perro
- Serpiente — cerdo

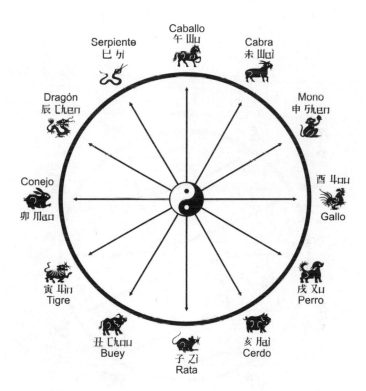

Los signos paralelos también establecen un signo amigo:

- Rata — buey
- Tigre — cerdo
- Conejo — perro
- Dragón — gallo
- Serpiente — mono
- Caballo — cabra

Otros signos no compatibles son los opuestos paralelamente en la rueda zodiacal, en forma vertical.

- Rata — cabra
- Buey — caballo
- Tigre — serpiente
- Conejo — dragón
- Mono — cerdo
- Gallo — perro

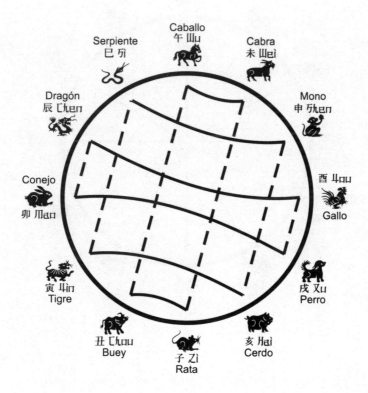

Los opuestos en la rueda zodiacal son incompatibles.
Los paralelos en la rueda zodiacal son mejores amigos

A continuación aparece una tabla donde puedes encontrar tu signo zodiacal y el elemento que lo rige por el año en que naciste.

Tabla para encontrar el pilar del año de nacimiento (a partir del 4 de febrero)

Elemento	Último dígito	Polaridad												
Metal	0	+	1900 1960		1950 2010		1940 2000		1930 1990		1920 1980		1910 1970	
Metal	1	−		1901 1961		1951 2011		1941 2001		1931 1991		1921 1981		1911 1971
Agua	2	+	1912 1972		1902 1962		1952 2012		1942 2002		1932 1992		1922 1982	
Agua	3	−		1913 1973		1903 1963		1953 2013		1943 2003		1933 1993		1923 1983
Madera	4	+	1924 1984		1914 1974		1904 1964		1954 2014		1944 2004		1934 1994	
Madera	5	−		1925 1985		1915 1975		1905 1965		1955 2015		1945 2005		1935 1995
Fuego	6	+	1936 1996		1926 1986		1916 1976		1906 1966		1956 2016		1946 2006	
Fuego	7	−		1937 1997		1927 1987		1917 1977		1907 1967		1957 2017		1947 2007
Tierra	8	+	1948 2008		1938 1998		1928 1988		1918 1978		1908 1958			
Tierra	9	−		1949 2009		1939 1999		1929 1989		1919 1979		1909 1969		1959 2019

Dentro de la metafísica china existe la teoría de los 5 elementos (*wu xing*), los cuales interactúan en ciclos de generación, reducción, control, destrucción y mediación.

Mediación

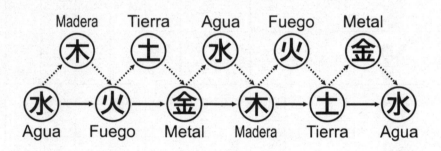

Control / destrucción

Las características físicas, la fecha de nacimiento, la vestimenta, la arquitectura, las formas del paisaje y los artículos decorativos, entre otros, se clasifican en uno u otro elemento, tal y como se presenta a continuación:

Agua

El elemento agua se distingue por las formas irregulares (no picudas), como olas, ondulaciones y las formas libres. Ejemplo: La alberca olímpica y el Gimnasio Juan de la Barrera (forman un patrón ondulante), una vereda o camino ondulante. Las calles y los pasillos, se asocian con el elemento agua.

Los colores que distinguen al elemento agua son negro y azul marino y los colores en sus tonalidades más obscuras, como el gris oxford o un verde muy obscuro. Las texturas que distinguen al elemento agua son: agua y líquidos (incluido el aceite).

Los detalles arquitectónicos y las partes de la casa, así como artículos decorativos de elemento agua son: fuentes, baños, lavandería, bar, tinaco, fosa séptica, peceras, espejos y vidrios.

Madera

Las formas del elemento madera son alargadas y, generalmente verticales, ya sean cilíndricas o tubulares o cuadradas. Un rascacielos se considera elemento madera. Lo mismo sucede con las columnas.

Los colores que distinguen al elemento madera son verde y azul (excepto en sus tonalidades más obscuras). Las texturas del elemento madera provienen de fibras vegetales, tales como el algodón, el yute, el henequén y todo aquello hecho de madera.

Los detalles arquitectónicos y partes de la casa, así como artículos decorativos de elemento madera son: textiles con patrones o dibujos florales, un cuadro con un paisaje boscoso, plantas y árboles.

Fuego

Las formas del elemento fuego son las pirámides, los conos, los triángulos, los picos y las estrellas.

Los colores que distinguen al elemento fuego son rojo, naranja y amarillo intensos, como un rojo Ferrari. Las texturas del elemento fuego provienen de pieles de animales o de una pared con formas piramidales sobresalientes.

Los detalles arquitectónicos y partes de la casa, así como artículos decorativos del elemento fuego son: velas, luces y lámparas, una pared roja, fotografías y/o figuras de personas o animales, cocina (estufa), calentador, chimenea, techo de dos aguas.

De la misma forma, todas las deidades o ángeles se consideran del elemento fuego.

Tierra

Las formas del elemento tierra son los cuadrados, los rectángulos y los cubos, como un edificio no muy alto y en forma de cubo.

Los colores que distinguen al elemento tierra son el terracota, el café, el amarillo, el ocre, el arena, el beige, tonos rojizos, etcétera. Las texturas del elemento tierra son porosas, como el ladrillo, el adobe y la arcilla.

Los detalles arquitectónicos y partes de la casa, así como artículos decorativos del elemento tierra son: muebles cuadrados, piso de losetas de cantera, cuadros con paisajes desérticos y planicies, ladrillo, cantera, barro.

Metal

Las formas del elemento metal son las esferas, los círculos, los óvalos, los arcos y las bóvedas o cúpulas. La cúpula de una iglesia se considera metal.

Los colores del elemento metal son el gris, el blanco, el marfil y los colores metálicos como el plata o plateado, el cobre, el oro, etcétera. Las texturas de elemento metal son aquellas acojinadas o redondeadas.

Los detalles arquitectónicos y partes de la casa, así como artículos decorativos del elemento metal son: pisos o paredes blancas, bombillas, una barcaza dorada (china), un tapete redondo, cuarzos y cristales.

Rata

Encantadora, compasiva. Es conocida por su entrega y amor a la familia. Es generalmente muy popular por su mezcla de curiosidad, cariño y arrogancia. Son personas contradictorias, simpáticas y amables. Funcionan a base de competencia, les fascina negociar, organizar eventos, fiestas, coordinar situaciones. Socialmente son tímidas y reservadas. La rata tiene un buen sentido para evaluar y le gusta conciliar, es controladora y valora mucho sus pertenencias.

A veces cae en la trampa del exceso de ambición, lo que la conduce a pérdidas económicas en los negocios. Le gusta brindar cariño y amor a los demás, aunque generalmente se siente incomprendida. Es exigente y materialista, confiada, perceptiva, observadora y escurridiza cuando siente que su espíritu libre puede ser atrapado.

Características positivas

Inteligente, cariñosa, imaginativa, plácida, oportunista, apasionada, elegante, sentimental, afectiva, emite criticas constructivas, atenta, honesta, práctica, materialista, aprende de la experiencia.

Características negativas

Calculadora, mala, misteriosa, incansable, de intenciones secretas, temperamental, odia las críticas, chismosa y organizadora de escándalos, manipuladora, obsesiva, demasiado ambiciosa.

La rata se asocia con:

- Sabor: salado.
- Estación: invierno.
- Nace: en el verano.
- Colores: blanco, negro y azul.
- Plantas: menta, ajenjo.
- Flores: orquídea, cardo.
- Comida: guisantes, puerco.
- Clima: frío.

El hombre rata

- Busca sacar ventaja y provecho de todo y de todos.
- Tiene un ojo perfecto para encontrar las mejores oportunidades.
- Vive a través de su ingenio y astucia.
- Tiene habilidad para los negocios.
- Ahorrador.
- Le gustan las apuestas.
- Le gusta gastar el dinero.
- Colecciona logros.
- Se engancha con los chismes.
- Buen evaluador.
- Sensible con su familia.
- Muy creativo.
- Suspicaz y desconfiado.
- Honesto.

La mujer rata

- Gobierna el nido.
- Su apariencia es tranquila.
- Obtiene ganancias de sus logros.
- Excelente en los negocios.
- Comunicativa.
- Aguda.
- Nunca se pierde una oferta.
- Siempre almacena.

- Le gusta la moda pero siempre elegante.
- Excelente ama de casa.
- Nunca se niega nada a sí misma.
- Apasionada.
- Directa y honesta.
- Intelectual y creativa.
- Excelente para poner a trabajar a los demás.
- Generosa con quienes ama.

El infante rata

- Aventurero.
- Esconde sus cosas.
- Odia ser ignorado.
- Siempre se mete en problemas.
- Se involucra en pleitos.
- Siempre consigue lo que quiere.
- Inquieto.
- Hiperactivo.
- Apena a sus padres.
- Metiche.
- Alegre y cariñoso.
- Le encanta explorar e investigar.
- Curioso.

La rata en el hogar

La rata no es una persona hogareña o que le gusten las labores del hogar. Le gusta tener quien se ocupe de esos asuntos. Aprecia el confort, la sensación de protección y la buena decoración. En ocasiones especiales disfruta de tener invitados (sólo en esas ocasiones). Su casa es el lugar ideal para divertirse ya que son excelentes anfitriones. Disfruta cocinar y divertir a sus huéspedes. Es generosa. Le gusta disfrutar las ganancias que obtiene de su trabajo y es muy sensible para las celebraciones especiales, como aniversarios o el día de las madres. Le gusta tener su casa limpia, ordenada y organizada.

La rata en el trabajo

La rata tiene una tendencia laboral agresiva que requiere de dirección. Puede ser conflictiva si no tiene suficiente actividad. Aunque tiende a ser controlada, la rata se puede volver neurótica en lo que a trabajo se refiere. Necesita confort y parecerá floja (prefiere que los demás trabajen, mientras ella da ordenes). Tiende a ahorrar pero también a gastar. Busca ganancia en todo. Disfruta usar su mente y su astucia más que participar en labores físicas.

Profesiones adecuadas a la rata

- Crítico.
- Consejero financiero.
- *Broker.*
- Prestamista.
- Abogado.
- Detective.
- Anticuario.
- Accionista.
- Especialista.
- Psicólogo.
- Escritor.
- Patólogo.
- Minero o trabajos debajo de la tierra.

Preferencias de la rata

A la rata le gusta:

- Divertirse.
- Lo raro e inusual.
- Ser la primera en explorar cosas nuevas.
- Los pasadizos secretos y escondites.
- El misterio.
- El dinero.
- Lo enigmático.
- Apostar.

- La compañía.
- Los bienes valiosos.
- El placer

A la rata le disgusta:

- La vida mundana.
- Los relojes de alarma.
- Los esquemas rígidos.
- Las agendas.
- La burocracia.
- Estar desocupada.
- El fracaso.
- Estar aislada o sola.

Buenos amigos de la rata

- Muy compatible con: buey, dragón y mono.
- Amigable con: conejo, serpiente, perro y cerdo.
- Sin conflicto, pero necesita esfuerzo: rata, tigre.
- Falta empatía: cabra, gallo.
- Antagónica: caballo.

Rata con rata

Esta combinación puede ser muy buena o muy mala. Se juntan dos oportunistas que pueden generar doble problemática o doble beneficio. Al principio la relación puede ser apasionada, pero el interés se irá perdiendo cuando se den cuenta del extremo parecido entre ambos.

Rata con buey

Aunque ambos tienen poco en común, la unión entre ellos es afortunada. La sensibilidad de la rata valorará la capacidad de ahorro y economía del buey. El buey se sentirá atraído por la audacia e inteligencia y sinceridad de la rata. La rata puede encontrar mucha paz con el buey.

Rata con tigre

El idealismo del tigre que se basa en poco interés hacia lo material, contra el materialismo de la rata. Pueden formar una buena pareja si ambos hacen un esfuerzo. Ambos pueden ser superficiales, rebeldes y escurridizos. Sin embargo la rata deberá agradar y consentir al tigre dejándolo ser el centro de atención.

Rata con conejo

Estos dos se pueden llevar muy bien, pero la rata debe de tener cuidado de no abusar del conejo, porque echará a perder la amistad y la relación. Las relaciones de negocios entre ellos son mejores que las sentimentales.

Rata con dragón

Excelente relación. Ambos se aburren con facilidad, por lo que se debe esperar de esta combinación abundante actividad y movimiento. La rata debe permitir que el dragón tome el papel dominante. La rata admirará al dragón y, como este adora ser admirado, la relación puede ser un éxito.

Rata con serpiente

Este par forman una combinación amistosa, donde ambos disfrutan las cosas finas, valiosas y chismear juntos por horas. La serpiente puede tener arranques de celos y posesividad, así como frialdad y pasión repentina, pero todo será temporal.

Rata con caballo

La relación entre estos dos egoístas se debe evitar a como de lugar. Chocan completamente y su relación se torna difícil y compleja. La lucidez de la rata se verá fragmentada por lo impulsivo y drástico del caballo.

Rata con cabra

No existe mucha comprensión entre estos dos, pero pueden convivir por periodos cortos de tiempo, sobre todo si existe el interés mutuo. La desinteresada cabra será buena para la rata y la cabra disfrutará el aspecto cariñoso de la rata.

Rata con mono

Esta combinación puede durar mucho tiempo ya que tienen mucho en común. Harán una pareja entretenida y divertida, siempre en busca de cosas y planes nuevos. La relación siempre tendrá presente la competencia y la rata tendrá que aceptar el dominio del mono.

Rata con gallo

Estos dos tienen poco para lograr una relación estable, mas bien es una relación pasional sin estabilidad ni duración. La rata juzgará la apariencia del gallo y lo percibirá superficial y banal.

Rata con perro

Viven en planetas diferentes, por lo que pueden ser amistosos entre ellos, pero no intentar una relación larga, porque lo apasionado del perro puede sacar de quicio a la independiente rata.

Rata con cerdo

Son un par muy sensual que pueden ser excelentes amigos por un rato, pero el confiado cerdo se puede volver vulnerable por los atractivos de la rata y ser manipulado todo el tiempo.

La rata en el amor

Cuando la rata se enamora todo es romance y pasión. La rata es sensible a las cosas pequeñas y a los detalles que compartan con ella. La pareja sentimental de una rata puede esperar que sea cautelosa y nerviosa al principio, hasta que la relación se vuelva más estable. Es entonces que la rata mostrará toda su generosidad. La rata es sensual y hará todo lo posible para agradar a su pareja. Sin embargo, cuando la rata se siente segura de una relación se vuelve egoísta y demandante, lo que puede generar tristeza y depresión en su pareja.

La rata y el sexo

La rata no se incomoda en lo tocante a cuestiones sexuales. Le gusta tomar la iniciativa e involucrarse en romances y relaciones emocionantes. Tanto al hombre como a la mujer rata les gusta el sexo rodeado de una atmósfera romántica o en lugares secretos. La rata es garantía de una noche apasionada. La mejor manera de seducir a una rata es buscar un lugar secreto, misterioso, con velas y buen vino. Si quieres que la rata te abandone llévala al entorno más aburrido y poco romántico que encuentres.

La salud de la rata

El elemento agua de la rata se asocia con los riñones y la vejiga, por lo que estos son los órganos a los que debe poner atención. Su tendencia a ser ansiosa puede generar desequilibrio en su salud, por lo que debe aprender a expresar sus emociones y sentimientos para mantener una buena salud.

Intereses de la rata

A la rata le gustan los rompecabezas, los acertijos y los juegos de mesa. Le interesa seguir el mercado de valores, la moda, las ofertas, el regateo, la búsqueda de antigüedades. Su fuerte no son los deportes, excepto la exploración o la espeleología. Le gustan los grupos ideológicos, religiosos y espirituales.

De acuerdo con el último número o dígito del año en que nació la rata, puede tener como elemento variable agua, madera fuego, tierra o metal. Años terminados en 0 y 1 metal, 2 y 3 agua, 4 y 5 madera, 6 y 7 fuego, 8 y 9 tierra.

Rata agua de metal

Esta rata se caracteriza por ser íntegra, ambiciosa y por tener la habilidad de desarrollar la fuerza y la tenacidad para lograr un proyecto de principio a fin. En su aspecto negativo puede manifestarse inflexible, rígida y poco creativa. Esta rata se debe esforzar en ser más moldeable y adaptable al cambio, así como abierta al compromiso.

Rata agua de agua

Esta rata está en su elemento. Por consiguiente tiene la doble habilidad de la persuasión, la diplomacia y la intuición. En su aspecto negativo el exceso de agua la puede llevar a saturarse de demasiada investigación, curiosidad y emociones. Es sensible en extremo y le preocupa lo que piensan los demás acerca de ella. Esta rata se debe de esforzar en ser menos influenciable por los demás y correr riesgos por sí misma de vez en cuando.

Rata agua de madera

La madera es el elemento asociado con la creatividad por lo que este tipo de rata es artística de una u otra manera. Se caracteriza por confiar en su propio juicio, posee un alto sentido moral y ético, así como una gran capacidad de crecer y expandir sus planes y proyectos. En su lado negativo, la madera le provee de diversas opciones lo que la vuelve compleja en ideas y sentimientos. Esta rata debe tratar de controlar hacer todo al mismo tiempo y de llenarse de actividades y compromisos que luego no puede sacar adelante por sí misma. Se sugiere que concentre su energía y la enfoque en pocas metas a la vez.

Rata agua de fuego

Esta rata se caracteriza por la indecisión, la sabiduría y la capacidad de innovar en todo lo que hace, lo que la conduce al éxito constante. Es adaptable y capaz de tolerar los cambios drásticos e inesperados. En su aspecto negativo puede caer en el exceso de entusiasmo y pasión, lo que la puede llevar a destruir el principio por el que comenzó a hacer algo. Esta rata debe tratar de controlar lo que dice, ya que puede ser demasiado hiriente con las palabras, y enfocar su energía en construir en lugar de destruir.

Rata agua de tierra

Esta rata es práctica, confiable, prudente, disciplinada y tiene la habilidad de trabajar duro para obtener lo que desea. En su aspecto negativo puede ser lenta y perder la iniciativa cayendo en la apatía y dejando las decisiones importantes de su vida en manos de otros. Esta rata debe trabajar la autodisciplina, permitir volar su creatividad y sentirse más libre.

Buey

Calmado, paciente, pacífico, dictatorial. Se rige por la necesidad de estabilidad en todos los aspectos. No le es fácil adaptarse a los cambios, es convencional y tradicional. Respeta los valores tradicionales y la estabilidad. Su naturaleza es calmada y tranquila, siempre tiene disponibilidad y un temperamento profundo. Cuando se enoja es capaz de perder los estribos y se convierte en una persona violenta y agresiva. Disfruta los aspectos materiales de la vida y puede realizar el trabajo más pesado para tener comodidades y lujos. Adora la buena comida y una casa lujosa. Es disciplinado, tenaz y perseverante. Es amoroso pero poco expresivo.

Características positivas

Es consciente, paciente, trabajador, confiable, serio, amable, fuerte, cuidadoso, persistente, determinado, decidido, capaz y práctico.

Características negativas

Lento, necio, intolerante, parcial, temperamental, dogmático, conservador, materialista, complaciente, conformista, melancólico, depresivo.

El buey se asocia con lo siguiente:

- Sabor: dulce.
- Estación: invierno.
- Nacimiento: noche de verano.

- Colores: amarillo, azul.
- Planta: cáñamo.
- Flor: orquídea.
- Comida: jengibre.
- Clima: húmedo, frío.

El hombre buey

- Difícil de comprender.
- Duda de si mismo.
- Aparenta ser pesimista.
- Valora su vida familiar.
- Planea el futuro.
- No es muy ágil mentalmente.
- Disciplinado y tenaz.
- Autoritario.
- Le gusta la buena comida y la bebida.
- Flojo en las labores de casa.
- Machista.

La mujer buey

- Facilidad para hablar.
- No muy grácil socialmente.
- Organizada.
- Reservada pero no tímida.
- Rencorosa.
- Productiva.
- Disfruta el confort del hogar.
- Leal a su familia.
- Repara sus deudas.
- Digna.
- Discreta.
- Menos reservada que los hombres buey.

El niño buey

- Mejor dejarlo solo cuando se pone temperamental.
- Coleccionista de objetos.

- Serio y pensativo,
- Tiene pocos amigos cercanos.
- Le gusta construir y armar cosas.
- Le encanta leer.
- Necesita motivación para relajarse.
- Le gusta estar solo.
- Se organiza solo.

El buey en casa

El buey disfruta de las cosas materiales, por lo que su casa debe de ser cómoda pero no necesariamente lujosa. El buey es práctico. Prefiere vivir en un área rural más que en una ciudad grande, y lo ideal es que busque su casa cerca de un lago o un río. Si tiene que vivir en ciudad lo ideal es que tenga un jardín cerca. Si vive en departamentos la presencia de plantas naturales es necesaria. Le gusta tener un estudio, o taller de trabajo, en su casa ya que disfruta más el trabajo manual que el intelectual. Le gusta acumular objetos de todo tipo y tiene su propio orden, muy particular, que sólo él entiende.

El buey en el trabajo

Puede obtener logros en todo tipo de profesiones debido a su tenacidad y empeño. Antes de embarcarse en un proyecto de trabajo se tiene que interesar y encontrar motivación en ello, pues explorará todos sus ángulos para decidir el plan de acción. Es metódico. Con su sistema de trabajo encontrará logros y éxito en lo profesional. No es bueno para negociar. Le favorece trabajar en cuestiones de alimentos y agricultura. Es bueno para las artes.

Profesiones adecuadas para el buey

- Compositor.
- Terrateniente.
- Doctor.
- Líder religioso.
- Chef.

- Cocinero.
- Policía.
- Militar.
- Granjero.
- Soldado.
- Maestro.
- Filósofo.
- Juez.
- Banquero.
- Vendedor de seguros.
- Jardinero.
- Músico.

Preferencias del buey

Al buey le gusta:

- Ahorrar.
- La comida casera.
- El ambiente familiar.
- Ser apreciado.
- La ropa cómoda.
- Las festividades tradicionales.
- Las artesanías.
- Planear a futuro.
- Tener el control.

Al buey le disgusta:

- La presión y el estrés.
- La superficialidad y las modas.
- Los cambios.
- Novedades e imprevistos.
- Ser tomado por seguro.
- El arte moderno.
- Pláticas de sentimientos.
- Colores deslumbrantes.
- El comportamiento frívolo y tonto.

Buenos amigos del buey

- Muy compatibles: rata, conejo, gallo
- Amigable con: serpiente
- Sin conflicto pero necesita esfuerzo con: buey, mono, cerdo
- Falta de empatía con: caballo, cabra, perro
- Antagónicos: tigre, dragón

Buey con rata

Una relación entre estos dos puede ser buena, fuerte y afortunada. La sensibilidad de la rata valorará la capacidad de ahorro del buey. El buey se sentirá atraído por la audacia e inteligencia de la rata. La rata sentirá paz en compañía del buey.

Buey con buey

Dos bueyes pueden ser una muy buena pareja, sin embargo uno de ellos debe ser quien tome la iniciativa para que la relación crezca y tenga resultados. De otra forma pueden caer en el tedio.

Buey con tigre

¡Nada que hacer juntos! Son enemigos por naturaleza. Al tigre le gusta el cambio y el buey necesita estabilidad, por lo que chocan completamente. Vivirán peleados y discutiendo todo el tiempo. Aparentemente el tigre buscará dominar, pero el buey se dedicará a retar y alterar al tigre.

Buey con conejo

Es una buena combinación, ya que el conejo busca ser protegido y el buey busca proteger. El conejo es demasiado refinado y sentirá un poco brusco al buey por su excesiva sinceridad.

Buey con dragón

El ego del dragón es demasiado para el buey. Cualquier relación entre ambos no será y duradera. El buey disfruta la rutina diaria, mientras que el dragón siempre busca cómo escapar de ella.

Buey con serpiente

El buey es dependiente emocionalmente y le dará a la serpiente el apoyo que exige constantemente. Ambos trabajan con metas a largo plazo. Ambos respetan la necesidad de privacidad del otro, por lo que puede ser una buena relación mientras la serpiente no se exceda en su ímpetu manipulador.

Buey con caballo

Es una relación triste para ambos. Los dos se molestaran mutuamente. El caballo se aburrirá con el buey, y este se exasperará con la vanidad del caballo. El caballo es libre y el buey autoritario, por lo que no es una buena combinación si buscan salud mental.

Buey con cabra

Ambos tienen mentalidades opuestas. La cabra tiene el hábito de actuar sin pensar, lo que altera profundamente al buey. Sus prioridades de vida son muy opuestas, la cabra es caprichosa y el buey busca y exige tenacidad y lealtad, así como metodología como base de cualquier relación.

Buey con mono

El mono es travieso y juguetón, lo que puede desesperar y molestar al buey. Sin embargo, el mono lo hace con cariño y amabilidad por su personalidad alegre, lo que enamorará al buey. Sin embargo, no pueden lograr estabilidad juntos. No se comprenden el uno al otro; el mono no tiene la paciencia necesaria para atender al buey.

Buey con gallo

Esta es la mejor combinación para el buey, son bastante compatibles. El gallo es muy sociable y saca de su apatía al buey, y este permite que el gallo brille y destaque. Ambos se interesan en cuidar las finanzas y se preocupan por la estabilidad y seguridad financiera.

Buey con perro

La creatividad e inquietud del perro no funciona con la quietud del buey. El perro criticará constantemente la falta de humor del buey. Si aprenden a respetarse mutuamente pueden, lograr una buena relación ya que ambos son realistas y leales.

Buey con cerdo

El cerdo disfruta la paz y la quietud tanto como el buey, pero el exceso de responsabilidad del buey aburrirá un poco al cerdo. Al cerdo le gusta salir y divertirse, y al buey le gusta quedarse en casa y relajarse. El cerdo sentirá al buey demandante y el buey sentirá al cerdo irritante.

El buey y el amor

El buey es de los que no se enamoran fácilmente ya que saben que eso los saca de su rutina y de su esquema organizado. Difícilmente el buey se permite perder la cabeza y dejar que gobierne el corazón. Es poco romántico y apasionado. Sus sentimientos son profundos, pero no los expresan fácilmente. Es devoto a sus pareja y la defienden con toda su fuerza. Su lealtad es incomparable. Si alguien lo traiciona o lo lastima, es difícil que inicien una nueva relación. No es sentimental ni pone atención a detalles como aniversarios y situaciones románticas. Puede parecer duro e insensible.

El buey y el sexo

El buey es considerado hacia los demás, pero tímido en cuestiones de amor. Difícilmente inicia el ritual del cortejo, le gusta ser cortejado. No es celoso con su pareja, es celoso con sus derechos, es decir, exige fidelidad. Para el buey es mas importante la responsabilidad, la confianza y la lealtad que el buen sexo. Los amantes del buey se pueden sentir desdeñados e ignorados por su falta de expresividad. Con el buey funciona la propuesta directa ya que no entiende por medio de coqueteos e indirectas.

La salud del buey

El buey se rige por el elemento agua, por lo que su punto débil son los riñones. Debe cuidarlos y ponerles atención. Otros órganos frágiles del buey son los oídos y la vejiga. Se le aconseja beber suficiente agua y ejercitar su cuerpo. Debe aprender a expresar sus emociones o puede volverse neurótico.

Intereses del buey

El buey disfruta del ejercicio y de mantenerse en forma. Prefiere los deportes tradicionales. Los deportes de pelea son buenos para el buey. ya que le permiten sacar y expresar la violencia que llega a contener constantemente. Le favorecen las artes marciales, que requieren paciencia, practica y trabajo duro. Le gusta viajar en grupo más que solo. El buey es extremista.

De acuerdo con el último número o dígito del año en que nació, el buey puede tener como elemento variable agua, madera fuego, tierra o metal. Años terminados en 0 y 1 metal, 2 y 3 agua, 4 y 5 madera, 6 y 7 fuego, 8 y 9 tierra.

Buey tierra de metal

Se caracteriza por ser muy terco y excesivamente trabajador. Siempre tiene energía y recursos, y es increíblemente autosuficiente. Es más intuitivo que objetivo, artístico, elocuente, lógico, y con una amplia visión hacia su entorno. Es carismático y contagia e inspira a los demás con sus grandes logros. Puede ser dominante y caer en el autocastigo a través de exigirse demasiado.

Buey tierra de agua

Es sensible, siempre está dispuesto a escuchar y ayudar a los demás. De manera atípica, este buey es diplomático. Se caracteriza por saber concentrar y canalizar su energía, además de ser expresivo con sus emociones. Tiene menos tendencia a caer en neurosis que los demás tipos de buey. Es flexible y paciente, aunque no tolera la debilidad o la autocompasión en las personas.

Buey tierra de madera

Este tipo de buey se caracteriza por su energía física, que se combina con su energía por naturaleza. Es el buey más innovador, creativo y elocuente de todos. Tiene buen sentido del humor y disfrutan de bromear a los demás. Es bueno para aprender y no se asusta de intentar cosas nuevas. Es temperamental y explosivo.

Buey tierra de fuego

Este tipo de buey es impaciente y desesperado, lo que lo lleva a valorar poco los aspectos agradables de la vida. Es aguerrido y agresivo. Generalmente lastima y ofende a los demás, aunque no es su intención. No le gusta causar o involucrarse en conflictos. Es orgulloso y arrogante. Se considera superior a los demás. Es amable y honesto, pero carece de tacto y diplomacia.

Buey tierra de tierra

Este tipo de buey es confiable, práctico y paciente. Materialista y excelente ahorrador. Tiene un alto sentido de la justicia y es generoso para ayudar a quien lo necesite. Es apasionado, poco creativo y no corre riesgos. Es hogareño, disfruta del placer pero es testarudo.

Tigre

Cálido, amoroso, independiente, libre y divertido. Es extremadamente carismático y mágico. Es dinámico, enérgico y divertido. Es impulsivo e inmaduro. Constantemente comete errores y se deprime a consecuencia de ello. Difícilmente se da por vencido cuando va en busca de algo. Tiene un gran sentido del humor, disfruta la aventura, la alegría, la fiesta. Disfruta la vida familiar y los niños, especialmente los bebés. Es sentimental y reacciona como niño con frecuencia. Tiene un sentido de la vida absurdo y entusiasta, es energético y juvenil.

Características positivas del tigre

Leal, honrado, sabio, protector, generoso, ambicioso, carismático, cariñoso, afortunado, idealista, valiente, decidido, sensible benevolente.

Características negativas

Impulsivo, desobediente, arrogante, impaciente, critico, imprudente, dominante, agresivo, egoísta, demandante, vanidoso, necio, peleonero

El tigre se asocia con:

- Sabor: ácido.
- Estación: invierno, primavera.
- Nacimiento: noche.
- Colores: anaranjado, dorado ocre.
- Planta: bambú.

- Flor: heliotropo.
- Comida: pan, pollo.
- Clima: ventoso.

El hombre tigre

- De buena naturaleza.
- De apariencia pacifica.
- Confía en su buena suerte.
- Tiene fuerza de voluntad sólida.
- Necesita poder y reconocimiento.
- Buen consejero.
- Busca atención.
- Toma rápido el liderazgo.
- De buenos modales.
- Listo.
- Bien vestido.
- Le gusta correr riesgos.
- Critica la autoridad.
- Pelea por buenas causas.
- Protege a los débiles.
- Amante apasionado.

La mujer tigre

- Le atraen cosas, personas, objetos y lugares poco comunes.
- Intenta ser honesta.
- No acepta la autoridad.
- Odia y pelea contra la injusticia.
- Es intensa en el amor.
- Le gusta la aventura.
- No se impresiona fácilmente con la moda.
- Es excelente con los niños.
- Independiente.
- Difícilmente siente remordimientos o culpabilidad.
- Se viste de manera atrevida.
- Intenta alejarse de la vida mundana.
- Es buena contando historias.

- Se ofende fácilmente.
- Su espíritu es fuerte.
- Es inteligente.
- Demandante si se siente ignorada.
- Franca y directa.
- Autoritaria.
- Si se aburre es agresiva y peleonera.

El niño tigre

- Se accidenta y lastima con facilidad.
- No es un niño escurridizo.
- Es estudioso.
- Le gusta la aventura y el reto.
- Es difícil de disciplinar.
- Actúa antes de pensar.
- Es una constante preocupación para sus padres.
- Le gusta ser el centro de atención.
- Es impaciente y demandante.
- Siempre se involucrara en retos.
- Energético y juguetón.
- Le gusta que lo traten como adulto.

El tigre en la casa

El tigre busca una casa muy confortable, costosa, elegante, de buen gusto, aunque de diseño simple. Tiene un gusto particular por lo original y poco común, por lo que su casa tiene un estilo único. Su casa tendrá recuerdos de viajes. No le gusta el trabajo de casa pero le encanta que se vea cuidada y hermosa, por eso desarrolla métodos para que su espacio esté bien cuidado sin tener que dedicarle mucho tiempo.

El tigre en el trabajo

El tigre es un líder excelente en el trabajo y los negocios. Su naturaleza es buscar riesgos y, con su buena suerte, es un excelente profesionista. Su mente creativa esta llena de ideas para hacer dinero. Aunque no desea acumular riquezas, le encanta perseguir el dinero. Para lograr el éxito el tigre necesita de la influencia y consejo de otras personas. Le cuesta trabajo recibir ordenes. Si controla el ego puede alcanzar y obtener grandes logros. Destaca en las cuestiones literarias y artísticas. Le gusta compartir y comunicar sus ideas a otros, lo que generalmente le genera éxito.

Profesiones adecuadas para el tigre

Emprendedor.
Oficial militar,
Líder de estado.
Político.
Publicista.
Músico.
Escritor.
Poeta.
Publicista.
Diseñador.
Director de cine o de teatro.
Atleta.
Estrella de cine.
Líder comercial.
Director de compañía.
Explorador.
Domador de leones.
Maestro.

Preferencias del tigre

Al tigre le gusta:

- Destacar.
- Ser original.
- El confort sin caer en lo ostentoso.
- Las grandes fiestas.
- Ser valorado y apreciado por sus logros.
- Gastar dinero.
- Ser honesto y que los demás lo sean con él.

- Los cambios.
- Las cosas nuevas, modernas y poco comunes.
- Comprar productos de calidad.
- Los retos.
- Estar a cargo o al mando de las situaciones.
- Las sorpresas.

Al tigre le disgusta:

- El fracaso.
- Sentirse atrapado por circunstancias y por personas.
- Las reglas establecidas por otros.
- La cotidianidad.
- Poner atención a los detalles.
- Involucrarse en escándalos.
- Recibir ordenes.
- Ser criticado.
- Atender o cuidar a otras personas.
- Ser ignorado.
- La autoridad.

Buenos amigos del tigre

- Muy compatibles: dragón, caballo, perro
- Amigables: conejo, cerdo
- Necesita esfuerzo y voluntad con: rata, tigre, cabra
- Poca empatía con: serpiente, gallo
- Antagónicos: buey, mono

Tigre con rata

Ambos son apasionados y pueden estar juntos, pero haciendo un esfuerzo ya que el tigre es idealista y la rata materialista, lo que provoca choques entre ellos. El tigre puede llegar a sentir a la rata poco sincera, pero atractiva, mientras que la rata se sentirá impresionada por la energía del tigre, pero no le gustará su impulsividad.

Tigre con buey

Al tigre le gusta el cambio y el movimiento, mientras que el buey necesita estabilidad y orden para vivir por lo que es muy difícil una relación entre ambos. Sus temperamentos son tan diferentes que generalmente acaban siendo enemigos.

Tigre con tigre

Cualquier relación entre dos tigres es fuerte. Comparten su gusto por la aventura, el cambio, el movimiento y pueden desarrollar una relación salvaje. En momentos difíciles ninguno apoyará al otro, son demasiado egoístas y cada uno exige ser el centro de atención, por lo que dos tigres juntos es demasiado.

Tigre con conejo

Estos dos se comprenden bastante bien. El conejo es lo suficientemente prudente para dejar que el tigre tome el liderazgo. Lo que puede molestar al tigre es que el conejo no lo tome muy en serio. Si comparten intereses en común la unión puede resultar fuerte y buena.

Tigre con dragón

Muy similares en temperamento, impulsivos y apasionados. El dragón tiene el impulso para jalar y atraer al tigre. Esta combinación jamás será aburrida. Ambos son muy francos y directos, por lo que los malentendidos no existen entre ellos.

Tigre con serpiente

Estos dos ven la vida desde ángulos muy opuestos, la serpiente es analítica y sigue su mentalidad, el tigre es impulsivo y sigue sus instintos. La serpiente disfruta la paz y la quietud, mientras que al tigre le atrae el riesgo y la acción, lo que provoca poca comprensión y entendimiento entre ellos.

Tigre con caballo

Se puede presentar mucha atracción entre estos dos signos. El caballo disfruta de la energía del tigre y se sentirá motivado por el éste cuando se deprima. Relación basada en vida social activa, en viajes y aventuras.

Tigre con cabra

Relación compleja pero que puede generar una sólida amistad. La cabra se enamorará del valor y lealtad del tigre, mientras que al tigre le gustará la naturaleza calmada y divertida de la cabra. Necesitan poner de su parte para mantener una buena relación.

Tigre con mono

Ambos son muy competitivos y ninguno sabe cómo mantener un compromiso sólido. El mono puede admirar al tigre, pero jamás permitirá que lo opaque. El tigre no soportará los retos constantes del mono, por lo que la relación puede ser destructiva y terminar en fracaso. Pueden sentir una atracción muy fuerte entre ellos, y un amor muy fuerte, pero la relación puede caer en codependencia y destrucción.

Tigre con gallo

Pueden iniciar una relación prometedora que, al poco tiempo, sea nada más una breve amistad, ya que aunque tienen mucho en común no soportarán la critica constante uno del otro y se convertirán en amigos y rivales asiduos.

Tigre con perro

Lo opuesto de su naturaleza los convierte en el complemento perfecto. El perro amará la energiza y lo aventurado del tigre, y este amará la lealtad del perro. Pueden entablar una relación larga, estable y duradera. Ambos son idealistas y pueden unir sus talentos para obtener grandes logros.

Tigre con cerdo

Pueden llevar una buena relación ya que los dos son gregarios, tolerantes e independientes. El tigre protegerá al cerdo de sus enemigos, y este le demostrara su lealtad constante al tigre. El cerdo deberá ser paciente con respecto al temperamento del tigre.

El tigre en el amor

Debido a que tiene una personalidad carismática siempre estará rodeado de admiradores y pretendientes. El tigre se guía por el corazón y los instintos por lo que se enamora muy fácil y rápidamente. Enamorado, el tigre puede ser intenso y apasionado. Cuando pasa la emoción, pierde el interés. La vida amorosa del tigre es intensa: se enamora y desenamora con facilidad. Conquistador por naturaleza. La pareja de un tigre debe de ser lista y audaz para que el tigre no pierda interés en la relación. El tigre gusta de conquistar y sentir que la situación le pertenece, luego pierde el interés. El tigre es una pareja atractiva y romántica, pero poco atenta.

El tigre y el sexo

La naturaleza apasionada, la mentalidad creativa y la extrema energía del tigre lo hacen un amante creativo y energético. Le atraen los entornos lujosos, agradables y confortables. El misterio es el entorno ideal para el aspecto sexual del tigre. El tigre exige lealtad de su pareja y odia ser ignorado, o se aleja. El tigre odia sentirse atrapado por lo que su pareja debe de evitar celarlo, presionarlo o perseguirlo.

La salud del tigre

El elemento madera del tigre se asocia con el hígado por lo que debe poner atención a ese órgano. El tigre tiene tendencia a ser corajudo y enojón, lo puede afectar el buen funcionamiento del hígado. Puede llegar a ser ansioso y obsesivo.

Intereses del tigre

El tigre se engancha con las actividades dinámicas, que requieren esfuerzo físico. Los deportes como esquiar, volar, surfear, carreras de coches son ideales. Le atraen mucho los riesgos.

De acuerdo con el último número o dígito del año en que nació, el tigre puede tener como elemento variable agua, madera fuego, tierra o metal. Años terminados en 0 y 1 metal, 2 y 3 agua, 4 y 5 madera, 6 y 7 fuego, 8 y 9 tierra.

Tigre madera de metal

Es abierto, elocuente y mandón. No se deja gobernar por los sentimientos y el corazón. Esto lo convierte, a veces, en inescrupuloso. Es muy disciplinado y confía demasiado en sí mismo lo que lo vuelve ambicioso y siempre obtiene grandes logros. Se le aconseja pensar en los deseos y sentimientos de los demás, ser más flexible y practicar la diplomacia y el tacto.

Tigre madera de agua

Es sensible, compasivo y se preocupa por las necesidades de los demás. Siempre lleno de ideas nobles que combina con la capacidad y pasión hacia las causas necesitadas, lo que lo hace un líder sabio. Su vida tiende a ser calmada y suave. Le gusta lo ostentoso.

Tigre madera de madera

Es sociable, magnético y divertido. Emprendedor y excelente planeador de grandes proyectos y hazañas. Le deja el trabajo detallado a otros. Aparenta superficialidad en lo emocional y se muestra ansioso, por lo que se le sugiere tratar de controlar el estrés.

Tigre madera de fuego

Es extremadamente activo. Animoso, emocional y voluble en su carácter. Sensible para percibir los detalles, de temperamento rápido y explosivo. Sin embargo, sus explosiones no duran mucho tiempo. Para disfrutar la vida, este tigre debe aprender a relajarse y tomar las cosas y las situaciones con más calma.

Tigre madera de tierra

Es impulsivo, práctico, le encanta el confort y la estabilidad. Es exitoso en relaciones a largo plazo y negociaciones y sociedades de trascendencia. Es insoportable cuando siente que su libertad es coartada. Se le recomienda ampliar su criterio y evitar encapricharse.

Conejo

Sensible, hogareño, callado, discreto y ambicioso. Es una criatura pasiva, amorosa, ordenada… adorable. No debemos caer en el error de considerarlo débil, es tierno pero tiene una fortaleza silenciosa y constante. Es pacífico y prefiere retirarse antes de iniciar una pelea. Sin embargo, es feroz cuando debe defender su territorio. Tiene una resistencia peculiar a los cambios y los acepta de manera conformista y conservadora. Simboliza la fortuna y la longevidad. Evade el peligro y las dificultades. Disfruta de la buena vida en el aspecto artístico y estético. El buen gusto en muebles, decoración y ropa es característico de este adorable animalito. Adora la buena música y leer un buen libro. Es hogareño y sofisticado. No le gustan los enfrentamientos y, ante un problema, prefiere esconderse hasta que la tempestad se calme.

Características positivas del conejo

Diplomático, circunspecto, pacífico, sensible, intuitivo, discreto, moderado, reflexivo, organizado, con principios, refinado, ético, buen anfitrión, inteligente, expresivo, honorable.

Características negativas

Indeciso, impredecible, dudoso, impresionable, sentimental, conservador, conformista, ególatra, superficial, cruel, chismoso, misterioso, pedante, engreído, sagaz.

El conejo se asocia con:

- Sabor: ácido.
- Estación: primavera.
- Nace en: verano.
- Color: blanco.
- Planta: higuera.
- Flor: listón.
- Comida: trigo, aves de corral.
- Clima: viento.

El hombre conejo

- No es susceptible de modas.
- Cuidadoso para gastar dinero en sus necesidades.
- Extravagante con el dinero al comprar lujos.
- Limpio y bien vestido.
- Tiende a ser superficial.
- Le interesa el arte y la cultura.
- No es de mentalidad familiar.
- Confiado y cariñoso.
- Excelente para escuchar.
- Alegre.
- Su punto de vista es tradicional.
- Celoso de su espacio, de la paz y la quietud.
- Glamoroso.

La mujer conejo

- No es exagerada en lo maternal.
- Divertida.
- Sofisticada.
- Tierna y soñadora.
- Decidida.
- Excelente para dar consejos prácticos.
- Hogareña.
- Atenta a sus necesidades materiales.
- Excelente para encontrar una buena oferta.
- Buena negociadora.

- Elegante y estilizada.
- Defensora de la lealtad.
- Agudo sentido del humor.
- Emotiva.
- Prefiere una vida cómoda a una aventurada.
- Manipuladora para conseguir lo que quiere.
- Prefiere la compañía a la soledad.
- De buenos modales.
- Le gusta la etiqueta.

El niño conejo

- Odia pelear.
- Tímido y nervioso.
- Obediente y disciplinado.
- Le gusta estudiar.
- Disfruta los deportes de equipo.
- Es más estudioso que atlético.
- Necesita estimulo y motivación constante.
- Poco creativo.
- Tiene tendencia a las pesadillas nocturnas.
- Destaca a través de su trabajo y esfuerzo.
- Le gustan los cuentos de hadas, las fábulas y las historias de fantasías.

El conejo en el hogar

El conejo es sensible a los ambientes y le gusta crear atmósferas cálidas e intimas. Los muebles le gustan cómodos y bellos, prefiere las antigüedades o los diseños clásicos. El conejo es meticuloso y jamás tendrá un hogar sucio o desordenado, una ligera mancha en sus muebles o pisos lo puede alterar y llevar al enojo absoluto. Disfruta de pasar tiempo en su casa y prefiere las reuniones familiares más salir a la calle. Es excelente anfitrión y hace lo que sea porque sus invitados se sientan como en casa. Se esfuerza mucho por arreglar su entorno y su ambiente. Ya que logra tener su hogar como le gusta, odia cambiarse de casa.

El conejo en el trabajo

Aunque el conejo no es autoritario, puede ser un excelente líder y coordinador ya que es bastante diplomático. El conejo puede ganar una batalla sin que nadie se entere de que hubo una guerra. Al no ser ambicioso, el conejo rara vez alcanza el rango mas alto en la profesión que elige. El conejo sobresale en posiciones administrativas. En el momento en que el conejo establece lo que es necesario, o que se debe hacer, se manifiesta responsable y constante para sacar adelante su tarea o su trabajo. El conejo es bueno para el trabajo en equipo, aunque prefiere trabajar solo o ser profesionista independiente. Le gusta el trabajo y las profesiones estables. Lo ideal es que el conejo emplee su buen gusto natural, y su diplomacia característica, para evaluar las situaciones y obtener ventaja en lo profesional.

Profesiones adecuadas para el conejo

- Anticuario.
- Diplomático.
- Administrador.
- Diseñador de interiores.
- Político.
- Historiador.
- Coleccionista de arte.
- Abogado.
- Sastre.
- Recepcionista.
- Químico.
- Capataz.
- Farmacéutico.
- Esteticista.
- Contador.
- Librero.

Preferencias del conejo

Al conejo le gusta:

- La privacidad.
- Conversar, incluso chismear.
- Tener una rutina establecida.
- Utilizar sus habilidades para resolver un problema.
- Las películas románticas.
- El secreto y el misterio.
- El cabello largo.
- Estar en casa rodeado de familia y amigos.
- Entornos agradables.
- Cuadros hermosos.
- Poner atención al detalle.

Al conejo le disgusta:

- Discutir.
- Ver o usar violencia.
- Los cambios drásticos.
- Tomar riesgos.
- Las sorpresas.
- Decir cosas desagradables.
- Ser forzado a tomar una decisión.
- Planes complicados.
- Cambiar de idea.
- La critica abierta.

Buenos amigos del conejo

- Muy compatibles: buey, serpiente, cabra.
- Amigables: rata, perro, cerdo.
- Sin conflicto pero necesita esfuerzo con: tigre, conejo.
- Falta de empatía con: dragón, mono.
- Antagónicos: caballo, gallo.

Conejo con rata

Estos dos se llevan muy bien. El conejo debe cuidar de no ser explotado por la rata. Pueden tener una mejor relación de negocios que amorosa.

Conejo con buey

Forman una pareja ideal. El buey provee al conejo de seguridad y estabilidad, lo que genera armonía entre ambos. Lo que puede molestar o desagradar al conejo del buey es su excesiva franqueza.

Conejo con tigre

Contra todos los pronósticos y expectativas, este par puede tener un excelente entendimiento, tal vez demasiado bueno para establecer una relación duradera o larga, ya que el conejo no tomará muy en serio al tigre.

Conejo con conejo

Dos conejos pueden vivir juntos sin discutir ni pelear. Dos conejos pueden ser demasiado pasivos, por ello a la relación le puede faltar emoción, a menos que uno tenga un toque de aventurero.

Conejo con dragón

Totalmente opuestos para estar juntos. El ego del dragón es demasiado para el buen gusto del conejo. Pueden entablar una relación con esfuerzo y respetando los espacios de cada uno.

Conejo con serpiente

Ambos disfrutan la paz y la seguridad, y comparten el amor al arte. La serpiente puede ayudar al conejo a ser más aventurero, mientras que el conejo le ayudará a la serpiente a ser mas tolerante.

Conejo con caballo

El malhumorado y temperamental caballo se puede convertir en un factor de estrés para el conejo, quien no lo tolerará a menos que lo ame demasiado.

Conejo con cabra

Esta puede ser una muy buena combinación ya que comparten el buen gusto y el amor por el lujo. La naturaleza creativa de la cabra atrae el lado romántico del conejo. En momentos difíciles, ninguno será capaz de aportar valor y decisión a la situación, ya que ambos son ansiosos y desesperados.

Conejo con mono

El egoísmo del mono puede sacar lo peor, y más oculto, del conejo. El mono percibe al conejo como aburrido, por lo que una relación entre ellos no durará ni siquiera al punto de revelar lo mas negativo del conejo.

Conejo con gallo

No hay posibilidad de una buena relación entre ellos. Las criticas duras y fuertes del gallo echarán a correr al conejo, además de que el gallo encontrará al conejo antipático.

Conejo con perro

La lealtad del perro y la diplomacia del conejo hacen buena química, y pueden llegar a tener una relación feliz mientras ambos se valoren y se cuiden.

Conejo con cerdo

La tolerancia y amor por el placer del cerdo es buena para el conejo. Se entienden y comparten intereses en común. La excesiva demostración pública de cariño del cerdo puede incomodar al conejo, pero nada serio o preocupante.

El conejo y el amor

El conejo es guerrero para defender y exigir compromiso, sobre todo cuando representa un cambio, y él debe tomar una decisión seria. No quiere decir que sea veleidoso, sino más bien cuidadoso al escoger a su pareja. El conejo prefiere estar solo que en una relación difícil o compleja. Aprecia la paz en su vida por sobre todo. Ya que tiene una relación sentimental, el conejo pone mucho esfuerzo y compromiso en ella. Siempre dispuesto a escuchar y a evitar discutir, puede parecer misterioso ya que difícilmente expresará lo que siente o piensa. El conejo necesita mucho cariño y amor y, si lo reciben, se entrega emocionalmente.

El conejo y el sexo

El conejo se toma su tiempo antes de saltar a la cama. El ritual del cortejo es largo con el conejo, y no es él quien toma la iniciativa. Ya envuelto en una relación el conejo es un amante bueno y confiable. Es tradicional y sensible por naturaleza. Es romántico y lo seduces con rosas, cenas a la luz de las velas y con detalles tiernos. Odia el drama y los celos, sale corriendo ante el exceso de emociones. El conejo es poco expresivo y pocas veces toma la iniciativa, más bien es observador y aprende cómo complacer a su pareja. Es tímido y pudoroso.

La salud del conejo

El elemento del conejo es la madera, que se asocia con el hígado, por lo que debe prestar atención constante a ese órgano. Debe ejercitarse constantemente,e o su salud se puede ver afectada por el exceso de quietud. En lo psicológico, el conejo debe tratar de no ser tan cerrado en sí mismo, y evitar ser obsesivo y fastidioso.

Intereses del conejo

El conejo disfruta de muchas actividades, mientras no sea el encargado de organizarlas. Le son ideales los viajes en paquete.

No es muy afecto al deporte, pero es bueno en la participación en equipo. Le gusta el arte y la cultura por lo que los museos y galerías son de su agrado. Prefiere escuchar música en casa en vez de ir a un concierto lleno de gente. Le gusta pasar tiempo a solas. Le gusta el buen vino, la comida *gourmet* y una buena conversación.

De acuerdo con último número o dígito del año en que nació, el conejo puede tener como elemento variable agua, madera fuego, tierra o metal. Años terminados en 0 y 1 metal, 2 y 3 agua, 4 y 5 madera, 6 y 7 fuego, 8 y 9 tierra.

Conejo madera de metal

Se caracteriza por ser valiente dentro de su timidez. Confía en sí mismo y es visionario. Es ambicioso y rudo, lo que esconde detrás de su magnetismo tierno. Es amable pero frío y llega a ser indiferente ante los sentimientos de los demás. Por lo mismo tiende a ser solitario. Es de carácter fuerte y rígido. Puede manifestarse inflexible y reaccionario.

Conejo madera de agua

Es sensible, puede ser dependiente, tímido e improductivo y alejado de la realidad. Le disgustan los conflictos y se puede ir al extremo con tal de evitar enfrentamientos. Tiende a ser solitario y a sentir remordimiento por todo. Es pasivo y reflexivo.

Conejo madera de madera

Es de doble matiz. Busca el placer y le gusta la aventura. Es muy emotivo y vulnerable. Es generoso y de carácter fácil y sociable. Debe de cuidarse de las personas que con frecuencia buscarán sacar ventaja de él. Es creativo y de gusto estético. Es artístico y creativo.

Conejo madera de fuego

Es cálido y amistoso o temperamental y de mal carácter. Tiene la capacidad de explotar sus habilidades para obtener grandes

propósitos y logros. Es expresivo, inspira confianza y se puede convertir en líder debido a ello. Debe seguir sus instintos y
hacer que el razonamiento controle sus impulsos y pasión.

Conejo madera de tierra

Este tipo de conejo es realista y pragmático. Es capaz de lidiar
con altas y bajas sin esconderse de los problemas. Capaz de
tomar decisiones sin requerir apoyo y consejo de otras personas, es cuidadoso y reservado. Es humilde y consciente de sus
limitaciones. Logra sus metas a través del esfuerzo.

Dragón

Carismático, ególatra, vanidoso. Es el signo de mayor suerte en el zodiaco chino. Posee una gran iniciativa y siempre tiene la mente ocupada en alguna nueva idea. Le gustan las aventuras sentimentales, tiene mucha confianza en sí mismo y siempre consigue lo que desea. Constantemente vive altas y bajas, tanto emocionales como económicas. Es arrogante, orgulloso, poderoso y no acepta la opinión de los demás. No acepta sugerencias y está convencido de que lo que hace y lo que piensa es lo correcto. Es líder por naturaleza y considera que los demás deben hacer caso de todo lo que dice y hace. Siempre está rodeado de admiradores, aunque cuenta con muy pocos amigos para toda la vida. Soluciona cualquier problema con madurez, liderazgo y suavidad. Vive en un mundo de acción y no soporta la quietud y el estancamiento.

Características positivas del dragón

Visionario, dinámico, idealista, perfeccionista, escrupuloso, suertudo, exitoso, entusiasta, sentimental, saludable, voluble, irresistible, magnético, inteligente.

Características negativas

Demandante, impaciente, intolerante, insaciable, ingenuo, abusa del poder, soberbio, irritable, impulsivo, inocente, excéntrico demasiado apasionado, orgulloso, imprudente, temperamental.

El dragón se asocia con:

- Sabor: ácido.
- Estación: primavera.
- Nace: en cualquier momento, excepto durante una tormenta.
- Color: amarillo, negro.
- Plantas: salvia, mandrágora.
- Flor: loto.
- Comida: aves de corral, trigo.
- Clima: ventoso.

El hombre dragón

- Exhibicionista.
- Seductor.
- Atractivo.
- Admirado.
- Tiene pocos amigos.
- Se cree irremplazable.
- Bueno en los deportes.
- Cree que jamás comete errores.
- Sensible y apasionado con sus seres queridos.
- Impulsivo.
- Rencoroso.
- Agradable.
- Simpático.
- Comprador compulsivo.
- Tiene muchos hobbies e intereses.

La mujer dragón

- No es feliz siendo ama de casa.
- Es generosa.
- Inspira confianza.
- Es perfeccionista.
- Exige perfección en los demás.
- Atractiva.
- Glamurosa.

- Exige atención.
- Le gusta ser halagada.
- Odia ser manipulada o decepcionada.
- Bromista.
- Le gustan los niños.
- De mentalidad fija y estricta.
- Necesita sentirse irremplazable.

El niño dragón

- Se aburre fácilmente.
- Le disgusta la autoridad.
- Necesita motivación constante.
- Potencialmente es un buen estudiante.
- Le disgustan las muestras de afecto.
- Es insolente con los maestros.
- Disfruta, y es bueno en deportes.
- Demandante en cuestión de atención.
- Le disgustan los horarios.
- Es creativo.
- Necesita y exige libertad.
- Fija la atención por poco tiempo.
- Se siente incomprendido.

El dragón en el hogar

Padece de claustrofobia, necesita espacios amplios, aire fresco y sensación de libertad. Vivir en un lugar por largo tiempo es una faena para el dragón; le gusta vivir en casas ultra modernas, en casas flotantes o en casas cerca del mar donde se escuchen las olas. Si esto no es posible, redecorará constantemente su casa para no aburrirse. Tendrá una casa lujosa aunque pase más tiempo afuera que en ella.

El dragón en el trabajo

No es un ser hambriento de poder, sin embargo, siempre llega a posiciones de poder ya que es líder por naturaleza. Es pésimo para enfrentar situaciones mundanas, pero un genio para resolver lo que otros consideran imposible solucionar. Es excelente director. El dragón inspira confianza, por lo que es excelente promotor y vendedor. Su integridad inspira credibilidad a todo lo que hace. Necesita sentirse vital en el trabajo y en una posición donde pueda crear e innovar.

Profesiones adecuadas para el dragón

- Director.
- Vendedor.
- Ejecutivo de publicidad.
- Presidente.
- primer ministro.
- Profeta.
- Abogado.
- productor de cine.
- Fotógrafo.
- Periodista.
- Arquitecto.
- Conferencista.
- Filósofo.
- Astronauta.
- Artista.
- Estrella de cine.
- Corresponsal de guerra.

Preferencias del dragón

Al dragón le gusta:

- Cualquier tipo de celebración o fiesta.
- Vestir ropa casual y cómoda.
- Viajar y pasear.
- Ser tomado en serio.
- Ir de día de campo.
- Ferias, la rueda de la fortuna.
- Fuegos artificiales.
- Que le pidan ayuda.
- Sentirse necesario.

- Que le pidan consejo.
- Sentirse indispensable.
- Estar a cargo.
- Ganar.

Al dragón le disgusta:

- Ser tranquilo y paciente.
- Esperar.
- La falta de visión y proyección en los demás.
- No tener nada que hacer.
- Estar desocupado.
- La gente manipuladora.
- Falta de honestidad e hipocresía.
- Falta de energía o fuerza de voluntad en otros.
- Seguir ordenes.
- El compromiso.

Buenos amigos del dragón:

Muy compatibles: rata, tigre, serpiente, mono
Amigable con: cerdo
Sin conflicto, pero necesita esfuerzo con: caballo, gallo
Falta empatía con: conejo, dragón, cabra
Antagónicos: buey, perro

Dragón con rata

Los dos se aburren con facilidad, por lo que se puede esperar intensa actividad en esta relación. La rata debe permitir que el dragón tome el rol dominante. El dragón ama la admiración por lo que una relación entre ambos puede funcionar.

Dragón con buey

Una relación entre ellos no es larga ni duradera. El buey es rutinario y el dragón odia la rutina. Sus temperamentos e intereses son totalmente opuestos, sin embargo pueden aprender mucho uno del otro.

Dragón con tigre

Son muy similares en temperamento y los dos tienen mucha energía y valor. Cualquier tipo de relación entre ellos jamás será aburrida, pero se puede volver una guerra por el dominio.

Dragón con conejo

Difícilmente se entienden, el dragón molesta al conejo con su naturaleza ególatra y exhibicionista. Pueden lograr un compromiso si ambos aprenden a respetar sus respectivos espacios. El conejo puede enseñar tacto y diplomacia al dragón.

Dragón con dragón

Dos dragones forman una pareja llamativa, aunque ambos estarán mas enamorados de sí mismos que del otro. El dragón necesita sentirse indispensable, por lo que ninguno llenara ese espacio en el otro, es demasiado ego en una relación.

Dragón con serpiente

Una buena combinación. La serpiente es lista y deja que el dragón sienta que domina en la relación. El dragón se siente cómodo de que lo asocien con la imagen elegante de la serpiente. Juntos pueden alcanzar grandes logros.

Dragón con caballo

El entusiasmo del caballo embona con la energía e impulso del dragón; se pueden llevar muy bien si ambos comparten un propósito en común y el dragón no invade la privacidad del caballo. La autosuficiencia del caballo no permite darle la atención que requiere el dragón.

Dragón con cabra

La falta de comprensión acabará con cualquier intento de relación entre estos dos signos. Ambos tendrían que aprender a aceptar, valorar y respetar sus diferencias. Las alianzas de negocios pueden ser mas exitosas que las personales, ya que el dragón puede impulsar a la cabra a explotar su creatividad.

Dragón con mono

El dragón se siente muy atraído al carisma e inteligencia del mono. Ambos se inspiran y complementan sin convertirse en rivales, compartirán muchos amigos y tendrán una activa vida social.

Dragón con gallo

Estos dos son el uno para el otro. Se entienden a la perfección. Pueden equilibrar sus grandísimos egos y tener una magnifica relación.

Dragón con perro

El aspecto intelectual y el cinismo del perro acabarán con la autoestima y confianza del dragón. El perro ve la verdad del dragón, por lo que le es imposible admirarlo. De este modo el dragón no soporta una relación con él.

Dragón con cerdo

El cerdo y el dragón tienen muy poco en común, pero por lo mismo, pueden ser muy compatibles. El cerdo es fácil de llevar, nada complejo y disfrutará el glamour y el exhibicionismo del dragón; este se sentirá feliz con el cerdo y hará lo que sea por tenerlo feliz.

El dragón y el amor

Siempre está rodeado de admiradores y nunca sufrirá por falta de amor. Es apasionado pero nunca se deja dominar por sus pasiones. Su autoestima es muy alta y sabe perfectamente que no necesita de una pareja para vivir. Aunque siempre está rodeado de amor, el dragón se enamora con dificultad. Cuando se enamora es leal y amoroso, coloca a su pareja en un pedestal.

El dragón y el sexo

El aspecto sexual es muy importante para el dragón. Se involucra en relaciones sentimentales desde temprana edad y percibe la expresión sexual como llave de su libertad personal. Para el dragón el aspecto sexual es un instrumento de escape y manifestación persona,l lo que puede herir a su pareja ya que pone de relieve el egoísmo del dragón. Sin embargo, lo que el dragón hace lo hace bien. Más que egoísta el dragón es impersonal. Si está enamorado, hará lo que sea por complacer a su pareja.

La salud del dragón

El punto débil del dragón es la madera, asociada con el hígado, por lo que debe prestar atención y cuidar de ese órgano. Tiene la tendencia a padecer dc insomnio y problemas respiratorios. Difícilmente padece enfermedades graves, ya que siempre se cuida y se recupera rápidamente. Cuando se siente vulnerable o frágil se pone a comer llegando al exceso.

Intereses del dragón

Se interesa en muchas cosas, pero le falta tenacidad para estudiar y perfeccionar lo necesario para practicar todo aquellos que le interesa. Un día juega futbol, al siguiente hace yoga, después practica karate, y todo lo realiza por un periodo corto de tiempo. Le gusta viajar, ir de safari, le gusta la aventura.

De acuerdo con el último número o dígito del año en que nació, el dragón puede tener como elemento variable agua, madera fuego, tierra o metal. Años terminados en 0 y 1 metal, 2 y 3 agua, 4 y 5 madera, 6 y 7 fuego, 8 y 9 tierra.

Dragón tierra de metal

Es de cualidades fuertes. Es de reacciones dramáticas y posee un ego enorme. Es honesto y discute defendiendo sus puntos de vista al grado de llegar a ser agresivo. Cuando cree en una causa la defenderá contra viento y marea hasta salir triunfador. Tiene naturaleza de gladiador y llega a tener logros heroicos.

Es visionario, práctico, eficiente, trabajador, disciplinado y muy exitoso.

Dragón tierra de agua

Es extremista, calmado y reflexivo, o excesivo. Es diplomático y muy creativo. Pacifista interesado en cuestiones sociales. Su intuición lo convierte en sabio, idealista y compasivo.

Dragón tierra de madera

Es creativo, se renueva constantemente; es innovador e improvisa todo el tiempo. Ama la armonía, la elegancia y la estética. Es relajado y extremadamente sociable;, odia ofender y lastimar a los demás. Es dinámico, progresivo y muy curioso de las relaciones sentimentales de otras personas. Es divertido y considerado con sus amigos.

Dragón tierra de fuego

Es apasionado, honesto, temperamental, impaciente, ambicioso y orgulloso. Autoritario y perfeccionista, es muy crítico hacia quienes no manejan las mismas ideas y niveles de calidad que él. Carismático y líder.

Dragón tierra de tierra

Es dedicado, cooperativo y abierto al trabajo en equipo. Pocas veces pone atención en el detalle. Es paciente y no vive a la carrera ni cae en la impaciencia. La estabilidad y la seguridad son conceptos muy importantes para él y siempre está en búsqueda de la independencia económica.

Serpiente

Ética, intachable, sofisticada. Es de los animales más enigmáticos del zodiaco. Es silenciosa, prudente y escurridiza. Siempre observando y lista para atacar en el momento menos previsto. Nunca muestra de manera abierta sus cartas. Es excelente para hacer negocios, se basa en su intuición y siempre almacena para el futuro. Como adversaria, es muy poderosa. Su naturaleza es fuerte y poderosa, dominante y posesiva. Poco expresiva, guarda sus emociones y sentimientos por años, es rencorosa y puede esperar años para desquitarse de aquello que la lastima. Es paciente, sofisticada e inteligente. Psíquica e intuitiva. Profunda y analítica, filosófica y sobresaliente del resto del mundo. Es una gran amante de los placeres de la vida. Es acumuladora de dinero como reserva de su tranquilidad y seguridad.

Características positivas

Distinguida, elegante, discreta, prudente, astuta, profunda, perceptiva, lúcida, sofisticada, sabia, gregaria, sensual, curiosa, reflexiva, organizada.

Características negativas

Extravagante, vengativa, obstinada, calculadora, mala con el dinero, cruel, insegura, suspicaz, ladina, distante, posesiva, ansiosa, celosa, desleal.

La serpiente se asocia con:

- Sabor: amargo

- Estación: verano
- Nace: en el calor, un día de verano
- Color: verde, rojo
- Planta: helecho
- Flor: brezo, cardo
- Comida: arroz, borrego
- Clima: caliente, soleado

El hombre serpiente

- Mal perdedor.
- No tolera los insultos.
- Influenciable.
- No entiende la fidelidad.
- Guapo.
- Hedonista.
- Superficial, algunas veces.
- Romántico y apasionado.
- Tiene un sutil sentido del humor.
- Cree en la primera impresión.
- Mal apostador.

La mujer serpiente

- Ingeniosa y simpática.
- Se toma el fracaso de manera personal.
- Es buena consejera.
- Cautivadora y bella.
- No padece falsa modestia.
- Le gusta un hogar confortable.
- Le gusta complacer a los demás.
- Es precisa al vengarse de sus enemigos.
- Es mas confiada que el hombre serpiente.
- Es muy perceptiva.

El niño serpiente

- Es tranquilo y nada problemático.
- Es feliz.

- Necesita aprender a compartir sus juguetes.
- Sensible a los problemas y discusiones familiares.
- Bueno para las artes.
- Tranquilo si tiene un entorno familiar estable.
- Busca complacer a sus padres.
- Le gustan los secretos y las confidencias.
- No le importa la responsabilidad.
- Es celoso de la atención de sus padres.
- Exige mucho afecto.

La serpiente en el hogar

El lugar preferido de una serpiente es su casa. Diseñará un entorno tranquilo y lleno de paz, pero creativo y original. Tiene el sentido natural para combinar colores, diseños y texturas con muy buen gusto. Busca el confort en todo lo que la rodea, decora de una manera sensual y cálida. Siempre procura tener buena comida, buen vino, bebidas y suficientes libros para leer. El hogar de una serpiente siempre tendrá objetos de arte y originales. La casa de una serpiente es un reflejo de ella misma.

La serpiente en el trabajo

Es una persona eficiente y adaptable. Hace las cosas rápido, con el menor esfuerzo y de la manera más efectiva. Es capaz de eliminar silenciosamente a la competencia. Es bien intencionada y bien organizada, pero su fuerte no son los planes a largo plazo. Es excelente para tomar las oportunidades al vuelo y controlar los riesgos. Es ambiciosa y sabe cuando atacar para lograr el éxito en lo que busca. Tiene una sabiduría particular que le permite ser objetiva acerca de sus metas y aspiraciones. Es decidida y determinante si algo la inspira moral y materialmente. Si no está motivada, o no tiene nada que hacer, su apariencia reflexiva se convierte en un huracán.

Profesiones adecuadas para la serpiente

- Profesor.
- Lingüista.

- Filósofo.
- Maestro.
- Psiquiatra.
- Embajador.
- Astrólogo.
- Clarividente.
- Oficial.
- relaciones públicas.
- Mediador.
- Diseñador.
- Decorador.
- Creativo.

Preferencias de la serpiente

A la serpiente le gusta:

- Complacer a otros.
- Los adornos.
- Vestirse para impresionar.
- Confiar y escuchar confesiones.
- Los desiertos y los paisajes salvajes.
- Impresionar a otros con su conocimiento.
- Tener gestos de buena voluntad.
- Un buen debate.
- Gastar de manera extravagante en ella.
- El arte abstracto.
- Los aplausos.
- La armonía y la estabilidad
- Que le pidan ayuda.

A la serpiente le disgusta:

- Que la gente pierda el control.
- Que la perciban ingenua.
- Prejuzgar a la gente.
- Que la pongan de ejemplo.
- Pleitos y violencia.
- Prestar o dar dinero a otros.

- La gente superficial.
- La vulgaridad.
- Ser abandonada.
- Fallar en algo.

Buenos amigos de la serpiente:

- Muy compatibles: conejo, dragón, gallo
- Amigables: rata, buey, cabra
- Sin conflicto, pero necesita esfuerzo con: serpiente, perro
- Falta empatía con: tigre, caballo
- Antagónicos: mono, cerdo

Serpiente con rata

Son un par amistoso, ambos disfrutan de las cosas finas y platicarán durante horas. La serpiente puede ser voluble, y pasar de lo cálida y amorosa a lo más aislado y cortante, pero siempre de manera temporal.

Serpiente con buey

El buey es dependiente en lo emocional y proveerá de apoyo a la serpiente. Ambos disfrutan trabajar con metas a largo plazo, aspecto en el cual el buey puede ayudar a la serpiente. Cada uno respetará la necesidad de privacidad del otro y todo puede funcionar muy bien, mientras la serpiente no quiera manipular al buey.

Serpiente con tigre

Ambos ven la vida desde distintos ángulos. La serpiente funciona a través de su mente, mientras que el tigre sigue su corazón. La serpiente disfruta relajarse con un libro, mientras que el tigre busca la acción y el riesgo. No existe comprensión entre este par.

Serpiente con conejo

Puede ser una buena combinación, ambos cultivan la paz y la seguridad y comparten el amor al arte. La serpiente puede ayudar al conejo a ser más aventurero, mientras el conejo sea paciente con lo enigmática de la serpiente.

Serpiente con dragón

Una buena pareja, la serpiente es lo suficientemente lista para dejar al dragón sentir que él gobierna la relación. El dragón se siente contento de la imagen elegante y seductora de la serpiente. Juntos pueden lograr mucho.

Serpiente con serpiente

Buena combinación para el trabajo y una buena amistad, sin embargo no funcionan en una relación sentimental larga y duradera. En negocios son rudas y ambiciosas. Dos serpientes viviendo juntas se convierte en un campo de batalla donde cada una busca vencer, y la serpiente no se deja dominar fácilmente.

Serpiente con caballo

Sienten una atracción irresistible el uno por el otro, sin embargo, con el tiempo ambos se cansarán. El caballo se aburrirá de la analítica serpiente, y ella no soportará la impulsividad del caballo.

Serpiente con cabra

Ambos aman el arte, la belleza y la armonía. La serpiente aprecia la creatividad y la imaginación de la cabra. Mientras tengan un buen estatus y nivel de vida rara vez discutirán. De otra manera la cabra encontrará a la serpiente demasiado seria, y la ésta percibirá a la cabra débil.

Serpiente con mono

El mono es inteligente de manera ágil, mientras que la serpiente es inteligente de manera profunda. Esto puede dar pie a la competencia o a una buena relación de negocios. En lo sentimental, el mono percibe a la serpiente aburrida y nada atractiva.

Serpiente con gallo

Es considerada la mejor pareja en la astrología china. Es una pareja en perfecto equilibrio, tanto emocional como intelectual.

Serpiente con perro

El perro idealista se siente muy atraído por la sabiduría y profundidad de la serpiente, pero pasa por alto su egoísmo ambición. La serpiente admira la honestidad del perro, por lo que esta relación puede funcionar.

Serpiente con cerdo

Este es un caso de opuestos que no se atraen. Para la serpiente el cerdo es demasiado inocente, pero el cerdo es demasiado sabio para la naturaleza de la serpiente. Ambas criaturas son sensuales, y muy magnéticas, por lo que puede surgir competencia entre ellos.

La serpiente y el amor

La serpiente es intensa y apasionada. Tiene que sentir que es el centro de la vida de su pareja. Aun en pareja, la serpiente no deja de lado su habilidad para coquetear, ya que necesita poner a prueba de manera constante su atractivo sexual. Antes de ubicarse en una relación estable probara varios romances. Aun casada, siempre estará envuelta en cuestiones apasionadas y románticas. Exige fidelidad pero no la garantiza. La pareja de una serpiente debe hacerse respetar, o no sabrá como salir de su manipulación.

La serpiente y el sexo

Astuta, apasionada y sensual, así es la serpiente. Creativa y atractiva, la serpiente utiliza el sexo como una manera de autoconocimiento. La serpiente florecerá en una relación donde haya entendimiento físico. Es tan seductora que hipnotiza y fascina a las personas. No soporta las traiciones, por lo que se debe tener cuidado de no jugar con ella, o revelará su lado mas vengativo y rencoroso.

La salud de la serpiente

El elemento fuego de la serpiente se asocia con el corazón y el intestino, por lo que debe poner cuidado a esos órganos. Debe realizar constantes chequeos médicos a su corazón. Un malestar recurrente de la serpiente es el dolor de estomago, por ello debe llevar un régimen alimenticio sano. Debe cuidar sus ideas porque tiene tendencia a caer en trastornos mentales.

Intereses de la serpiente

Le encanta enroscarse en una silla con un buen libro y buena música. Disfruta relajarse en el campo durante el fin de semana. Le gusta la opera o el teatro. Disfruta vestirse bien y las cosas finas de la vida. La serpiente es una excelente estratega y sobresale en juegos como backgammon y ajedrez. En casa, si no se está relajando y descansando, está remodelando, decorando, pintando o acomodando sus adornos.

De acuerdo con el último número, o dígito del año en que nació, la serpiente puede tener como elemento variable agua, madera fuego, tierra o metal. Años terminados en 0 y 1 metal, 2 y 3 agua, 4 y 5 madera, 6 y 7 fuego, 8 y 9 tierra.

Serpiente fuego de metal

Es de carácter fuerte. Extremista, siempre está entre el esplendor y la destrucción. Energética, disciplinada y perfeccionista. Tiene autoestima alta y un fuerte sentido de identidad.

Independiente, reflexiva y seria. Es extremista en sus pensamientos, poco tolerante, orgullosa y ruda, pero muy honesta
y directa.

Serpiente fuego de tierra

Es brillante y glamurosa. Sabe sacar ventaja de todas sus cualidades. Es menos misteriosa y enigmática que las otras serpientes y fácil de llegar a conocer. Amigable y calmada, siempre
busca lo mejor de las demás personas y no tiene la tendencia a
sacar provecho de quienes la rodean. Prefiere la armonía que
el estatus. Poco ambiciosa, introvertida y soñadora. Añora el
pasado y no planea el futuro.

Serpiente fuego de agua

Este tipo de serpiente es la más enigmática e impredecible de
todas. Intuitiva al grado la clarividencia. Calmada, sabia, reflexiva, justa y honesta, pero práctica, muy inteligente y astuta.
Siempre obtiene sus metas de manera silenciosa y nunca revela
sus planes ni sus emociones.

Serpiente fuego de madera

Es simpática, rápida y astuta. Siempre trabaja apoyando a los
demás y así obtiene sus metas. Es inteligente, creativa, soñadora y libre de pensamiento. Combina la belleza, la estética y la
forma con el espacio. Es artística y sigilosa.

Serpiente fuego de fuego

Es dinámica, imparable y muy activa. Es tan energética que
llega ser destructiva consigo misma. Es apasionada en todo lo
que hace, piensa y siente. Ama y odia con toda su fuerza. No
conoce el término medio. Es dramática, atractiva, magnética y
muy sexy. Superficial.

Caballo

Confiable y orgulloso. Callado, independiente, solitario, popular y admirado por un gran grupo de gente. Es el alma de las fiestas. Ama la libertad, su más preciado tesoro. Es noble, organizado y honesto. En ocasiones le cuesta trabajo cumplir lo que promete. Es entusiasta, participa en todo tipo de actividades y se llena de compromisos que, a veces, no puede cumplir. Se emociona con facilidad y se descontrola de igual manera cuando las cosas no resultan como las espera. Necesita de motivación constante, se entusiasma fácilmente, pero de igual manera se desilusiona. Es extremadamente inquieto y alegre.

Características positivas

Leal, noble, alegre, entusiasta, emprendedor, flexible, sincero, franco, versátil, conversador, gregario, generoso, nada egoísta, realista, energético.

Características negativas:

Inestable, temperamental, impaciente, inseguro, irresponsable, superficial, ambicioso, descuidado, despilfarrador, contradictorio, banal, se asusta con facilidad, vulnerable, ansioso.

El caballo se socia con:

- Sabor: amargo.
- Estación: verano.
- Nace en: invierno.
- Color: anaranjado.

- Plantas: palma.
- Flor: rosa.
- Comida: arroz, borrego.
- Clima: caliente, soleado

El hombre caballo:

- No es bueno con el dinero.
- Secretamente pesimista.
- Le importa su apariencia.
- Egocéntrico.
- Ofende a otros sin darse cuenta.
- Independiente.
- Busca aprobación.
- Le gusta su voz.
- Aparenta ser alegre y fácil de relacionar.
- Es descuidado en casa.

La mujer caballo:

- Odia la autoridad.
- No tolera un papel o puesto de subordinada.
- No tiene tiempo para los problemas de los demás.
- Anhela destacar y llamar la atención.
- Es elegante y distinguida.
- Siempre llega retrasada.
- Le gustan las escenas dramáticas.
- Necesita su propio espacio.
- Es persuasiva.

El niño caballo:

- Tiene tendencia a los berrinches.
- Es independiente.
- Tiene tendencia a ser flojo.
- Es impetuoso.
- Se desespera con aquello que le cuesta trabajo.
- Es descuidado y alegre.
- No le gusta la responsabilidad.

- Es desordenado.
- Prefiere jugar que aprender o estudiar.
- Es fácil quererlo, hace que los demás se enamoren de él.
- Es difícil disciplinar.

El caballo en el hogar

No es muy hogareño, prefiere hacer vida social en casa de sus amigos. Sin embargo, para el caballo es muy importante tener un hogar estable para sentirse seguro y confiado. Le gusta sentirse orgulloso de su entorno y de su casa, le gusta decorarla de manera original y creativa. No es bueno para el trabajo de casa y tiende al desorden, por lo que busca ayuda para tener la casa limpia. El caballo no es materialista, más bien es social y le gusta impresionar con la imagen y decoración de su casa. Esa decoración la basa más en cuestiones sentimentales que en objetos costosos.

El caballo en el trabajo

El caballo tiene la cualidad de ser talentoso, brilla más por talento que por inteligencia. Tiene magnetismo y simpatía naturales que lo vuelven muy atractivo. Necesita un trabajo variado, que lo mantenga interesado, para explotar su naturaleza versátil. El caballo tiene agilidad para hablar y para pensar, pero no es bueno para planear a largo plazo ni para organizar. No es adecuado para el trabajo burocrático ya que odia la rutina y no es capaz de poner atención a los pequeños detalles. Es excelente comunicador y creativo. Es muy bueno aportando ideas creativas e innovadoras. Claro, él aporta las ideas y otros tienen que realizarlas. Es impaciente, le gustan los logros y los resultados rápidos. Es muy bueno para iniciar proyectos, pero es difícil que se enfoque en terminarlos. Inspira confianza por su entusiasmo acerca del trabajo, aunque ese entusiasmo lo puede perder frente a cualquier imprevisto, y sus colaboradores pueden sentirse decepcionados de su inconstancia.

Profesiones adecuadas para el caballo

- Atleta.
- Vaquero.
- Técnico.
- Administrador.
- Chofer.
- Inventor.
- Chofer de camión.
- Vendedor.
- Maestro.
- Reportero.
- Periodista.
- Pintor.
- Publicista.
- Poeta.
- Estilista.
- Guía de turistas.
- Modelo.

Preferencias del caballo

Al caballo le gusta:

- Comenzar un nuevo proyecto.
- Ser halagado.
- Bailar.
- Hacer reír a la gente.
- Cambiar de escenarios.
- Viajar.
- Conocer gente.
- Conversar, ya sea chisme o profundo.
- Sentirse iniciador o pionero.
- Discutir y comentar sus sentimientos y emociones.
- Comer en restaurantes caros.

Al caballo le disgusta:

- El silencio.
- Los horarios.

- La desaprobación.
- La gente callada.
- Lo burocrático.
- La gente poco entusiasta o desinteresada.
- Que le digan que hacer.
- Tener muchas pertenencias materiales.
- Escuchar a otros.
- La crítica o las quejas.
- La soledad.

Buenos amigos del caballo

- Muy compatibles: tigre, cabra, perro.
- Amigables: gallo.
- Sin conflicto, pero necesita esfuerzo con: dragón, caballo, cerdo.
- Falta empatía con: buey, serpiente.
- Antagónicos: rata, conejo, mono.

Caballo con rata

Esta relación se debe de evitar. Son totalmente incompatibles.

Caballo con buey

Es una relación infeliz para los dos. Se molestarán mutuamente de manera constante. El inquieto caballo no recibirá motivación alguna por parte del buey, y el caballo jamás aceptara el autoritarismo del buey.

Caballo con tigre

Hay gran atracción entre el tigre y el caballo. Ambos disfrutarán de su compañía. El caballo recibirá motivación constante por parte del tigre. Pueden discutir bastante y la relación necesita de paseos y salidas frecuentes para nutrirse.

Caballo con conejo

El temperamento del caballo se vuelve molesto e incomodo para el pacifismo del conejo, quien no tolerará por mucho tiempo al caballo, a menos de que este perdidamente enamorado de él.

Caballo con dragón

Se pueden llevar muy bien si comparten intereses y metas en común. El entusiasmo del caballo y la energía del dragón son una buena combinación, mientras el dragón no invada demasiado la privacidad del caballo. El problema puede surgir cuando el caballo, en su egoísmo, no preste la atención que exige el dragón.

Caballo con serpiente

Al principio se puede dar una atracción muy fuerte entre ellos, sin embargo, el caballo se aburrirá y cansará pronto de la quietud y prudencia de la serpiente, quien se cansara de la falta de profundidad y análisis del caballo.

Caballo con caballo

Pueden entablar una relación alegre que disfruten mucho, pero rodeada de inestabilidad. Tienen mucho en común, pero será difícil que logren algo estable.

Caballo con cabra

Se complementan de manera casi perfecta. La cabra se siente segura con el caballo y el caballo le imprimirá diversión y emoción a la relación. Ambos odian la rutina.

Caballo con mono

Una relación entre estos dos siempre estará rodeada de malentendidos. Para el caballo la inteligencia del mono es calculadora y fría, y el mono encontrará el entusiasmo del caballo superficial y ficticio, además de ingenuo e incluso estúpido.

Caballo con gallo

Se pueden llevar bien. El caballo iniciará las cosas y el gallo las terminará. Son sensibles a las opiniones de los demás, aunque ellos no tienen sutileza ni tacto para decir las cosas, lo que puede generar problemas de ego.

Caballo con perro

Este es un típico caso de opuestos que se atraen. El caballo se enamora de la naturaleza leal y generosa del perro, así como de su capacidad de ver las cosas como realmente son. El perro estará fascinado con la energía y habilidad del caballo, minimizando su aspecto superficial.

Caballo con cerdo

Al principio pueden crear buena química. El cerdo se sentirá atraído por el *glamour* del caballo, y éste por la ternura y amabilidad del cerdo. Sin embargo, el egoísmo del caballo llevará al cerdo al limite de su paciencia, y el caballo se aburrirá del cerdo.

El caballo y el amor

El caballo ama ser amado, de hecho puede estar mas enamorado de la idea de ser amado que de su propia pareja. El caballo es de los que se enamora a primera vista y pone todo su esfuerzo en seducir a la otra persona. Como pareja, el caballo es divertido pero complicado. Es temperamental, voluble en su estado de ánimo, ama la libertad, pero exige apoyo. Es muy romántico y vive a través de sus emociones. Por un amor, el caballo da todo a cambio: cambiarse de casa, cambiar de trabajo, emigrar. Es peculiar, se puede desenamorar tan rápido como se enamoró. Para mantener la relación viva, al caballo se le debe mantener interesado haciéndolo sentir que la relación es un reto, de lo contrario se aburrirá y se irá.

El caballo y el sexo

El caballo es el ejemplo claro del símbolo sexual, y es muy sensual. Al caballo le gusta consumir rápidamente una relación y hará lo que sea necesario para seducir a quien eligió. El caballo es un amante apasionado y energético. Cae fácilmente en la tentación. Sin embargo, cambia su temperatura con mucha facilidad; es decir, de repente quiere y al minuto ya no.

La salud del caballo

El elemento fuego del caballo se asocia con el corazón y el intestino, indicando que debe prestar atención a esos órganos. Es muy importante que se esfuerce en llevar una dieta balanceada y observar hábitos alimenticios sanos. El caballo tiene fuertes reservas de energía, por lo que es importante que haga ejercicio para evitar padecer ataques de ansiedad, insomnio o ataques alimenticios.

Intereses del caballo

El caballo disfruta todo tipo de deportes, especialmente los competitivos. Le gustan los eventos sociales y las reuniones.

De acuerdo con el último número, o dígito del año en que nació el caballo, puede tener como elemento variable agua, madera fuego, tierra o metal. Años terminados en 0 y 1 metal, 2 y 3 agua, 4 y 5 madera, 6 y 7 fuego, 8 y 9 tierra.

Caballo fuego de fuego

Este tipo de caballo es todo un caso: es extremista y drástico. Tiene el don de cambiar la suerte por donde pasa, para bien o para mal. Cae en los excesos fácilmente. Aventurero, apasionado, ingobernable, caprichoso y talentoso. Su vida es muy diferente al común de las personas. Su destino es el éxito espectacular o el fracaso absoluto.

Caballo fuego de tierra

Este tipo de caballo es estable. Tiene tenacidad y la capacidad de desarrollar un proyecto de principio a fin. Es decidido y perseverante. Responsable y cauteloso. Convencional y nervioso, lo que refleja poniendo excesiva atención a los detalles y manifestándose excéntrico.

Caballo fuego de metal

Este tipo de caballo es decidido y perseverante. Funciona por medio de la motivación. Necesita estimulación constante pues se aburre con facilidad. Es terco y libre, odia que lo traten de controlar o reprimir.

Caballo fuego de agua

Este tipo de caballo es creativo y exitoso en la cuestión artística. Es disperso y se distrae fácilmente de sus objetivos. Comunicativo, simpático, de buen humor y amigable. Desconsiderado y egoísta, obtiene lo que quiere a través de su encanto. Los demás se enamoran de él y le perdonan sus excentricidades.

Caballo fuego de madera

Es cooperativo y le gusta apoyar a las demás personas. Ingenuo, inocente y disperso. Poco intuitivo. Tiene buen control sobre sus emociones y sentimientos, lo que le permite evitar las depresiones y conservar el buen humor y una actitud positiva ante la vida.

Cabra

Sensible, creativo, talentoso, excéntrico. Artístico e imaginativo, es el signo más soñador del zodiaco. Es compasivo y noble de corazón, aspecto que lo mete en graves problemas cuando se encuentra con personas más rudas que él. Su esencia es familiar, suave, disfruta de su familia más que de cualquier otra cosa. Le gusta el confort, la paz, la calma. Su entorno es muy importante para él, debe ser cómodo, amplio, armónico y organizado. Su casa es su refugio del mundo exterior. Odia discutir y pelear aunque si algo lo altera pierde el control y puede ser hiriente y agresivo. Evade cualquier tipo de enfrentamientos y desacuerdos, prefiere ceder a discutir y tener conflictos que considera innecesarios. Tiene una determinación profunda, es tenaz y decidido.

Características positivas

Creativa, imaginativa, ingeniosa, honesta, caprichosa, sensible, confiada, sincera, pacífica, adaptable, independiente, ardiente, elegante, gentil, fácil de tratar.

Características negativas

Excéntrica, ilógica, vulnerable, irresponsable, irracional, ingenua, insaciable, desordenada, impulsiva, floja, bonachona, ansiosa, poco práctica.

La cabra se asocia con:

- Sabor: amargo.

- Estación: verano.
- Nace: en un día lluvioso.
- Color: azul cielo.
- Planta: ajenjo, anís.
- Flor: madreselva, aretillo.
- Comida: arroz, borrego.
- Clima: caliente.

El hombre cabra

- Dependiente de su familia.
- Es un padre divertido pero irresponsable.
- Es despreocupado e indeciso.
- Tiene desarrollado un alto sentido de la estética.
- Es un hombre inusualmente sensible.
- Tiene un sentido natural por la hospitalidad.
- Es reflexivo y amable.
- Recuerda cumpleaños y aniversarios.
- Se da por vencido con los obstáculos.

La mujer cabra

- Es indiferente a las costumbres y los acuerdos.
- Se enoja con la injusticia.
- Es talentosa.
- Lleva una vida descuidada y sin complicaciones.
- Nunca es hostil.
- Es fácil impresionarla y hacerle trampa.
- Le gusta ser el centro de atención.
- Le teme al rechazo y a la crítica.
- Necesita sentirse segura para destacar.
- Le gusta ser tomada en cuenta.

El niño cabra

- Es delicado y enfermizo.
- Necesita ser consentido.
- Es inconstante e inestable.
- Es tímido e indeciso.

- Destaca con el respaldo y apoyo de una familia.
- Se le debe dejar que encuentre su camino.
- Disfruta las cosas creativas.
- Crea fantasías y cuentos de hadas.
- Regala y comparte sus juguetes con sus amigos.

La cabra en el hogar

A la cabra le gusta el confort en la vida; sin embargo, no es capaz de salir y obtenerlo. Por lo general deja que su familia o pareja se encargue de decorar su entorno para que ella lo disfrute. La cabra es acaparadora, le atraen las cosas bonitas y novedosas. Su casa estará llena de detalles, recuerdos, colecciones y cosas que atraigan su atención. Le encantan las tiendas de *souvenirs*, de cosas raras, tiendas de caridad, de antigüedades y mercados de productos raros y baratos. Si tiene el suficiente dinero, recorre tiendas departamentales (las mejores) buscando las mejores ofertas. Sin embargo, la cabra es indiferente a las posesiones materiales, no tiene apego a lo económico, por lo que le da igual tenerlo que dejarlo.

La cabra en el trabajo

La cabra no trabajaría si no necesitara dinero para sobrevivir. Su especialidad no es ser activa o trabajadora, y se comportará floja e inconstante en el trabajo. A pesar de esto, cuando la cabra toma un trabajo lo sacará adelante de manera adecuada o no hará nada. Tiene posibilidad de obtener buenos ingresos, pero odia mantenerse a si misma. No es ambiciosa y prefiere que otros hagan el trabajo por ella. Si tiene algún dinero es mejor que busque consejo para invertirlo sabiamente, en vez de arriesgarlo para empezar un negocio propio. La cabra se inspira por las artes y ama todo lo concerniente a la armonía y la belleza.

Profesiones adecuadas para la cabra

- Actor o actriz.
- Escritor

- Pintor
- Músico
- Diseñador del paisaje.
- Tejedor.
- Artesano.
- Cortesano.
- Conductor de televisión.
- Gigoló.
- Bailarín.
- Adivinador de suerte.
- Escolta.
- Inversionista.
- Accionista.

Preferencias de la cabra

A la cabra le gusta:

- Agradar a los demás.
- La belleza.
- Despertar la curiosidad de los demás.
- La tranquilidad.
- Perdonar y olvidar.
- Los parques con fuentes.
- Las estatuas de mármol.
- Las obras de teatro.
- Que le pongan atención y la consientan.
- La gente bonita.

A la cabra le disgusta:

- Tener que elegir.
- La responsabilidad.
- La rutina.
- Verse envuelta en problemas ajenos.
- Las obligaciones.
- Las atmósferas hostiles.
- Ofender a otros.
- Las escenas emocionales.

- Estar cargo de la contabilidad.
- Tomar la iniciativa.

Buenos amigos de la cabra

- Muy compatibles: conejo, caballo, cerdo
- Amigables: serpiente, cabra, mono
- Sin conflicto, pero necesita esfuerzo con: tigre, perro
- Falta empatía con: rata, buey, dragón, gallo

Cabra con rata

No existe mucha comprensión entre estos dos signos, aunque pueden pasar momentos agradables en periodos cortos de tiempo cuando comparten algún punto de interés.

Cabra con buey

La cabra y el buey tienen personalidades opuestas. La costumbre de actuar sin pensar, que tiene la cabra, molesta y altera al buey. Sus prioridades en la vida son totalmente diferentes. La cabra es muy caprichosa y el buey exige fidelidad como base de cualquier relación.

Cabra con tigre

Relación difícil pero con buenas recompensas y satisfacciones potenciales. La cabra puede llegar a admirar la inquietud y lealtad del tigre, mientras que el tigre apreciará la naturaleza divertida de la cabra. Funcionan bien como amigos, para ser pareja necesitan esforzarse.

Cabra con conejo

Es una excelente combinación ya que comparten el amor al buen gusto y los lujos. La naturaleza creativa de la cabra atrae el lado romántico del conejo. Ambos son de naturaleza ansiosa, por lo que en etapas difíciles y problemáticas no serán capaces de brindarse apoyo.

Cabra con dragón

La falta de entendimiento debilita cualquier relación entre estos dos signos, a menos que aprendan a aceptar y apreciar sus diferencias. Tendrá más probabilidad de éxito una alianza de negocios entre ellos, que una relación sentimental, pues el dragón impulsa a la cabra a desarrollar su creatividad.

Cabra con serpiente

Ambos aman el arte, la belleza y la armonía. Pueden llevar una excelente relación con etapas buenas y positivas, pero si se presentan problemas se percibirán aburridos, débiles y serios.

Cabra con caballo

La cabra y el caballo se complementan mutuamente. La cabra se siente segura con el caballo y el caballo se siente admirado y divertido con la cabra. Ambos aman la libertad, la irresponsabilidad y la aventura. Odian la rutina.

Cabra con cabra

Dos cabras pueden desarrollar una relación idílica si tiene el suficiente dinero para no preocuparse de pagar las cuentas, de otra manera no podrán encontrar apoyo moral mutuo. Pueden ser amigas si son tolerantes e ignoran sus faltas y debilidades.

Cabra con mono

Nunca se aburrirán juntos. Con la agilidad mental del mono y la imaginación de la cabra, siempre habrá suficiente actividad y movimiento. Pueden ser grandes amigos. Como amantes, el mono no será capaz de proveer a la cabra del constante impulso y aliento que exige.

Cabra con gallo

Estos dos tienen muy poco en común y no un sólo punto de entendimiento entre ellos. Aunque el gallo puede apoyar económicamente a la cabra, la cabra no tiene la capacidad de apoyar moralmente al gallo.

Cabra con perro

Pueden ser buenos amigos si son tolerantes con sus diferencias. Sin embargo, ambos tiene el don de irritarse y molestarse mutuamente.

Cabra con cerdo

Forman una buena alianza. Ambos valoran la tranquilidad y la armonía y son capaces de ceder para obtener ambas cosas. La cabra debe ser cuidadosa y no abusar de la paciencia del cerdo con su constante irresponsabilidad.

La cabra en el amor

La cabra no sabe ser objetiva y cree que el mundo gira en a su alrededor y de aquellos a quienes ama. Efectivamente así se manifestará ya que ignora todo aquello que no le concierne. La cabra es sensible y emotiva y crea grandes expectativas de romance. A cambio, en el terreno emocional, entregará mucho de regreso. La cabra se adaptará para complacer a su pareja y hará todo tipo de concesiones para mantener la paz. La cabra es una compañera amable y cariñosa. No es compasiva, por lo que odia sentirse agobiada por los problemas de su pareja. Odia que alguien dependa de ella en lo emociona,l ya que ella es la que busca depender del otro. La cabra siempre esperará que su pareja este ahí para darle apoyo y cubrir sus necesidades. La pareja de una cabra debe aceptarla como es y no pretender cambiarla.

La cabra y el sexo

La cabra es más curiosa que apasionada. No puede ser ni lógica ni objetiva con respecto a sus emociones. Para la cabra los sentimientos y las emociones son tan importantes como el acto sexual por lo que no acostumbra tener solamente una noche de sexo o una relación basada en aspectos sexuales, sin sentimientos. Se siente lastimada si descubre que la otra persona no siente nada por ella. La cabra inicia una relación sexual de manera delicada y elegante. Ama el arte de la seducción con toda una atmósfera de romance.

La salud de la cabra

El elemento fuego de la cabra se asocia con el corazón y el intestino por lo que se debe de poner atención a esos órganos. Al tener una tendencia yin se recomienda que la cabra prevenga más que curar las enfermedades. Es importante que se haga constantes chequeos médicos. Deben descansar y meditar para recuperar su energía y sentir bienestar.

Intereses de la cabra

La cabra no se caracteriza por ser muy energética. Prefiere visitar una galería de arte que ir a nadar. Le gustan los parques, los jardines, las flores y las construcciones históricas. Ama todo aquello en lo que puedan encontrar belleza y armonía. Le gusta visitar a sus amigos.

De acuerdo con el último número, o dígito del año en que nació, la cabra puede tener como elemento variable agua, madera fuego, tierra o metal. Años terminados en 0 y 1 metal, 2 y 3 agua, 4 y 5 madera, 6 y 7 fuego, 8 y 9 tierra.

Cabra tierra de metal

Es fuerte, decidida y perseverante. Es sensible más no llega al punto de ser vulnerable o frágil. Aunque su apariencia es dura, en realidad es cariñosa, noble y tierna. Ambiciosa y enfocada en sus metas, no es competitiva y es de gustos y atracciones muy particulares.

Cabra tierra de agua

Es caprichosa, sensible e intuitiva. Bastante perceptiva en cuestiones emocionales. Se preocupa en exceso por los problemas y penas de los demás. Tiene la tendencia a alejarse y evadirse; es decir, es solitaria y sutil. Conservadora, temerosa del cambio, no le gusta correr riesgos.

Cabra tierra de madera

Este tipo de cabra es bastante artística y sensible. Es compasiva y generosa. Enfoca su energía, su tiempo y su dinero en causas nobles en las que cree. Le gusta trabajar tranquila y es más citadina que aventurera.

Cabra tierra de fuego

Este tipo de cabra es valiente e intuitiva. Dramática e innovadora, tiene la capacidad de hacer creer que sus ideas locas y diferentes son lógicas y sensatas. Tiene tendencia a ser incansable e impulsiva. No es buena administrando su dinero, lo gasta y lo pierde fácilmente. Atractiva y magnética, amable y simpática, aunque poco tolerante hacia los que considera tontos.

Cabra tierra de tierra

Es sensata y estable, tenaz y trabajadora. Es ambiciosa y con gran capacidad de cubrir sus necesidades, además es menos dependiente que las otras cabras. Es alegre y optimista. Sin embargo, cuando las cosas no salen como espera se queja constantemente. Su tendencia es ser cauta y conservadora lo que la puede llevar a estancarse en algunos casos.

Mono

Simpático, libre, alegre, polifacético. Es el signo más listo del zodiaco. Es oportunista, único, inesperado, variable. Le gusta vivir y disfrutar la vida al máximo. Adora la aventura y la emoción, es inocente e impulsivo. Creativo, innovador y siempre tiene su mente ocupada. Su agilidad mental es impresionante. Se aburre y desespera con facilidad. Siempre consigue lo que quiere. Sociable, líder por naturaleza, siempre está rodeado de gente e impone modas. Cuando se desespera puede convertirse en un ser destructivo y agresivo. Funciona a partir de su ego y competitividad, haga lo que haga siempre destacará del resto de las personas. No soporta que alguien sobresalga más que él, es celoso y envidioso. Es brillante y la gente se enamora de él fácilmente.

Características positivas

Independiente, astuto, sociable, vivaz, entusiasta, tolerante, alegre, audaz, sensible, generoso, optimista, entretenido, ágil mentalmente, gregario, creativo, original.

Características negativas

Oportunista, manipulador, inquieto, esquemático, impredecible, misterioso, egoísta, presumido, veleidoso, tramposo.

El mono se asocia con:

- Sabor: agrio.
- Estación: otoño.

- Nace: en verano.
- Color: blanco.
- Planta: baya china.
- Flor: ave del paraíso.
- Comida: clavo.
- Clima: seco.

El hombre mono

- Rompe las reglas.
- Le falta disciplina.
- Le gusta apostar.
- Es aprovechado.
- Aparenta ser superficial.
- Es bueno con los niños.
- Se lleva bien con las mujeres.
- Le gusta molestar a sus amigos.
- Miente con singular alegría.
- Es de sentimientos cálidos y generoso.
- Tiene un agudo sentido del humor.

La mujer mono

- Provoca celos.
- Es coqueta.
- Necesita sentirse independiente.
- Es ingeniosa.
- Le gusta tener su propio espacio.
- Prefiere no casarse.
- Es buena con los niños.
- No tiene una moral convencional.
- Es mas honesta que el hombre mono.
- Es práctica.
- Es buena arreglando las cosas.

El niño mono

- Se emociona fácilmente.
- Necesita que lo calmen constantemente.

- No conoce los límites.
- Es impaciente y temperamental.
- Tiene mucha imaginación.
- Se adapta fácilmente a los cambios.
- Se impulsa a sí mismo.

El mono en el hogar

El mono no entra en la categoría de los signos que están apegados al hogar. Sin embargo, le resulta importante tener un ambiente estable. Su casa le sirve como punto de partida o como cueva para planear sus aventuras. El mono otorga mucha importancia a la cuestión del estatus y la imagen, por lo que siempre pensará en cambiarse a una casa mejor y mas grande ,o hacer remodelaciones mayores y redecoración al lugar donde vive. El mono es digno representante del "hágalo usted mismo", es práctico y disfruta hacer, reparar y decorar. Incluso cuando tiene problemas financieros, el mono encuentra la forma de arreglar y decorar su casa. Posee mucha creatividad y sensibilidad para crear ambientes agradables, cálidos y coloridos.

El mono en el trabajo

El mono es ágil y de pensamiento rápido por lo que siempre encontrará trabajo. Es bastante flexible por lo que se adapta a las circunstancias. Saca adelante situaciones y convierte lo que otros consideran poco importante, en algo muy productivo, redituable y provechoso. Odia la rutina. Para que un mono se quede en un trabajo, éste debe de estar lleno de variedad y retos. Tiene por costumbre buscar la estimulación constante y, si se siente aburrido, puede cambiar fácilmente de profesión y carrera. Se siente atrapado en una profesión convencional y predecible, siempre busca el cambio y la innovación. Siempre obtendrá el éxito en aquello que represente romper y cambiar las reglas.

Profesiones adecuadas para el mono

- Consejero.

- Terapeuta.
- Artista.
- Chofer.
- Terapeuta ocupacional.
- Enfermera.
- Instructor de judo.
- Maestro de lenguas.
- Crítico de arte.
- Asesor financiero.
- Teólogo.
- Corresponsal en el extranjero.
- Creativo.
- Escritor.
- Periodista.

Preferencias del mono

Al mono le gusta:

- Los retos.
- Escuchar a los demás.
- Atender gente.
- Los horóscopos.
- Sistemas de creencias alternativos.
- Viajar.
- Bromear y jugar.
- Decorar su casa.
- La lectura e interpretación de cartas de tarot.
- Visitar amigos.
- El arte étnico.
- Juegos de azar.
- Salir de noche.

Al mono le disgusta:

- La rutina.
- El alcohol y el licor.
- Las creencias establecidas.
- Ser manipulado.

- Estar sin dinero.
- El trabajo físico.
- Los logros de otros.
- La gente convencional.
- Comprometer su independencia.

Buenos amigos del mono

- Muy compatibles: rata, dragón
- Amigables: cabra, pero, cerdo
- Sin conflicto, pero necesita esfuerzo con: buey, gallo
- Falta empatía con: conejo, caballo, mono
- Antagónicos: tigre, serpiente

Mono con rata

Son una combinación entretenida y peculiar. Pueden tener una relación duradera ya que ambos tienen mucho en común. La rata tendrá que aceptar y tolerar la naturaleza dominante del mono.

Mono con buey

El mono disfruta molestar y hacer travesuras al buey, que es demasiado serio, siempre gentil y con amor. El buey se siente fascinado por la personalidad brillante y espontánea del mono. Sin embargo, es difícil que entre ellos se dé una relación estable. Existe poca comprensión entre ambos, el mono se aburrirá con tantas diferencias entre ellos.

Mono con tigre

Ambos son competitivos y ninguno sabe cómo hacer un compromiso. El mono puede admirar en secreto al tigre, pero simplemente dos egos tan grandes juntos son una bomba de tiempo. Pueden llegar incluso a una relación destructiva.

Mono con conejo

El envidioso mono puede sacar lo peor del conejo, su lado más negativo. Fuera de una relación de convivencia esporádica es muy difícil que desarrollen una relación sentimental buena y estable.

Mono con dragón

El dragón se siente atraído por la gracia e inteligencia del mono. Los dos se inspiran y complementan mutuamente sin convertirse en rivales. Ambos disfrutan la vida social y a los amigos. Son una pareja que puede despertar críticas de los demás, cosa que al mono y al dragón no les mueve ni un cabello.

Mono con serpiente

El mono es superficial, la serpiente es profunda. Entre ambos se despierta mucha competencia y rivalidad. Pueden establecer una excelente relación de negocios nada más, ya que en el amor el mono considera a la serpiente aburrida.

Mono con caballo

Una relación entre ellos estará llena de malentendidos. El caballo siente al mono demasiado calculador, y el mono ve al caballo inocente y superficial.

Mono con cabra

Una cabra y un mono nunca se aburrirán juntos. Con la agilidad del mono y la imaginación de la cabra, siempre tendrán algo que hacer y se convertirán en grandes amigos. Como amantes, el mono no es capaz de proveer las excesivas atenciones que la cabra demanda.

Mono con mono

Un mono disfruta la compañía de otro mono. Aprecian la inteligencia y audacia del otro. Sin embargo, pueden convertirse en rivales debido a que son muy competitivos.

Mono con gallo

El mono listo y el gallo franco pueden funcionar bien juntos. Se juzgarán uno al otro por la apariencia y se encontrarán superficiales. Si aprenden a no criticarse pueden formar una buena pareja.

Mono con perro

Estos dos pueden ser grandes amigos. El perro se siente atraído por la vivacidad del mono y éste aprecia la estabilidad del perro. Aunque hay buena comprensión, ambos son cínicos y el perro puede desconfiar del mono.

Mono con cerdo

Ambos son amigables y flexibles por lo que pueden desarrollar una buena relación. Si establecen convenios y negociaciones, y evitan tratar de manipularse entre sí, puede funcionar.

El mono y el amor

El mono se acerca al amor desde su muy peculiar y única perspectiva. Es vivaz y entusiasta. Al principio se manifiesta con toda la pasión y emoción por su nueva conquista. Cuando pasa la novedad, el entusiasmo le empezará a disminuir e iniciará una campaña de críticas hacia su pareja. La relación debe ser activa y dinámica para que el mono conserve el interés. Si se siente contento y estimulado, el mono será tolerante y comprensivo. Aunque las lagrimas y las risas son la constante en una relación con el mono, es emocionante e impredecible. El mono es cariñoso y complaciente, a cambio pide atención a sus necesidades.

El mono y el sexo

El mono tiene un apetito saludable por el sexo. Es creativo y original como amante. Es importante que la pareja de un mono sea divertida y apasionada en la cama. El mono se cansa rápidamente de las relaciones meramente físicas. Si el mono no se siente pleno, tiene problemas para ser fiel. El mono es ambicioso y admira lo que otros tienen, quitándole valor e importancia a lo que él tiene. A primera señal de problema, el instinto del mono será correr antes que quedarse y sortearlo.

La salud del mono

El elemento metal del mono se asocia con los pulmones y el intestino grueso, por lo que debe prestar especial atención en esos órganos. El mono también debe poner atención a sus riñones, evitando consumir café o sal en exceso. Aunque el mono no es aficionado a ejercitarse, y mantenerse en forma, por lo general tiene una apariencia saludable. Su tendencia es ser esbelto y delgado.

Intereses del mono

Los intereses del mono son múltiples y variados. Amigable por naturaleza, el mono pasará gran parte de su tiempo haciendo vida social. Al mono le gusta la moda y todo lo nuevo. Le atraen los deportes de velocidad y las emociones extremas. Le gusta lo exótico, lo inusual, el arte y aprender acerca de las diferentes culturas.

De acuerdo con el último número, o dígito del año en que nació, el mono puede tener como elemento variable agua, madera fuego, tierra o metal. Años terminados en 0 y 1 metal, 2 y 3 agua, 4 y 5 madera, 6 y 7 fuego, 8 y 9 tierra.

Mono metal de metal

Este tipo de mono es inteligente y agresivo. Extremadamente libre e independiente, se siente superior a las demás personas. Es ambicioso y tiene gran facilidad para generar abundancia y dinero. Le gustan los riesgos y los retos, tiene suerte y facilidad para apuestas.

Mono metal de agua

Es comprensivo y cooperativo hacia los demás. Demasiado sensible, y se siente criticado y atacado por todos lados. Su carácter es complejo ya que es sensible e intrépido, enigmático y misterioso, siempre esconde sus sentimientos y sus intenciones. Experimenta cambios constantes de humor y estado de ánimo.

Mono metal de madera

Este tipo de mono es afortunado, enfocado y estable. Amigable y atractivo. Resuelve los problemas con facilidad y siempre tiene recursos para sacar adelante cualquier situación. Destaca del común de las personas. Es creativo, artístico, ético y excelente comunicador.

Mono metal de fuego

Es poderoso, fuerte, apasionado y violento. Muy competitivo, destinado a destacar sobre las demás personas, pero controvertido y contradictorio. Enfrenta los retos desde la perspectiva menos esperada y, a veces, de la manera incorrecta.

Mono metal de tierra

Este tipo de mono es simpático y equilibrado. Es concreto y sabe aterrizar sus planes y proyectos. Es estudioso, tenaz, dedicado y trabajador. Es paciente y tiene una gran capacidad para resolver problemas de la mejor manera. Es inteligente e intelectual. Puede ser hiriente al hablar, es agudo y directo en sus comentarios. Muy crítico consigo mismo y con los demás. Sus relaciones son complejas.

Gallo

Valiente, entusiasta e inteligente, el gallo es glamoroso y le gusta llamar la atención. Da la impresión de poseer mucha seguridad y decisión, es muy susceptible a la adulación, le gusta ser halagado. Esconde sus debilidades detrás de su arrogancia. Es eficiente y organizado. Le gusta regular la vida de los demás, tiene mente aguda y ágil, profunda y analítica. Debido a su mentalidad, con frecuencia se ve envuelto en discusiones y alegatos. Es sincero y directo, no maneja la diplomacia como regla de vida. Es honesto y le gusta el trabajo. Hace grandes planes y estructura metas que algunas veces le es difícil alcanzar. No le gusta escuchar consejos y los toma como críticas, aspecto que no soporta y altera totalmente su naturaleza. Prefiere alejarse y desaparecer antes que aceptar un error o una debilidad. Pocas veces tiene arrebatos de enojo o molestia.

Características positivas

Honesto, dominante, mandón, valiente, glamoroso, resistente, entusiasta, relajado, preparado, leal, sincero, capaz, generoso, caritativo, divertido.

Características negativas

Vanidoso, irreflexivo, desconsiderado, egoísta, arrogante, vulnerable, crítico, superior, racional, severo, alardea, disipado, ostentoso, pretencioso.

El gallo se asocia con:

- Sabor: agrio.
- Estación: otoño.
- Nace en: primavera.
- Colores: amarillo, blanco.
- Planta: anaranjado, palmera.
- Flor: girasol.
- Alimento: cereal.
- Clima: seco.

El hombre gallo

- Es carismático.
- Le atraen las situaciones complicadas.
- Tendencia a ser engreído.
- Es despiadadamente franco.
- Tiene buena memoria.
- Es celoso de los rivales.
- Aparenta indiferencia.
- Es un verdadero despilfarrador.
- Es conquistador.
- Cuenta grandes historias.
- Es divertido e ingenioso.
- Le gusta la compañía de mujeres.

La mujer gallo

- No es maliciosa.
- No dice mentirillas blancas.
- Es razonable.
- Es sociable y comunicativa.
- Se concentra totalmente en aquello que realiza.
- No es tan misteriosa o enigmática como el hombre gallo.
- Mantiene sus promesas.
- Es celosa en secreto.
- Aparenta frivolidad.
- Es buena negociando.

- Es generosa con sus amistades

El niño gallo

- Es atento y curioso.
- Responde a través del razonamiento.
- Se interesa en muchas cosas y tiene muchos pasa-tiempos.
- Es rebelde si se siente desmotivado.
- Es fácil vivir con él.
- Es atrevido y temerario.
- Es misterioso.
- Le gusta ser independiente.
- Es bueno con sus hermanos y hermanas.
- Le disgusta la soledad.
- Es bien organizado.

El gallo en el hogar

El gallo típico es muy adaptable y hace de cualquier lugar su hogar. Si le es posible, su hogar va a tener su propio estilo: extravagante. Le gustan los muebles de línea y diseño sencillo. El gallo busca crear un hogar armonioso y confortable. Le encantan las novedades y los *gadgets*. Todo lo que le haga la vida más fácil y más confortable lo tendrá en su casa. El gallo es obsesivo de la limpieza y el orden y no soporta algo fuera de su lugar, por muy ínfimo que sea. El gallo necesita un espacio en casa que sea totalmente de su uso privado.

El gallo en el trabajo

El gallo necesita trabajar duramente para obtener éxito y destacar. Esto no es problema para él ya que es muy entregado en lo que hace. El gallo destaca en cualquier profesión que requiera reto, confianza, autoestima y carisma. Por consiguiente es ideal para las ventas y el comercio. El gallo es demasiado indiscreto para realizar una actividad que requiera confidencialidad, y tiene muy poco tacto para realizar actividades diplomáticas. Ama los retos y odia la rutina. Disfruta trabajar en medios de comunicación. El gallo es ambicioso y no le gustan las posiciones laborales poco reconocidas. Le gusta ser director o ejecutivo.

Profesiones adecuadas para el gallo

- Informante de noticias.
- Vendedor.
- Director de ventas.
- Restaurantero.
- Estilista.
- Director de relaciones públicas.
- Actor.
- Granjero.
- Crítico.
- Manicurista.
- Maestro.
- Mesero.
- Periodista.
- Esteticista.
- Dentista.
- Cirujano.
- Soldado.
- Bombero.
- Guardia de seguridad.
- Oficial de policía.

Preferencias del gallo

Al gallo le gusta:

- Seducir.
- Recibir miradas de admiración.
- Conversaciones serias.
- Manifestaciones ostentosas de riqueza.
- Armar un espectáculo.
- Elegancia.
- Periodos ocasionales de soledad.
- Ser adulado.

- Soñar.
- Dar consejo.
- Gastar dinero.

Al gallo le disgusta:

Perder la compostura.
Ser cuestionado de manera directa sobre aspectos personales.
La gente mal vestida.
Exhibir su conocimiento o sabiduría.
Interferencia en su romance.
Quedarse callado.
Que se burlen de él por medio de bromas.

Buenos amigos del gallo

- Muy compatibles: buey, serpiente
- Amigables: caballo, cerdo
- Sin conflicto, pero necesita esfuerzo con: rata, dragón, mono
- Falta empatía con: tigre, cabra, perro
- Antagónicos: conejo, gallo

Gallo con rata

Estos dos tienen poco en común, difícilmente desarrollarán una relación seria, a menos que se presenten otras influencias que los ayuden a desarrollarla. La rata encuentra al gallo más que molesto.

Gallo con buey

Estos dos son altamente compatibles. Lo sociable del gallo complementa la quietud del buey, y el buey le dará espacio para brillar al gallo. Ambos se preocupan por el dinero y la estabilidad financiera.

Gallo con tigre

Lo más cercano a una relación que puede desarrollar este par es una breve amistad. Tienen mucho en común, pero pronto caerán en malentendidos y criticas que se reflejaran en una guerra sin tregua.

Gallo con conejo

De ninguna manera estos dos signos deben pretender una relación seria y estable. Son completamente opuestos y pueden llegar incluso a situaciones destructivas.

Gallo con dragón

Son una buena combinación. El dragón inspira al gallo. El gallo encuentra seguridad en el dragón, y éste siente al gallo como su espacio o hábitat natural.

Gallo con serpiente

Esta es la pareja más favorable e ideal dentro del horóscopo chino. Se balancean mutuamente en mentalidad y sentimientos.

Gallo con caballo

Se pueden llevar bien. El caballo comenzará las cosas y el gallo las terminará. Deben tener cuidado con el ego, ya que puede generar problemas entre ambos.

Gallo con cabra

Tienen poco en común y es difícil que encuentren entendimiento y comprensión entre sí. Aunque el gallo puede soportar en lo material a la cabra, ésta no podrá proveerle del apoyo moral que el gallo necesita.

Gallo con mono

La astucia del mono y la franqueza del gallo pueden funcionar muy bien. Se juzgarán constantemente el uno al otro a través de su imagen. Si evitan caer en la crítica mutua pueden desarrollar una buena relación de pareja.

Gallo con gallo

Dos gallos juntos, en el mismo tejado, se vuelven intolerables para todos los demás. Se pueden llevar muy bien u odiar a muerte. El gallo no acepta sus errores, pero es buenísimo para mostrar y criticar los de otros, por lo que dos gallos juntos se harán pedazos.

Gallo con perro

Ambos ven el mundo desde distintas perspectivas. El perro percibirá al gallo como egoísta y poco amable. El gallo odia ser juzgado por los demás y se sentirá agredido por las altas exigencias morales del perro.

Gallo con cerdo

Pueden ser muy buenos amigos y una excelente pareja. El cerdo reconoce la sensibilidad y amabilidad del gallo, y éste le mostrará sus mejores cualidades al cerdo.

El gallo y el amor

Para el gallo el amor es una responsabilidad y un reto, no lo ve como algo casual. Tiene un punto de vista analítico y organizado hacia el amor, que puede ocasionar que se decepcione fácilmente. El gallo es devoto e intenso con quien ama, aunque tiende a ser dominante. Le preocupa mucho que su pareja cubra sus necesidades emocionales, por lo que a veces su pareja se puede sentir saturada y desgastada. Exige que su pareja adivine el humor en que se encuentra y sepa cuándo quedarse callada o hablar. Pide apapachos, pero no permite fácilmente que se le apoye.

El gallo y el sexo

El gallo es egocéntrico y le gusta tomar la iniciativa. Es un experto en el arte de la seducción. Sabe volverse indispensable para su pareja y se asegura de que esté completamente satisfecha. El gallo no se resiste fácilmente a la tentación, y justifica sus infidelidades culpando a su pareja de descuidarlo.

La salud del gallo

El elemento metal del gallo se asocia con los pulmones y el intestino grueso por lo que debe poner especial atención a esos órganos. Generalmente se ve afectado por problemas respiratorios, así que debe realizar ejercicio de manera constante para oxigenarse adecuadamente. Esto mejora su salud tanto física como emocional.

Intereses del gallo

El pasatiempo favorito del gallo es socializar y leer. Se va a los extremos. Le gusta alejarse del mundo de vez en cuando para recargar su energía, ya que siempre está envuelto en una vida social activa.

De acuerdo con el último número, o dígito del año en que nació, el gallo puede tener como elemento variable agua, madera fuego, tierra o metal. Años terminados en 0 y 1 metal, 2 y 3 agua, 4 y 5 madera, 6 y 7 fuego, 8 y 9 tierra.

Gallo metal de metal

Este tipo de gallo es problemático y cabeza dura. Organizado, preciso, tajante y detallista al grado de desesperar a los demás. Es de grandes expectativas hacia sí mismo y hacia los demás. Crítico hacia quienes no cumplen con sus estándares de calidad o de comportamiento. Es rígido, ético, inexpresivo y duro cuando se siente incómodo.

Gallo metal de agua

Es claro en sus pensamientos e ideas. Es intelectual, adaptable y polifacético. Menos autoritario que el resto de los gallos, obtiene el apoyo de los demás a través de la negociación, en vez de la imposición. Simpático, amigable y sensible.

Gallo metal de madera

Este tipo de gallo es entusiasta y progresista. Revolucionario, creativo, artístico y vanguardista. Siempre se va a los extremos, no conoce el término medio. Agresivo, susceptible y muy competitivo. Exigente, impulsivo y crítico. Amable e íntegro. Confiable y discreto.

Gallo metal de fuego

Es fuerte y dramático, apasionado y contradictorio, perfectamente inesperado. Excéntrico y convincente. Aventurado, rápido, audaz e impositivo. Jamás es inconsistente ni en pensamiento, ni en acción. Tiene grandes expectativas en la vida. Es un ser de altos vuelos. Excelente líder, pionero e innovador. Exitoso, siempre consigue lo que quiere.

Gallo metal de tierra

Este tipo de gallo es decidido, firme y tiene grandes recursos y cualidades para destacar y salir adelante. Asume la responsabilidad y le gusta analizar y llegar a la raíz de las situaciones. Sutil, discreto, poco llamativo. Poco comunicativo. Elocuente pero directo al hablar.

Perro

Leal, honesto, sincero, justo y temperamental. El perro es directo, odia las trampas psicológicas y los pleitos. Le gusta saber y conocer la verdad, es respetuoso y defiende la justicia por naturaleza. Es filantrópico y enfoca toda su atención en contribuir a causas justas y sociales. Tiene pocos amigos, es sensible y fácil de lastimar. Es capaz de dar la vida por aquellos a quienes ama. Es dogmático y fiel. No le gustan las medias tintas: es blanco o negro. Es excelente amigo y consejero, alegre, divertido y parlanchín. Cuando lo lastimas se aleja y te desdeña, cuando lo quieres y lo mimas te apoya y te defiende con toda su fuerza. Tiene y manifiesta un gran respeto por la vida y la naturaleza.

Características positivas

Es leal, tolerante, idealista, comprensivo, dedicado, moralista, confiable, poco egoísta, noble, creativo, honesto, valiente, responsable, ingenioso, sensible.

Características negativas

Cínico, ansioso, pesimista, suspicaz, misterioso, tímido, estricto, dudoso, insatisfecho, fatalista, obstinado, desconfiado, penoso, introvertido, sin tacto.

El perro se asocia con:

- Sabor: agrio.
- Estación: otoño.

- Nace: durante el día.
- Colores: negro, azul oscuro.
- Plantas: amapola, lirio acuático.
- Flores: flor de naranjo, amapola roja.
- Comida: avena.
- Clima: seco.

El hombre perro

- Es un padre protector.
- Es leal y confiable para sus amigos y su familia.
- Innecesariamente defensivo.
- Buen aliado.
- Lento para hacer amigos cercanos.
- Rápido para criticar los errores de otros.
- Tiene un irónico sentido del humor.
- Tiene facilidad para deprimirse.
- Le encanta el chisme.
- Es terco.
- Rara vez muestra sus sentimientos.

La mujer perro

- Tiene un sentido del humor muy negro.
- Es mas ambiciosa que el hombre perro.
- Es creativa.
- Le falta perseverancia.
- No se compromete.
- Es impaciente.
- Es atractiva.
- Le gusta conversar.
- Es más sociable que el hombre perro.
- Critica severamente a quienes no reúnen sus exigen- cias.

El niño perro

- Es sensible y cariñoso.
- Necesita la atención y la comprensión de los padres.

- Le asusta la oscuridad.
- Si sus padres lo protegen es estable.
- Es responsable y dedicado.
- Siente celos de sus hermanos menores.
- Le cuesta trabajo adaptarse a la escuela.
- Es bien portado y obediente.
- Le gustan las historias de fantasías y de monstruos.

El perro en el hogar

El perro es conocido por su sentido del buen gusto. No es una persona materialista, así que no invertirá su tiempo ni su dinero en perfeccionar o decorar ostentosamente su hogar. Decorará su hogar de acuerdo con sus preferencias personales, su presupuesto y su conveniencia. No se rige por la moda, a menos que le guste la pieza. Busca diseñar una casa cálida, cómoda, confortable, con una buena sensación de bienvenida.

El perro en el trabajo

El perro es una persona con mucha capacidad. Su único obstáculo para obtener el éxito es la falta de motivación. Le falta ambición y agresión para luchar por sus metas y sus planes. El perro puede sustituir o suplir este aspecto si escoge profesiones que inspiren o nutran su naturaleza idealista y soñadora, algo altruista y humanitario donde pueda comprometerse con la causa. El perro puede ser un buen gerente o líder si es capaz de convivir con la autoridad, por medio del tacto al hablar, y si se mantiene accesible con quienes trabaja.

Profesiones adecuadas para el perro

- Sacerdote.
- Misionero.
- Monja.
- Líder de uniones o intercambios comerciales.
- Maestro.
- Trabajador de caridad.
- Enfermera.

- Doctor.
- Juez.
- Abogado.
- Científico.
- Investigador.
- Crítico.
- Trabajador social.
- Representante de la comunidad.

Preferencias del perro

Al perro le gusta:

- Las ciencias ocultas.
- Películas de terror.
- Textiles naturales.
- Novelas detectivescas.
- Recordar los cumpleaños.
- Escribir cartas a sus amigos.
- Aprender acerca de otras culturas.
- La joyería de plata.
- Reuniones con viejos amigos.

Al perro le disgusta:

- La pedantería.
- La hipocresía.
- El comportamiento egoísta.
- La falta de honestidad.
- Las reuniones familiares.
- Las fiestas de cóctel.
- La gente superficial y ambiciosa.
- Los juegos sicológicos.
- Los textiles sintéticos.
- Evaluar el costo financiero de una actividad.

Buenos amigos del perro

- Muy compatibles: tigre, caballo, cerdo.
- Amigables: rata, conejo, mono, perro.

- Sin conflicto, pero necesita esfuerzo con: serpiente, cabra.
- Falta empatía con: buey, gallo.
- Antagónicos: dragón.

Perro con rata

Este par vive en mundos completamente diferentes. Pueden ser muy amigables entre sí, pero como pareja no se les augura mucho tiempo juntos.

Perro con buey

El perro soñador no se sentirá contento con el realismo del buey. El perro criticará constantemente al buey por su falta de sentido del humor. Si aprenden a respetarse pueden desarrollar una buena relación, ya que ambos son leales y confiables.

Perro con tigre

Sus diferencias se vuelven un perfecto complemento. La relación puede ser estable y duradera, ambos son idealistas y combinan sus talentos para alcanzar grandes metas en favor de una buena causa.

Perro con conejo

La lealtad del perro se lleva bien con el conejo y pueden llevar una buena relación, mientras eviten caer en el costumbrismo.

Perro con dragón

Es una relación destructiva y agresiva. El perro arremete contra el dragón pues lo considera fantasioso, ególatra y no siente admiración alguna por él, lo que desquicia al dragón y lo hace dudar sobre su autoestima y seguridad.

Perro con serpiente

El perro idealista se siente muy atraído por la enigmática serpiente. Admira su sabiduría y profundidad, haciendo de lado su egoísmo. La serpiente admira la honestidad del perro.

Perro con caballo

Este es un caso de polos opuestos que se atraen. El caballo admira la lealtad y la naturaleza generosa del perro, así como su carácter realista. El perro disfruta de la compañía del caballo, por lo que ignorará sus arranques de ego.

Perro con cabra

Pueden ser amigos si son tolerantes e ignoran sus diferencias. Sin embargo, ambos se irritan sobremanera debido a las diferencias entre ellos.

Perro con mono

Esta combinación puede funcionar bien, ya que el perro se siente atraído por la alegría y dinamismo del mono. El mono aprecia la estabilidad y equilibrio del perro.

Perro con gallo

El perro idealista y el descarado gallo ven la vida desde muy distintas perspectivas. El perro no sentirá aprecio o atracción hacia el gallo por descortés, y el gallo detestará la crítica constante del perro, a causa de su alto nivel de moralidad.

Perro con perro

El perro es una persona genuina y auténtica, por lo que dos perros juntos pueden desarrollar una relación cálida y comprensiva. Es una relación de codependencia.

Perro con cerdo

La ternura del cerdo genera optimismo en cualquier relación que se dé entre un cerdo y un perro. El perro se sentirá contento y relajado con el cerdo. Ambos son generosos, amables y honestos, por lo que pueden construir una relación larga y duradera.

El perro y el amor

El perro es una persona fácil de querer. Es cálido, amable y generoso. Sin embargo, es difícil que el perro se enamore ya que es suspicaz y desconfía de la gente al principio. Cuando conoce a alguien que cubra sus altos niveles de exigencia, entonces se permitirá enamorarse lentamente de esa persona. Ya comprometido, el perro querrá compartir todo con su pareja y se mostrará afectivo y tierno. El perro espera lo mismo de su pareja, y tiene altas expectativas en el amor, por lo que tiende a sufrir y ser pesimista en esas cuestiones. El perro es ansioso por lo que constantemente exige atención y que su pareja reafirme su compromiso.

El perro y el sexo

El perro es sensual y apasionado, valora la compañía y confía en la intimidad física. El perro no puede vivir sin ternura y prefiere las relaciones largas que los romances cortos. El perro necesita aprobación constante de su pareja, por lo que se esmerará por complacerla. El perro se derrumba ante una infidelidad. Llega incluso a destruir una relación por sus constantes celos y sospechas.

La salud del perro

El elemento metal del perro se asocia con los pulmones y el intestino grueso, por lo que debe prestar atención a esos órganos, su punto débil. El perro es ansioso y tiene tendencia al insomnio y a enfermedades asociadas con el estrés. El perro debe esforzarse en mantener el equilibrio en sus emociones, y no dejarse llevar por sus constantes agobios y pesares. También es importante que el perro ponga atención a su peso.

Intereses del perro

El perro es sociable y disfruta pasar tiempo con sus amigos. No le gusta la aventura. Prefiere ir al cine o a un buen restaurante a escalar una montaña. Le gusta la comida internacional y las pláticas donde pueda desmenuzar y arreglar el mundo. En lo referente a deportes prefiere los simples, tales como nadar por la mañana y *spinning* por la tarde.

De acuerdo con el último número, o dígito del año en que nació, el perro puede tener como elemento variable agua, madera fuego, tierra o metal. Años terminados en 0 y 1 metal, 2 y 3 agua, 4 y 5 madera, 6 y 7 fuego, 8 y 9 tierra.

Perro tierra de metal

Este tipo de perro es temperamental y extremista. Le gusta trascender, genera cambios buenos, y malos, en donde aparece. Idealista, inflexible, de principios firmes. Fuerte. Huye del compromiso.

Perro tierra de agua

Es equilibrado, bello y sensual. Carismático y atractivo. Intuitivo y compasivo. Liberal y soñador. Es tenaz y decidido. Le gusta hacer planes continuamente, pero necesita de alguien que lo apoye a aterrizarlos y terminarlos.

Perro tierra de madera

Es popular, magnético y carismático. Es de mentalidad abierta y objetivo. Le gustan las situaciones equilibradas. Es dedicado y le gusta seguir causas, pero sin volverse obsesivo. Aprecia el arte aunque no sea artístico.

Perro tierra de fuego

Este tipo de perro es indeciso y optimista. Carismático y llamativo. Amistoso y agradable. Tiene gran iniciativa, siempre dispuesto a participar en cualquier aventura que le atraiga. Entusiasta y curioso, es propenso a volverse adicto a lo que le gusta y atrae.

Perro tierra de tierra

Este tipo de perro es equilibrado. Alegre y estable. Vive la vida como llega sin agobiarse o preocuparse en exceso. No le gusta la ansiedad. Idealista y eficiente. Práctico y materialista, es consciente de las necesidades de otros.

Cerdo

Hará lo que sea por quien sea, es sincero y honesto, altruista. Es un diamante en el zodiaco. Es abierto, derecho y muy popular. Enérgico y suave a la vez. Franco, directo y siempre busca sacar ventaja de su buena naturaleza. Es difícil engañarlo, tiene una inteligencia muy peculiar y es suspicaz. Tiene una reserva interior de mucha fortaleza a pesar de dar una imagen de debilidad. Es leal, inocente, ingenuo y muy cariñoso. Espontáneo y confiado. Se entrega a los demás y renuncia a sus intereses por satisfacer a quienes ama. Cree fervientemente en la paz y en un mundo perfecto. Hace hasta lo imposible por solucionar los problemas y evitar los conflictos. Es sensual, le gusta la buena vida, es compartido y jovial. Es generoso, amigable e inocente.

Características positivas

Entusiasta, optimista, suertudo, tolerante, cuidadoso, sensual, cortés, no se queja, decidido, generoso, pacifista, honesto, paciente, alegre.

Características negativas

Indulgente, impaciente, excesivo, gastalón, voluble, temperamento fuerte, miedoso, dubitativo, materialista, ingenuo, indefenso.

El cerdo se asocia con:

- Sabor: salado.

- Estación del año: invierno.
- Nace: en invierno.
- Color: negro.
- Planta: ginseng.
- Flor: lirio acuático.
- Comida: guisantes, carne.
- Clima: frío, húmedo.

El hombre cerdo

- Se decepciona fácilmente.
- Tiene modales impecables.
- No busca revancha con sus enemigos.
- Emplea el sentido común.
- Disfruta la buena comida y los buenos vinos.
- Siempre busca lo mejor de las demás personas.
- Es pacifista.
- Tendrá una juventud difícil.

La mujer cerdo

- Es famosa por su hospitalidad.
- Los demás sacan ventaja de ella.
- Siempre ayudará y apoyará a sus amigos.
- Es lista por naturaleza.
- Siempre es amable y educada.
- No soporta las envidias.
- Es brillante y atenta.
- Le es fácil aprender.
- Perdona pero no olvida.

El niño cerdo

- Es razonable y pacífico.
- Soñador.
- Irresponsable.
- No hace berrinches.
- Se enoja si lo ignoran.
- Necesita disciplina amable.

- Disfruta la privacidad.
- Es entusiasta cuando está contento.
- Es fácil para convivir.

El cerdo en el hogar

El cerdo es sensual y bueno y lo refleja en su hogar. La comodidad y el bienestar son su punto débil: tapetes afelpados, sillas cómodas y tinas de baño grandes. No le interesa un hogar ostentoso ni decorado para impresionar. El cerdo disfruta relajarse en casa, pero tiene tendencia a caer en el exceso por lo que su casa estará llena de adornitos. En su hogar puede ser o muy ordenado y limpio o extremadamente desordenado con sus cosas. La cocina siempre tendrá provisiones y estará bien equipada. Le encanta la comida *gourmet*.

El cerdo en el trabajo

El cerdo no es flojo, es trabajador y difícilmente estará desempleado. No le interesa ni el poder ni el estatus, sólo busca un buen nivel y estilo de vida. Debido a esto se esforzará por asegurar su estabilidad económica. El cerdo es más apto para el trabajo técnico, científico y práctico. Es cuidadoso y prudente. El cerdo destaca como gerente y es bueno para negociar con las personas. Acepta consejos, y los busca, cuando debe tomar una decisión importante.

Profesiones adecuadas para el cerdo

- Investigador.
- Científico.
- Químico.
- Técnico.
- Músico.
- Restaurantero.
- Fabricante de zapatos.
- Trabajador social.
- Constructor.
- Chef.

- Dueño de una salchichonería.
- Oficial administrativo.
- Gourmet.
- Samaritano.

Preferencias del cerdo

Al cerdo le gusta:

- Dar regalos a la gente.
- Estar cómodo.
- Organizar fiestas.
- Leer un buen libro.
- La gente famosa.
- Chismear.
- Los aplausos.
- Trabajar en equipo.
- Tener una relación

Al cerdo le disgusta:

- Discutir.
- Tomar decisiones fuertes por sí mismo.
- La gente posesiva.
- Que le reprochen algo.
- Hablar con gente que no le gusta.
- Salir adelante a través de su propio ingenio.
- Sentirse confundido.
- La gente grosera.
- No saber donde está parado o hacia donde va.

Buenos amigos del cerdo

- Muy compatibles: conejo, cabra, perro.
- Amigables: rata, tigre, dragón, mono, gallo.
- Sin conflicto, pero necesita esfuerzo con: buey, caballo.
- Falta empatía con: cerdo.
- Antagónicos: serpiente.

Cerdo con rata

Son un par que busca su estabilidad financiera, por lo que una relación de amistad breve entre ellos es posible. Pueden surgir problemas si la rata abusa de la inocencia del cerdo y termina por cansarlo.

Cerdo con buey

El cerdo disfruta la paz y la quietud tanto como el buey, aunque en ocasiones el cerdo le aburre el comportamiento demasiado responsable del buey. Al cerdo le gusta pasear y disfrutar los días, y el buey disfruta quedarse en casa y descansar. El cerdo encontrará al buey muy exigente, y el buey al cerdo bastante irritante.

Cerdo con tigre

Se pueden llevar bien ya que comparten el gusto por salir y pasear, son tolerantes e independientes. El tigre protegerá al cerdo de sus enemigos y el cerdo le será leal.

Cerdo con conejo

El cerdo es una excelente pareja para el conejo. Se entienden, se apoyan y comparten puntos en común.

Cerdo con dragón

Aunque tienen poco en común son bastante compatibles. Ambos admiran y disfrutan las cualidades del otro, la ternura del cerdo y el glamour del dragón.

Cerdo con serpiente

Opuestos que no se atraen en lo más mínimo. Es una combinación que se puede convertir en destructiva, la serpiente puede abusar del cerdo y éste la percibirá falsa e hipócrita.

Cerdo con caballo

En un inicio se pueden llevar bien. Cuando se conozcan a profundidad, el egoísmo del caballo llevará al cerdo al límite de su paciencia y tolerancia. Por su parte, el caballo se aburrirá con el cerdo y lo lastimará emocionalmente.

Cerdo con cabra

Buena alianza para ambos signos. Ambos valoran la tranquilidad y la armonía y son capaces de hacer las concesiones necesarias para vivir en equilibrio. La cabra debe cuidar de no presionar demasiado al cerdo para que se haga cargo de ella, porque la tolerancia del cerdo se puede terminar.

Cerdo con mono

Ambos disfrutan salir y pasear y son amigables, por lo que pueden tener una buena relación. El mono puede ayudar al cerdo a controlar su generosidad y reducir sus gastos, mientras que el cerdo alabará el ego del mono y reforzará su autoestima.

Cerdo con gallo

El cerdo y el gallo pueden ser buenos amigos e incluso buenos amantes. El cerdo es uno de los signos capaces de reconocer la sensibilidad y amabilidad oculta del gallo. El gallo se sentirá desarmado por la comprensión y ternura del cerdo.

Cerdo con perro

Pueden formar una pareja que se complemente, ya que el optimismo del cerdo apoya al pesimismo del perro. El perro se sentirá contento y relajado con el cerdo. Ambos son generosos, amables y honestos, por lo que pueden lograr una relación larga y duradera.

Cerdo con cerdo

Un cerdo puede ser un excelente amigo para otro cerdo. Sin embargo, pueden presentarse malentendidos que pongan de relieve lo peor uno y del otro. Por ello será difícil que entablen una relación larga y duradera.

El cerdo y el amor

El cerdo es entusiasta con respecto al amor. Una vez que encuentra a alguien compatible, se enamora rápido y profundamente. Todo el mundo se da cuenta cuando el cerdo está enamorado, porque el amor brota por todas partes. El cerdo es de corazón cálido, abierto y construye relaciones pacíficas y felices. Hará lo que sea para complacer a quien ama. El cerdo es sentimental y manifestará por todos lados su amor y devoción. Debe tener cuidado de no saturar con tanta miel a su pareja ya, que no toda la gente gusta de tanta atención. El cerdo es vulnerable cuando está enamorado, si lo lastiman se comporta agrio y no tomará el riesgo nuevamente.

El cerdo y el sexo

El cerdo es amoroso y sensual. No es tímido con respecto a lo sexual y sabe perfectamente lo que le gusta y lo que le disgusta. Aunque es romántico, el cerdo expresa sus sentimientos de manera más física que emocional. Si el amor de su vida no satisface sus deseos, el cerdo buscará otra persona. El cerdo no se deprime por mucho tiempo por lo que se puede ver envuelto en muchos tipos de relaciones diferentes. Ya que encuentra a la persona adecuada se convierte en leal y confiable. Si quieres seducir a un cerdo, cocínale espléndidas comidas, sirve buenos vinos y deja que todo fluya de manera natural.

La salud del cerdo

El elemento agua del cerdo se asocia con los riñones y la vejiga, por lo que debe prestar atención constante a esos órganos. Debe beber agua con frecuencia y cuidarse de enfermedades o infecciones en vías urinarias. Al ser amante de la buena comida el cerdo debe poner atención en el control de peso. Es recomendable que desarrolle un sistema sano de alimentación.

Intereses del cerdo

El cerdo ama leer y escribir. Siempre se mantiene en contacto con viejas amistades, incluso por carta, si es que viven lejos. Al cerdo le gusta viajar a lugares lejanos y silvestres para relajarse. Le gustan los deportes de exterior: escalar, canotaje, surfear y bucear. Le gusta la buena comida, visitar buenos restaurantes y probar nuevas recetas.

De acuerdo con el último número, o dígito del año en que nació, el cerdo puede tener como elemento variable agua, madera fuego, tierra o metal. Años terminados en 0 y 1 metal, 2 y 3 agua, 4 y 5 madera, 6 y 7 fuego, 8 y 9 tierra.

Cerdo agua de metal

Posee mucha fortaleza y perseverancia. Es ambicioso y terco, sociable y extrovertido. Es detallista en su pensamiento, así como analítico. Directo al hablar.

Cerdo agua de agua

Este tipo de cerdo es diplomático y convincente. Simpático y odia escuchar que alguien se exprese mal de otras personas. Debe aprender a ser realista acerca de las demás personas. Es sensual.

Cerdo agua de madera

Es creativo y brillante, llamativo, comunicativo, expresivo. Logra ganarse respeto y apoyo en donde quiera que desee desarrollarse. Obtiene grandes ventas con facilidad.

Cerdo agua de fuego

Este tipo de cerdo es positivo, valiente, aventurero y optimista. Enamoradizo y coqueto, enfoca su energía en el amor. Le atraen las causas nobles y el trabajo social.

Cerdo agua de tierra

De personalidad estable, disfruta de una vida segura y cómoda. Trabajador, ingenioso. De autoestima alta. Decidido y firme, diplomático y energético.

Los signos zodiacales chinos y las estaciones del año

Los signos zodiacales chinos también se asocian con estaciones del año y se corresponden como sigue:

Invierno

- Cerdo – rata – buey
- Noviembre, diciembre y enero

Primavera

- Tigre – conejo – dragón
- Febrero, marzo y abril

Verano

- Serpiente - caballo – cabra
- Mayo, junio y julio

Otoño

- Mono – gallo – perro
- Agosto, septiembre y octubre

A cada estación del año le corresponde un elemento:

- Invierno: agua
- Primavera: madera

- Verano: fuego
- Otoño: metal

Como explicamos con anterioridad, cada signo zodiacal se corresponde con un elemento. Por lo tanto, si naciste en la estación del año que corresponde al elemento de tu signo (elemento del día de nacimiento), tu naturaleza es firme y decidida.

Si naciste (elemento del día de nacimiento) en la estación cuyo elemento reduce al elemento de tu signo (elemento del día de nacimiento), tu naturaleza es débil.

Si naciste en la estación del año cuyo elemento nutre al elemento de tu signo, tu naturaleza es fuerte.

Si naciste en la estación del año que es controlada por el elemento de tu signo, entonces tu naturaleza es poderosa y fuerte.

En este aspecto es importante conocer bien, y familiarizarse con, los distintos ciclos de elementos que explicamos con anterioridad.

Ejemplo:

Una persona cuyo signo zodiacal del día es **mono de metal**. Si esa persona nace en primavera (febrero, marzo, abril), su naturaleza es fuerte y poderosa (el metal controla a la madera).

Si esa persona nace en verano (mayo, junio, julio), su naturaleza es débil (el fuego controla al metal).

Si esa persona nace en otoño (agosto, septiembre, octubre), su naturaleza es fuerte y auténtica (el metal se reafirma a sí mismo).

Si esa persona nace en invierno (noviembre, diciembre, enero), su naturaleza es débil (el metal nutre al agua).

Si naciste en los meses de abril, julio, octubre y enero, te corresponden meses de tierra.

Una forma de fortalecer tu naturaleza cuando es débil, es tener una mascota del color del elemento de tu signo zodiacal del día o del elemento de la estación del año en que naciste.

Los signos zodiacales forman trinos que establecen signos compatibles entre sí, que se pueden descrúibir como triángulos.

Triángulo de los realizadores

Este triángulo se representa por la rata, el dragón y el mono. Describe a personas amantes de la iniciativa y de la realización. Son innovadores y positivos, les gusta tomar el liderazgo y se convierten en personas que se aventuran en grandes empresas sin el menor titubeo. Son decididos y, generalmente, saben lo que quieren y van tras sus metas sin dudar. Les resulta sencillo aprender, son respetuosos y valerosos defensores de sus ideas. Son espirituales, prácticos y optimistas. Difícilmente reconocerán sus errores y los disimularán con gracia y creatividad. Son competitivos y siempre destacan de las demás personas en cualquier cosa que realicen.

Triángulo de los pensadores

Este triángulo lo forman el búfalo, el gallo y la serpiente. Se trata de personas tenaces, reflexivas, intelectuales y didácticas. Son personas dotadas de una inteligencia superior, calmadas y planificadoras. Se caracterizan por su paciencia, perseverancia y dedicación. Confían en su capacidad de análisis y sentido común para realizar lo que desean. Son cautelosos, analistas y resueltos para realizar lo que planean. Pueden parecer rudos e inflexibles; demasiado analíticos, pero convencidos defensores de sus principios. No soportan la inconstancia, la frivolidad ni la falta de tenacidad.

Triángulo de los protectores o de los independientes

Corresponde al tigre, al caballo y al perro. Son signos emocionales, subjetivos y apasionados. Se guían por la compasión y los sentimientos. Buscan servir a la humanidad y promover el entendimiento entre los seres humanos. Suelen ser impulsivos sobre todo si se trata de defender con fuerza la justicia y la moralidad. Tienden a ser egoístas y extrovertidos, son poco conservadores en sus ideas y pensamientos. Ante los retos reaccionan de manera agresiva y desafiante. Leales, sociables y democráticos. Son completamente emocionales, pasionales, impulsivos y atractivos.

Triángulo de los catalistas o de los diplomáticos

Son el conejo, la cabra y el cerdo. Se caracterizan por ser intuitivos, simpáticos y cooperativos. Son capaces de provocar y promover grandes cambios en los demás a través de la conciencia y el ejemplo. Confiables, sinceros, generosos, sentimentales, tiernos y al mismo tiempo prudentes, fuertes y decididos. Observadores y preservadores del arte, de los principios y la creatividad. Activistas y formadores de grupos, excelentes organizadores y revolucionarios. A veces se muestran inseguros e inconstantes en lo que realizan, necesitan del apoyo y soporte de los demás. Muy sensibles y emotivos.

Ascendentes

Con base en la hora en que nacimos, tenemos un signo ascendente que corresponde a un distinto signo del zodiaco y a dos horas del día lo que rige y que define la energía asociada con logros y resultados en nuestra vida. Esto se explicó previamente en éste libro, a continuación presentamos una descripción de cada signo ascendente o regente por hora de nacimiento.

Rata

11:00 pm a 1:00 am. Es generalmente abierta y honesta, tiene una idea muy peculiar de la vida, sin embargo difícilmente se la engaña. Su naturaleza es amistosa y tiene un amplio círculo social. Tiene un sentido común que la pone en ventaja de cualquier situación. Es importante que aprenda a distinguir entre conversación y chismes para evitar problemas y conflictos.

Buey

1:00 am a 3:00 am. Este tipo de ascendente trae para la persona estabilidad, honradez, decisión y empeño. Tradicional, organizado y ordenado. Funciona a través de la disciplina como forma y estilo de vida.

Tigre

3:00 am a 5:00 am. El ascendente tigre es vivaz, impulsivo y emotivo. Provoca una gran necesidad de sentirse el centro de la acción y de la actividad. Es misterioso, suspicaz y a veces tímido. Bastante sentimentalismo escondido detrás de esa imagen de seguridad.

Conejo

5:00 am a 7:00 am. Este tipo es más fuerte de lo que parece. Es gentil, de modales perfectos, discursos y conversación intachable, gracioso y elegante. Difícilmente expresa sus sentimientos.

Dragón

7:00 am a 9:00 am. El dragón como ascendente convierte a la persona en un ser fascinante, profundo, atractivo y elegante, pero también lo vuelve ególatra. Siempre hace y logra lo que quiere, sus caprichos siempre son positivos y en bien de los demás. Le da un magnetismo y liderazgo especial.

Serpiente

9:00 am a 11:00 am. La principal característica de este ascendente es enigmática. No importa cuánto se esfuercen los demás, jamás sabrán lo que piensa y lo que siente. Da la impresión de ser una persona sofisticada, aunque en realidad es más mística y psíquica.

Caballo

11:00 am a 1:00 pm. Este ser es sociable y lo verás en todo tipo de eventos. Siempre estará en una posición de ventaja sobre los demás. Es impredecible en sus decisiones y acciones, aspecto que lo hace magnético y misterioso. Algo impulsivo, cuando se siente en problemas huye y desaparece.

Cabra

1:00 pm a 3:00 pm.
El borrego es sensible por naturaleza y en algunas circunstancias se vuelve demasiado susceptible. Es protector, cariñoso y responsable de los demás.

Mono

3:00 pm a 5:00 pm. El mono como ascendente es ágil, listo, brillante. Flexible, adaptable y muy inteligente. Siempre está a la moda y destaca en todo evento social.

Gallo

5:00 pm a 7:00 pm.
Es ordenado, organizado, detallista y perfeccionista. Eficiente y brillante, destaca por su labor, crea grandes empresas pero tiene constantes altas y bajas económicas. Se inmiscuye en las aventuras financieras más extrañas y locas.

Perro

7:00 pm a 9:00 pm.
Justo, leal, equitativo. Sincero, honesto, sencillo. Lucha por lograr sus metas y todo aquello que se propone. Disciplinado. No admite términos medios, es drástico y decidido.

Cerdo

9:00 pm a 11:00 pm.
Amistoso, generoso. Leal, jamás dejará ni abandonará a alguien que esté en problemas. Cariñoso, simpático y gracioso.

Tu día de vitalidad y tu día de obstáculos

De acuerdo con tu signo zodiacal chino tienes un día considerado de vitalidad y gemas que te son más favorables. De la misma manera tienes un día considerado de obstáculos y gemas que debes de evitar. Esto lo puedes aplicar para cada uno de los cuatro signos que te rigen (por día, hora, mes y año de nacimiento).

Signo	Día de vitalidad	Gema favorable	Día de obstáculos	Gema desfavorable
Rata	martes	coral rojo	sábado	zafiro azul
Buey	miércoles	esmeralda	jueves	piedras amarillas
Tigre	sábado	zafiro azul	viernes	diamante
Conejo	sábado	zafiro azul	viernes	diamante
Dragón	miércoles	esmeralda	jueves	piedras amarillas
Serpiente	viernes	diamantes	miércoles	esmeralda
Caballo	viernes	diamantes	miércoles	esmeralda
Cabra	lunes	perlas naturales	jueves	piedras amarillas
Mono	jueves	piedras amarillas	martes	coral rojo
Gallo	jueves	piedras amarillas	martes	coral rojo
Perro	miércoles	esmeralda	jueves	piedras amarillas
Cerdo	martes	coral rojo	sábado	zafiro azul

A los signos zodiacales les corresponden direcciones cardinales, de ésta manera podemos llevar el zodiaco a nuestra casa y utilizar algunos objetos para impulsar y mejorar nuestra energía y suerte. Es en este punto donde se entrelazan la astrología china y la escuela de las ocho direcciones cardinales (feng shui).

Esta escuela se rige por los ocho puntos cardinales, otorgándole características energéticas distintas a cada dirección. A diferencia de la escuela BTB (Black Tantric Buddism, cuyo líder y fundador es el profesor Thomas Lin Yun), esta escuela puede ubicar la puerta de entrada hacia cualquier punto cardinal, determinando así ocho sectores en la casa con energías distintas. La escuela BTB es una escuela de posiciones, la escuela de las Ocho Direcciones es una escuela de direcciones cardinales.

Consiste en cuatro direcciones cardinales primarias y cuatro secundarias. Las primeras cuatro corresponden a norte, sur, este y oeste; las segundas cuatro al noreste, noroeste, suroeste y sureste. A cada uno de éstos sectores cardinales le corresponden 45 grados de la brújula. Cada uno de esos 45 grados se subdivide en tres subsectores de 15 grados.

Para establecer los ocho segmentos se deben medir, con una brújula, los grados exactos y la dirección precisa hacia la que ve la puerta principal de la casa. Esto se hace parado en la puerta principal, viendo hacia afuera y, de acuerdo con la dirección y la inclinación de grados que indique la brújula, obtendremos el dato que se requiere para trazar los ocho sectores de nuestra casa.

Se indica sobre el plano de la casa el punto al que ve la puerta principal y, a partir del centro de la casa, se traza un círculo. En ese círculo se indica el grado al que ve la puerta obviamente con la puerta en el plano. Con la ayuda de un transportador se ubican las cuatro direcciones fijas: el norte a 0 grados, el este a 90 grados, el sur a 180 grados, el oeste a 270 grados. Al establecer los cuatro puntos cardinales, se trazan 22.5 grados a cada lado de la dirección exacta. Esto indica los 45 grados de cada sector cardinal y establece los otros cuatro sectores: sureste, suroeste, noroeste y noreste.

Posteriormente se subdivide cada sector de 45 grados en 15 grados y esto proporciona los 24 subsectores en nuestra casa.

Todo este trazo se hace sobre el plano de la casa y sirve para ubicar y establecer el subsector cardinal de cada signo zodiacal.

Los grados que pertenecen a cada signo zodiacal son los siguientes:

- Dragón de 112.5 a 127.5
- Serpiente de 142.5 a 157.5
- Caballo de 172.5 a 187.5
- Cabra de 202.5 a 217.5
- Mono de 232.5 a 247.5
- Gallo de 262.5 a 277.5
- Perro de 292.5 a 307.5
- Cerdo de 322.5 a 337.5
- Rata de 352.5 a 7.5
- Buey de 22.5 a 37.5
- Tigre de 52.5 a 67.5
- Conejo de 82.5 a 97.5

Una forma de aplicar ésta información es colocar el animal, o signo zodiacal correspondiente, en cada subsector de la casa, de preferencia del material que corresponde al elemento fijo de cada uno.

Otra opción para promover armonía en el amor, y en la sociedad, es colocar los doce animales o signos zodiacales en el sector suroeste de la casa o de la oficina.

Con base en tu signo zodiacal y tu signo ascendente (por hora de nacimiento), así como por mes de nacimiento y día de nacimiento, puedes activar determinados sectores y colocar distintas "curas" o soluciones para favorecer o fortalecer tu energía, apoyándote de los cuatro signos que te rigen.

Rata

Su dirección cardinal es el norte y su elemento, por dirección cardinal y por elemento fijo, es el agua. Su dirección abarca entre 352.5 y 7.5 grados. Si tu signo zodiacal es rata, este sector cardinal es favorable para ti. Puedes colocar una rata o ratón de metal en este sector de tu casa para reforzar tu energía personal. Debajo de esa figura se sugiere colocar 99 monedas chinas con la cara que tiene cuatro pictogramas viendo hacia arriba. Un tazón con agua y cuarzos en este sector también es buena opción.

Otra opción para reforzar tu energía personal a través de astrología china es trabajar en trinos; es decir, colocar en los sectores del dragón, el mono y la rata un símbolo de poder importante para ti, puede ser una rata metálica en el sector de la rata, otra en el sector del mono y otra en el sector del dragón. Tus direcciones cardinales desfavorables por signo zodiacal son el sur y el suroeste.

Buey

Su sector cardinal es el noreste y su elemento fijo es la tierra. Abarca de 22.5 hasta 37.5 grados. Si tu signo zodiacal es buey este es un sector cardinal ideal para ti. Puedes colocar en este sector de la casa una escultura de un buey, o una vaca, sobre monedas chinas, conocida como la vaca de los deseos. Se recomienda que la escultura sea de cerámica, barro, porcelana, Talavera o pasta. Otra opción es colocar algún objeto perteneciente al elemento tierra en este sector, otro en el de la serpiente y otro en el del gallo. Tus direcciones desfavorables por signo zodiacal son el suroeste y el sur.

Tigre

Su sector cardinal corresponde al noreste. Su elemento por dirección cardinal es tierra y por elemento fijo madera. Su dirección cardinal abarca de 52.5 a 67.5 grados. Si tu signo zodiacal es tigre, éste es el sector ideal para ti. Puedes colocar un tigre de cristal o de madera. También se puede reforzar colocando otro tigre en el sector del caballo y otro en el del perro. Pueden ser objetos de madera. Tus direcciones desfavorables por signo zodiacal son el suroeste y el sureste.

Conejo

Su sector cardinal es el este. Su elemento por dirección cardinal y por elemento fijo es la madera. Su dirección cardinal
abarca de 82.5 a 97.5 grados. Si tu signo zodiacal es conejo, éste
es el sector ideal para ti. Puedes colocar en ese sector de casa
una pareja de conejos de cristal, o de madera, para reforzar tu
energía personal. También puedes activar tu energía colocando
pares de conejos en los sectores del conejo, del borrego y del
cerdo. Pueden ser objetos de madera. Tus direcciones desfavorables por signo zodiacal son el oeste y el noroeste.

Dragón

Su sector cardinal es el sureste. Su elemento por dirección cardinal es madera y por elemento fijo es tierra. Su dirección cardinal
abarca de 112.5 a 127.5 grados. Si tu signo zodiacal es dragón,
éste es el sector ideal para ti. Se puede colocar un dragón de
porcelana, barro, Talavera o cerámica en este sector. Una pin-
tura de dragón también es útil. Para reforzar tu energía personal, se puede colocar un dragón más en el sector del mono y
otro en el de la rata. Tus direcciones desfavorables por signo
zodiacal son el noroeste y este.

Serpiente

Su dirección cardinal es el sureste. Su elemento por dirección
cardinal es madera y por elemento fijo es el fuego. Su sector
cardinal abarca de 142.5 a 157.5 grados. Si tu signo zodiacal es
serpiente, éste es el sector ideal para ti. Se puede colocar una
imagen o escultura de una serpiente de madera y en color rojo.
Para reforzar tu energía personal, se puede colocar otra más en
los sectores del gallo y del buey. Tus direcciones desfavorables
por signo zodiacal son el noroeste y el noreste.

Caballo

Su dirección cardinal es el sur. Su elemento por dirección cardinal y por elemento fijo es el fuego. Su sector cardinal abarca
de 172.5 a 187.5 grados. Si tu signo zodiacal es el caballo, éste

es el sector ideal para ti. Se puede colocar un caballo de madera rojo en el sector del caballo y, para reforzar, otro más en los sectores del perro y del tigre. Tus direcciones desfavorables por signo zodiacal son el norte y el noreste.

Cabra

Su dirección cardinal es el suroeste. Su elemento por dirección cardinal y por elemento fijo es la tierra. Su sector cardinal abarca de 202.5 a 217.5 grados. Si tu signo zodiacal es cabra, éste es el sector ideal para ti. Se puede colocar una cabra de cerámica, cuarzo o porcelana en este sector. Para reforzar tu energía personal, se pueden colocar dos cabras más en los sectores del cerdo y del conejo. Tus direcciones desfavorables por signo zodiacal son el noreste y el norte.

Mono

Su dirección cardinal es el suroeste. Su elemento por dirección cardinal es tierra y por elemento fijo es metal. Su sector cardinal abarca de 232.5 a 247.5 grados. Si tu signo zodiacal es mono, éste es el sector ideal para ti. Se puede colocar un mono de metal o porcelana, con duraznos, en este sector. Para reforzar tu energía personal, se puede colocar un mono metálico en los sectores de la rata y el dragón. Tus direcciones desfavorables por signo zodiacal son el noreste y noroeste.

Gallo

Su dirección cardinal es el oeste. Su elemento por dirección cardinal y por elemento fijo es metal. Su sector cardinal abarca de 262.5 a 277.5 grados. Si tu signo zodiacal es el gallo, éste es el sector ideal para ti. Se puede colocar un gallo de metal en este sector. Para reforzar tu energía personal, se puede colocar otro en los sectores de la serpiente y del buey. Tus direcciones desfavorables por signo zodiacal son el este y el noroeste.

Perro

Su dirección cardinal es el noroeste. Su elemento por dirección cardinal es el metal y por elemento fijo es la tierra. Su sector cardinal abarca de 292.5 a 307.5 grados. Si tu signo zodiacal es perro, éste es el sector ideal para ti. Puedes colocar un perro de cerámica o porcelana en este sector, uno de metal también es recomendable. Para reforzar tu energía personal, se puede colocar otro en los sectores del caballo y del tigre reforzarán tu energía personal. Tus direcciones desfavorables por signo zodiacal son el sureste y el oeste.

Cerdo

Su dirección cardinal corresponde al noroeste. Su elemento por dirección cardinal es metal y por elemento fijo es agua. Su sector cardinal abarca de 322.5 a 337.5 grados. Si tu signo zodiacal es cerdo, éste es el sector ideal para ti. Puedes colocar un cerdo de metal o de jade en este sector y otro en los sectores del conejo y de la cabra para reforzar tu energía personal. Tus direcciones desfavorables por signo zodiacal son el sureste y suroeste.

Es importante que no se ubiquen baños o cocinas en los sectores favorables para cada signo, ya que esto representa mala fortuna y cambios inesperados.

En los sectores desfavorables por signo zodiacal se sugiere colocar bodegas, escaleras, baños o cocina. Además, es importante pasar el menor tiempo posible en esos sectores.

5. Otros aspectos de astrología

Las nueve estrellas

Estas nueve estrellas están asociadas con aspectos de astrología. Corresponden a los ocho trigramas que se emplean en el *I Ching*, más el punto central que se forma cuando los trigramas se colocan en la forma octagonal tradicional conocida como Bagua. Los trigramas representan una imagen de lo que sucede en la tierra y en el cielo. Las nueve estrellas cambian su posición cada Año Nuevo chino. Así, cada año habrá una estrella diferente hasta completar nueve años y empezar un nuevo ciclo.

La estrella que brilla sobre ti cada año depende de tu edad al iniciar el Año Nuevo chino. Para determinar esto, busca en la tabla a continuación tu edad al iniciar el Año Nuevo chino y encuentra, al final de la línea, el nombre de la estrella.

Edad											Estrella
0	9	18	27	36	45	54	63	72	81	90	Lo Hou
1	10	19	28	37	46	55	64	73	82	91	T'u Su
2	11	20	29	38	47	56	65	74	83	92	Shui Hsing
3	12	21	30	39	48	57	66	75	84	93	Chin Hsing
4	13	22	31	40	49	58	67	76	85	94	T'ai-yang
5	14	23	32	41	50	59	68	77	86	95	Huo Hsing
6	15	24	33	42	51	60	69	78	87	96	Chi Tu
7	16	25	34	43	52	61	70	79	88	97	T'ai-yin
8	17	26	35	44	53	62	71	80	89	98	Mu Hsing

Ahora, verifica el significado de cada estrella para que puedas interpretar tu energía para este año.

Lo Hou

Esta estrella emite una sombra difícil, por lo que durante el año debes planificar cuidadosamente para evitar accidentes o conflictos legales. Asegúrate de considerar las circunstancias y la gente con la que negocias, antes de viajar o de envolverte, en cualquier tipo de negocio o situación.

T'u Su

Esta estrella no es muy auspiciosa. Pero no te preocupes, pues que no sea positiva no significa que se vaya a presentar algún problema serio durante el año. Si escuchas consejos y actúas con mente abierta, tu suerte mejorará en los meses de otoño e invierno.

Shui Hsing

Se pueden presentar peligros o retrocesos inesperados durante este año, prepárate para un cambio. Sé honesto con tus tratos y negociaciones, y sensible a las necesidades de tus colegas y amigos, ya que dependerás en mucho de su apoyo.

Chin Hsing

Pon atención a los *affaires* familiares y evita caer en discusiones y hostigamiento durante este año. Si percibes problemas en casa o en el trabajo, se recomienda que soluciones de inmediato la situación y aclares los malentendidos antes de que se salgan de control.

T'ai Yang

Este es un año de suerte para ti y todos los planes que hiciste en el pasado fructificarán. La buena fortuna de este año te permitirá adquirir nuevas propiedades, terrenos o bienes. Se puede presentar un nacimiento en la familia.

Huo Hsing

Ten cuidado con las finanzas y el dinero durante este año, evita los riesgos económicos. Pon atención a tu salud y toma el tiempo necesario para descansar. Toma en cuenta cualquier síntoma de mala salud y visita al médico para evitar complicaciones.

Chi Tu

Tu fortuna durante primavera y verano es impredecible. No corras riesgos respecto a la salud, la vida familiar o la profesión. Conforme se acerquen el otoño y el invierno la suerte mejorará y tus preocupaciones se desvanecerán.

T'ai Yin

Esta estrella pronostica aspectos muy positivos durante el año. Habrá signos de alegría y prosperidad. Alguien, en buena posición, te apoyará cuando necesites ayuda. Este año cosecharás todo lo sembrado y planeado en años anteriores.

Mu Hsing

Esta es una de las estrellas más positivas, atrae prosperidad, buena suerte y alegría. Recibirás buenas noticias y sorpresas. Esta buena suerte beneficiará, también, a tu familia. No te preocupes por pequeñeces que no te causarán conflicto ni a corto ni a largo plazo.

Dioses anuales

Cada uno de los dioses anuales representa un aspecto de astrología, fortuna o aspecto de vida. Estos dioses también son representados como oficiales con cabeza de animal (del zodiaco) y cuerpo de humano, usando ropa formal y sosteniendo una tableta con la insignia de su título de oficial imperial.

El dios cambia cada Año Nuevo chino, mientras algunos traen suerte mezclada, otros anuncian buena fortuna para todo el año. Cada año interfiere con tu suerte un dios diferente.

Para conocer qué dios gobierna tu suerte este año, ubica tu edad en el momento en que inicia el Año Nuevo chino, y encuentra, al final de la línea, el nombre del dios que corresponde.

Edad								Dios
0	12	24	36	48	60	72	84	T'aiSui
1	13	25	37	49	61	73	85	Sol
2	14	26	38	50	62	74	86	Augurio enfermo
3	15	27	39	51	63	75	87	Luna
4	16	28	40	52	64	76	88	Ley
5	17	29	41	53	65	77	89	Salud
6	18	30	42	54	66	78	90	Año roto
7	19	31	43	55	67	79	91	Virtud de dragón
8	20	32	44	56	68	80	92	Tigre blanco
9	21	33	45	57	69	81	93	Virtud de suerte
10	22	34	46	58	70	82	94	Espíritu
11	23	35	47	59	71	83	95	Enfermedad

Ta'i Sui

La cabeza de todos los dioses, indica que será difícil establecer el balance entre tu vida personal y profesional durante el año. Sin embargo, los obstáculos y conflictos pueden sortearse si haces compromisos reales y te manejas con cuidado.

Sol

Este Dios trae buena suerte a lo largo del año. Descubrirás que se reanudan viejas relaciones, las existentes se reafirman y se presentará mucho interés en ti por medio de nuevos contactos.

Augurio enfermo

No corras riesgos financieros innecesarios durante el año, confía en tu propio juicio e intuición antes de hacer compromisos, contratos o promesas. Presta mucho atención respecto de tu dieta y tu salud.

Luna

Este Dios trae buena fortuna y suerte a la casa junto con la noticia de un nuevo bebé en la familia. Debes estar alerta a situaciones personales inesperadas a lo largo del año.

Ley

Este Dios revela asuntos relacionados con la ley. Encontrarás que necesitas cancelar un contrato, buscar consejo y apoyo legal o tal vez tomar un interés personal en cuestiones legales ajenas.

Salud

Cuida tu salud durante todo el año ya que este Dios es indicio de enfermedad. Cuida el exceso en hábitos que pueden afectar tu salud y trata de mantener una dieta balanceada.

Año roto

Sé cauteloso en lo que respecta a negociaciones y ten cuidado al invertir dinero, sobre todo en situaciones de alto riesgo. Existen buenas señales de salud y seguridad para tu familia durante este año.

Virtud de dragón

Este es un año prometedor para planear y realizar viajes. Hay señales de buena suerte financiera ya que este Dios anuncia la llegada de dinero por medios inesperados.

Tigre blanco

Sé precavido en lo que respecta a inversiones que prometan altos dividendos o proyectos que parezcan grandes y maravillosos. Analiza desde todas las perspectivas y busca consejo de expertos antes de tomar cualquier decisión.

Virtud de suerte

Este promete ser un año de eventos alegres y felices. Proyectos e ideas que has estado considerando se realizarán durante este año. Se establecerán relaciones fuertes y prósperas y habrá buenas noticias con nacimientos en la familia.

Espíritu

Ten cuidado con asuntos relacionados con lo legal. Cuida y analiza todos los detalles detrás de cualquier compromiso o negociación. Hay fuerte tendencia a pleitos y conflictos así como malentendidos. Evita hacer juicios superficiales.

Enfermedad

Debes ser paciente y perseverante al principio del año para evitar desacuerdos potenciales en los meses posteriores. Evita ser agresivo y desagradable respecto de asuntos relacionados a tu familia.

Las doce criaturas

Se trata de un método de adivinación que establece animales que no se asocian con ningún otro aspecto o área de la astrología china. Estos animales están asociados con el arte y la literatura china, y tienen un significado especial en esta tradición.

Para encontrar la criatura que te representa, es preciso conocer el mes lunar en que naciste, así como el signo zodiacal del año de tu nacimiento. Busca el signo zodiacal del año en la parte superior de la columna, y baja hasta encontrar el número del mes lunar dc tu nacimiento. Al lado derecho se encuentra la criatura que te representa.

Febrero es el mes lunar 1, marzo el 2, abril el 3, mayo el 4, junio el 5, julio el 6, agosto el 7, septiembre el 8, octubre el 9, noviembre el 10, diciembre el 11 y enero el 12.

Rata	Buey	Tigre	Conejo	Dragón	Serpiente	Caballo	Cabra	Mono	Gallo	Perro	Cerdo	Criatura
1	2	3	4	5	6	7	8	9	10	11	12	Fénix
2	3	4	5	6	7	8	9	10	11	12	1	León
3	4	5	6	7	8	9	10	11	12	1	2	Faisán dorado
4	5	6	7	8	9	10	11	12	1	2	3	Pato mandarín
5	6	7	8	9	10	11	12	1	2	3	4	Golondrina
6	7	8	9	10	11	12	1	2	3	4	5	Garza
7	8	9	10	11	12	1	2	3	4	5	6	Venado
8	9	10	11	12	1	2	3	4	5	6	7	Pavo real
9	10	11	12	1	2	3	4	5	6	7	8	Pichón
10	11	12	1	2	3	4	5	6	7	8	9	Gorrión
11	12	1	2	3	4	5	6	7	8	9	10	Águila
12	1	2	3	4	5	6	7	8	9	10	11	Grulla blanca

Fénix

Tienes un punto de vista y apariencia amable y pensativa: el apoyo que brindas a los demás es valorado. Puedes funcionar en cualquier tipo de profesión asociada con leyes, gracias a la manera en que analizas cuidadosamente la información antes de tomar decisiones.

León

Tu manera sencilla y adaptable te permite establecer amistades con facilidad. A través de esas amistades obtienes contactos importantes. Tienes buena suerte para salir bien parado de situaciones difíciles.

Faisán dorado

Tienes naturaleza y talento especial para las artes y la expresión. Te comunicas con claridad. Desarrolla tus cualidades creativas pues te pueden generar ingresos económicos y reconocimiento.

Pato mandarín

Tienes un temperamento creativo y te verás muy beneficiado si desarrollas una carrera en las artes. Aún así, tendrás mucho éxito trabajando para una compañía grande o una organización gubernamental.

Golondrina

Eres inteligente y un agudo observador, sin embargo tu manera tan cuadrada de ver el mundo puede complicarte las cosas. Evita tratar de resolver los problemas de los demás y no ofrezcas consejos que no te piden. Permite que los demás resuelvan su vida y tú observa silenciosamente.

Garza

Te caracterizas por tu alegría de vivir y por el entusiasmo que pones en tu trabajo. Las decisiones que tomes en lo profesional te pueden generar problemas y desacuerdos con tu familia, aunque con el tiempo se resolverán de manera adecuada.

Venado

Aunque tienes una vida estable, sientes la necesidad de mejorar tus ingresos y tu posición social. Trata de enfocar tu energía en beneficio de tu familia y mejorar tus relaciones sociales. El crecimiento se va a dar a través de ello y no de tu trabajo.

Pavo real

Tienes una actitud complaciente y sensible respecto del trabajo que te generará recompensas. Te caracterizas por tu capacidad de afrontar la responsabilidad y por establecer límites. Eres líder y te gusta fijar las reglas.

Pichón

Durante la etapa de la juventud se te escaparán muy buenas oportunidades económicas a pesar de todos los esfuerzos que hagas. Sin embargo, la paciencia te brindará mejores oportunidades en la edad adulta.

Gorrión

Disfrutas viajar y las experiencias que obtienes. Tu capacidad de adaptación te ayuda a relajarte y a disfrutar de cualquier lugar. Sin embargo, eres una persona muy apegada a tu familia y es lo que siempre te hace regresar.

Águila

Tu vida se caracteriza por la presencia de amor combinado con una naturaleza extravagante, exuberante y llamativa. Aunque eres una persona profesional y trabajadora tienes la característica de gastar rápidamente el dinero, la prosperidad te llega en la vejez.

Grulla blanca

Eres observador y creativo y tienes el potencial para desarrollar una carrera exitosa en el arte. Sin embargo para realizar tus planes e ideas, es recomendable dejar tu casa o la ciudad donde vives.

6. *Ki* de las nueve estrellas

El conocimiento chino es pleno de sabiduría basada en el estudio de la naturaleza y su comportamiento acorde a los astros, y los cambios manifestados por ellos, observaciones que ayudaron al desarrollo de diversas escuelas, y efectivos sistemas, abocadas a obtener un óptimo desarrollo en la vida del ser humano.

Este sistema de astrología se desarrolló en China, donde se le denominó Chiu Kung Ming Li, y es probablemente una de las más antiguas formas de predecir el futuro a través de los astros. En los últimos cuarenta años ha crecido su popularidad, sobre todo en Japón y, actualmente, en Occidente.

El sistema surge de la creencia que la astrología proviene de lo más profundo del cosmos, y se le denominó *ki* de las nueve estrellas. Los límites de este origen cósmico lo marcaban las estrellas Vega y Polaris. Vega representaba el final del espectro: el frío, el invierno y la energía pasiva de la luna; mientras que Polaris se asoció con el sol y la energía activa del fuego. De esa forma se marcó la relación con las energías yin y yang del universo.

Entre estas dos estrellas se encuentran las siete estrellas de la constelación Osa Mayor que, al girar entre Polaris y Vega, actuaban como un compás señalando las distintas estaciones durante el año. Este concepto es el punto de origen o partida de la astrología del *ki* de las nueve estrellas, que basa su estudio en el movimiento de esas nueve estrellas y su influencia sobre cada ser humano, con base en su año de nacimiento y el año vigente.

Del yin y el yang surgen las cuatro estaciones del año y de la interacción de éstas con los cinco elementos surgen los ocho trigramas. Estos ocho trigramas son la base del *I Ching*. Además de ser el libro existente más antiguo, el *I Ching* es el punto de partida de la sabiduría y el conocimiento Chino. También se le denomina "Libro de los cambios", y está formado por 64 hexagramas que surgen de la combinación de los ocho trigramas iniciales multiplicados por sí mismos. Más abajo aparecen dichos trigramas.

Como dato curioso, los diez tallos celestiales o diez Elementos Madre dan vida a doce hijos, que son los doce animales del zodiaco chino o doce ramas celestiales. Estos, a su vez, se relacionan con las cuatro estaciones del año, el yin y el yang, las direcciones y los elementos.

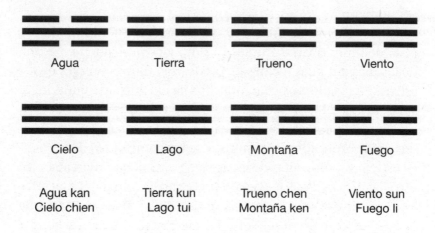

| Agua | Tierra | Trueno | Viento |
| Cielo | Lago | Montaña | Fuego |

| Agua kan | Tierra kun | Trueno chen | Viento sun |
| Cielo chien | Lago tui | Montaña ken | Fuego li |

Cada trigrama se refiere a un distinto miembro de la familia: el cielo es el padre, la tierra la madre, el trueno el hijo menor, el viento la hija menor, el lago la hija mayor, la montaña el hijo mayor, el agua el hijo de en medio y el fuego la hija de en medio.

Se presume que en el año 1800 a de C. surgió la teoría de los cinco elementos. En su origen eran cuatro elementos, el quinto surgió como un mediador entre las cuatro estaciones, y es el elemento tierra.

Los ocho trigramas se multiplican por sí mismos, formando 64 hexagramas, que son la base del contenido del *I Ching*.

Un trigrama se compone de tres líneas que por separado representan, en orden descendente, el cielo, el hombre y la tierra.

La línea continua es yang y la discontinua es yin. Las líneas que forman un trigrama se llaman *yaos*.

La interacción de los cinco elementos

Los cinco elementos se manifiestan en ciclos, existe el ciclo generativo, el ciclo de control y conquista, el ciclo destructivo y el ciclo reductivo.

El ciclo generativo se refiere al ciclo de la vida y se explica de la siguiente forma: El agua da vida a la madera, es decir, provee de nutrientes a los árboles y las plantas para su crecimiento y desarrollo; la madera genera al fuego, un incendio florece a través de la quema de madera, éste da vida a la tierra reduciendo a polvo todo lo que se quema; la tierra es la madre que forma, protege y produce los minerales y el metal, éste al fundirse se convierte en líquido, al diluirse da lugar al agua y así sucesivamente se completa el ciclo que pasan todos los objetos y seres en su recorrido por la vida.

El ciclo de control y conquista se representa como la interacción entre los elementos para contenerse y controlarse uno a otro, para no llegar a los excesos y desbordarse: el agua controla la expansión del fuego, que a su vez moldea al metal, éste ayuda a tallar la madera, la cual evita el exceso de tierra volátil en un espacio determinado, así como la tierra delimita el perímetro del agua conteniendo el líquido en ríos y lagos.

El ciclo de destrucción es el ciclo de control llevado al exceso, ocasionando la desaparición de otro elemento. Por ejemplo: el exceso de agua apaga al fuego, mientras que el exceso de fuego funde al metal, éste a su vez puede cortar totalmente a la madera la cual, sí abusa de la tierra, erosiona sus nutrientes. El abuso de tierra seca un lago o un río.

El ciclo reductivo se refiere al desgaste que el hijo ejerce sobre la madre provocándole agotamiento o reducción de fuerza, limitando su potencial. El agua reduce al metal, éste reduce a la tierra, la tierra reduce al fuego, que a su vez reduce a la madera y ésta al agua.

Cada elemento tiene características propias que se aplican también a los rasgos de personalidad y comportamiento en los seres humanos.

Agua

Este elemento rige el aspecto interior, los sentimientos del ser humano, es la luna, la profundidad, la calma, la quietud, la meditación y la reflexión. Promueve el desarrollo interior, la espiritualidad, la actividad sexual, el sueño, el descanso, la independencia, el pensamiento objetivo y la concepción de ideas, así como el conocimiento interno y profundo del ser humano.

Madera

Favorece la benevolencia, el descubrimiento, la investigación, el ímpetu de desarrollar nuevos proyectos y nuevas empresas, es actividad, inquietud, ocupación, ambición, es la concentración, la confianza, la paciencia, la iniciativa y la hiperactividad.

Fuego

Representa el raciocinio y el comportamiento, la pasión, la expresividad, la fama, la fiesta, la comunicación, las relaciones públicas, la estimulación y la agilidad mental, la creatividad, la espontaneidad, la generación de nuevas ideas, la alegría y la sociabilidad.

Tierra

Es la estabilidad, el estancamiento, la honestidad, la seguridad, el cuidado y la precaución, la armonía familiar, la maternidad, el cuidado del hogar, pensamiento metódico.

Metal

Es la planeación, la rectitud, la organización, la rigidez, el manejo de las finanzas, el liderazgo, el manejo de los negocios, la madurez, el respeto, el respaldo y la objetividad.

El cuadrado mágico Lo Shu

Se le llama cuadrado mágico debido a que la suma de sus números da quince, gracias a su acomodo. Se dice que éste diseño se obtuvo de las inscripciones que aparecieron en el caparazón de una tortuga que emergió del río Lo, y el filósofo que lo interpretó es Fu Hsi alrededor del año 2700 a. de C.

Estos números se asocian con los trigramas del *I Ching* y con los elementos. Son parte fundamental para la aplicación del *ki* de las nueve estrellas, el cual poco a poco iremos integrando y desarrollando.

Si sumamos: 4 + 9 + 2 = 15, 3 + 5 + 7 = 15, 8 + 1 + 6 = 15, 4 + 3 + 8 = 15, 9 + 5 + 1 = 15, 2 + 7 + 6 = 15, 4 + 5 + 6 = 15.

=15

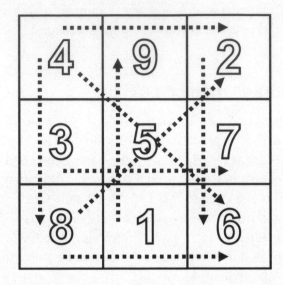

Ahora integremos los números con los elementos y los trigramas:

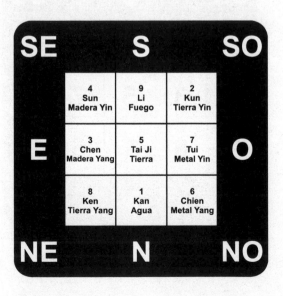

El sistema del cuadrado mágico es empleado y desarrollado en la práctica espiritual y de la adivinación. Si se realiza una comparación entre esta información y el *bagua* o *pakua*, que se emplea como mapa en la práctica del feng shui, se descubrirá la relación entre los cinco elementos, los trigramas y las áreas de la casa aplicando el mapa. Este cuadrado mágico coincide con el acomodo de los ocho trigramas en el *bagua* del segundo cielo o *bagua* de Wen Wang.

El secreto de este cuadrado es que descubre la dimensión y el manejo del tiempo en feng shui permitiéndole al hombre precisar el mejor momento para tomar decisiones y hacer cambios en nuestra vida, de acuerdo con nuestra fecha de nacimiento.

La astrología china divide el tiempo en eras sexagenarias –de sesenta años–, formadas por tres ciclos de veinte años que parten de multiplicar los 12 signos zodiacales –o ramas celestiales– por los cinco elementos. Cada ciclo de sesenta años corresponde a una era. Se consideran que existen tres eras distintas, con su propio patrón de energía. Estas eras se clasifican como alta, media y baja. De dicha combinación tenemos como resultado nueve ciclos de veinte años, o segmentos, contenidos en tres eras de diferente patrón energético. Los nueve segmentos se refieren a las nueve casas del *ki* de las nueve estrellas, es decir, a los nueve números del Cuadrado Lo Shu en el cuál, como ya se mencionó, cada número corresponde a un distinto elemento, ya sea en su fase yin o en su fase yang.

La primera estrella o numero principal

De acuerdo con este sistema, vamos a calcular todos los años empezando el 4 de febrero de cada año por lo que si naciste entre el día 1 de enero y el 4 de febrero tomaremos como tu año de nacimiento el anterior.

Esta primera estrella se refiere a quien eres tú, describe tu naturaleza y tu esencia como ser humano, también se refiere al año actual y a la energía que está rigiendo durante el año.

Existen dos métodos para calcular y obtener este número.

Método 1

Toma el año de nacimiento, se suman los dos últimos dígitos del año, cuando la suma es menor al número 10 entonces ese número se resta a 10. Si el resultado de la suma de los últimos dos dígitos es mayor a 10 sumamos ambos números para reducirlos a un dígito y se lo restamos a 10. De esta forma obtenemos el número del año para todos aquellos nacidos en el siglo XX.

Si naciste en junio de 1932: los dos últimos dígitos son:
$3 + 2 = 5$
Restamos del número:
$10 - 5 = 5$
Por consiguiente tu número principal, o número del año, es 5

Si naciste en Marzo de 1968: los dos últimos dígitos son:
$6 + 8 = 14$
Sumamos:
$1 + 4 = 5$
Restamos del número:
$10 - 5 = 5$
Por consiguiente tu número principal, o número del año, es 5.

Método 2

Este método aplica para las personas nacidas en el año 2000 o cualquier siglo. Se suman todos los dígitos del año y se reducen al número 10, o menor a 10, se resta de 11.

Emplearemos las mismas fechas que en los ejemplos anteriores.

Si naciste en Junio de 1932, sumamos todos los dígitos, $1+9+3+2=15$
Lo reducimos a un solo dígito:
$1 + 5 = 6$
Lo restamos de:
$11 - 6 = 5$

Como observas, ambos métodos obtienen el mismo número del año.

Con anterioridad, se estableció la relación de cada elemento con un ciclo de nueve números que se relaciona con el cuadrado mágico por lo que enumeraremos a continuación cada número con su respectivo elemento, característica yin o yang y el trigrama con que se asocia.

Número	Elemento	Polaridad	Trigrama
1	Agua	Yin	Kan
2	Tierra	Yin	Kun
3	Madera	Yang	Chen
4	Madera	Yin	Sun
5	Tierra	—	Centro/Tai Ji
6	Metal	Yang	Chien
7	Metal	Yin	Tui
8	Tierra	Yang	Ken
9	Fuego	Yang	Li

Con base en la representación anterior obtenemos que si tu número del año es 1 tú eres 1 agua, si es 2 eres 2 tierra, 3 es 3 madera y así sucesivamente. De la misma manera, si un año da por resultado 1, la energía que rige durante ese año es 1 agua y así sucesivamente.

Descripción de los números *ki*

1 agua

Su trigrama es *kan* y significa agua. Representa al hijo de en medio y su origen es yin. Este tipo de personas, al representarlos en el *I Ching*, se convierten en aquellos capaces de resolver y mediar en los problemas y las discusiones. Su naturaleza es diplomática y tranquila. Son personas de gran profundidad de pensamientos y acción. Tienen una fortaleza escondida y son sentimentales, buscan la esencia de todo y el aspecto profundo de las cosas. Al igual que su elemento, pueden ser tranquilos, pacíficos y relajados y al mismo tiempo vivaces, ágiles, turbulentos como las grandes olas del mar o las cascadas. Son aventureros y exploradores. Su espíritu tiende a ser libre, incontrolable por lo que debe haber un contenedor o controlador para evitar que se conviertan en un caos y en personas indisciplinadas. Sin embargo, si se les controla en exceso se volverán demasiado rígidos y disciplinados, sobre todo cuando su naturaleza es tranquila.

Son sensibles, artísticos y filosóficos. Valoran mucho su espacio y les molesta sentirse invadidos. Son excelentes árbitros y mediadores, artistas y abogados. Escritores, poetas, compositores, músicos, filósofos e incluso terapeutas. Tienen la cualidad interna de buscar el balance constante en los argumentos y las situaciones. Todo tipo de actividad que involucre el manejo de líquidos será favorable para estas personas. Por su profunda capacidad de análisis y pensamiento, tienden a ser personas calladas y a veces aisladas, son mentalidades que trascienden el tiempo, relajadas y receptivas. Son espirituales, creativas y universales. Su salud está ligada a todo lo que se refiere a líquidos en el cuerpo: riñones, órganos sexuales, vejiga, huesos y sistema nervioso.

Son personas flexibles, sencillas, adaptables, receptivas, enigmáticas, poco románticas pero con mucha fuerza sexual y apasionadas.

La sexualidad es un aspecto muy importante para ellas, ya que es un medio de conocerse a sí mismas, y su pasión puede llegar a ser muy fuerte. Buscan conjuntar formas distintas de placer sexual, por lo que suelen ser extremadamente posesivas. Generalmente tienen mirada profunda y soñadora, tienden a tener ojeras y deben cuidarse mucho de los resfríos. Deben dormir y descansar mucho y mantener su estómago caliente, cuidar mucho sus órganos sexuales así como la vejiga y los riñones.

2 tierra

Su trigrama es *kun* y su energía es yin. El trigrama *kun* representa a la madre, es receptivo y maternal. Suave como la arena, con un fuerte deseo de servicio y cuidado. No tienden a ser líderes pero son excelentes como soporte de cualquier persona. Son tranquilos, pacientes, compasivos y amorosos, tienen una gran actitud de servicio y cooperación. Extremadamente sociables, buscan formar parte de grupos o personas que los guíen para no sentirse solos y perdidos. Su tendencia es buscar la estabilidad y el realismo y son muy detallistas al punto de desesperar a quienes los rodean. Son hogareños y sobreprotectores. Maestros de la diplomacia y las buenas relaciones, son excelentes servidores de la humanidad y el trabajo social. También necesitan tiempo para nutrirse a sí mismos por esa gran capacidad de dar a los demás que los puede llegar a desgastar.

Su naturaleza es convencional, conservadora, amable y placentera, un poco indecisos y obsesivos con detalles. Excelentes doctores, trabajadores sociales, enfermeros, maestros, agricultores, arquitectos, jardineros y para actividades detallistas. Les caracteriza el orden, por lo que son recomendables como asistentes. Son espléndidos anfitriones, se esfuerzan por el bienestar de sus invitados y personas que los rodean.

En la salud deben tener cuidado con afecciones de la piel, la sangre, la lengua, la garganta, el estómago o el sistema digestivo. Son personas de apariencia abrazable, apapachable y suave. Buscan la seguridad y la estabilidad y se apegan a los objetos y personas que los rodean. En su aspecto sentimental se esmeran por satisfacer a su pareja y proveerle comodidad y seguridad. Se preocupan demasiado y pueden llegar a ser obsesivos en el cuidado de la pareja. Son entregados, fieles, amorosos y llenan de atenciones a quienes gozan de su amor. Su aspecto negativo es que pueden llegar a ser muy dependientes de lo sentimental y, por su rasgo obsesivo, pueden llegar a perder a sus parejas en separaciones inesperadas y dolorosas para ellos.

Son muy adecuados para actividades y labores de equipo, son organizados y buenos conductores de eventos y reuniones por la atención y cuidado que ponen a los demás y los detalles, contagian su alegría y compañerismo. Generalmente son coleccionistas y acumuladores de objetos. Disfrutan de la buena comida.

3 madera

Su trigrama es *chen* y significa trueno, representa al hermano mayor y su energía es yang. Este trigrama es crecimiento y acción, así es el trueno, fuerte, decidido, rápido, de movimientos drásticos y espontaneidad, de actuar antes de pensar. Son personas impulsivas, enérgicas, decididas, ruidosas, inquietas. Con frecuencia comenten errores por su impulsividad. Tienen mucha vitalidad y energía, son optimistas y positivos, no terminan lo que comienzan dejando la responsabilidad en otros, son cambiantes e inestables, abiertos y honestos, directos al hablar, vigorosos físicamente, impositivos al hablar y demasiado francos con sus familiares y amigos.

Por lo general son atléticos y de cuerpos fuertes y altos. Son muy creativos y soñadores, precoces y consentidos, caprichosos, viriles y simpáticos. Se aburren con facilidad. Son innovadores e inventores, no se caracterizan por ser muy maduros y objetivos. Son excelentes creativos, inventores, deportistas, constructores, ingenieros, músicos, cirujanos, oradores.

En la salud, deben tener cuidado con úlceras, tumores, el hígado, la digestión las fobias, el exceso de estrés, problemas visuales y el cuello.

En el aspecto sentimental son muy vanidosos y se preocupan excesivamente por su aspecto físico. Les importa mucho el tacto y les gusta que los toquen, son amantes muy versátiles e intensos, son juguetones y no saben reprimir sus emociones. Son generosos e independientes, joviales y parlanchines.

4 madera

Su trigrama es *sun* y significa viento, su energía es yin y representa a la hermana mayor. Su aspecto yin, a diferencia del 3 madera, le da un aspecto estable, tranquilo, suave. Su naturaleza es tan suave que necesita el soporte de sus raíces de madera. Su aspecto negativo es el exceso de aire que se puede convertir en un huracán destructivo e incontrolable cuando se altera. Es un elemento muy sensible y susceptible, son personas confiables, seguras y prácticas. Su sentido común es característico así como su sensatez y sensibilidad hacia los demás. Son

excelentes consejeros, pero muy influenciables por su naturaleza volátil. Son crédulos y confiados. Manipuladores y confi-
dentes. Excelentes oradores, políticos, líderes, planificadores,
artistas, inventores y consejeros.

Son personas decididas, individualistas, claras y muy es-
tructuradas. Favorables en cuestiones de transportación, comunicación, dirección, guía, publicidad, agencias de viajes,
fabricantes. Dejan las cosas para el último momento y confían
en su sensatez, buena suerte y buen juicio. Son excelentes pu-
blirrelacionistas, obedientes y muy atractivos.

Se caracterizan por su mirada atractiva. En el amor son
idealistas, soñadores e ingenuos. Tienden a ser muy atractivos
para el sexo opuesto. Son idealistas con sus parejas. Son cooperativos y luchan por sacar a flote una relación.

En la salud deben tener cuidado de no caer en exceso de
actividad, deben cuidar sus intestinos, la vesícula, el tejido con-
juntivo y el hígado.

5 tierra

Es el centro, es la conjunción de los ocho trigramas por lo que
toma su naturaleza de ellos y puede tener características de todos, principalmente del 2 tierra y del 8 tierra. Es el centro de la
familia, de la atención, por lo que tiende a ser egoísta y egocéntrico. Es independiente y separado de la familia. Son el punto
de atención en el aspecto social y son extremadamente sociables, amistosos, simpáticos y se relacionan con todo tipo de
personas. También son extremistas y constantemente cometen
los mismos errores. Extremadamente atractivos y ambiciosos,
son los mejores para salir delante de las situaciones problemáticas. Son excelentes para controlar las situaciones, toman el
liderazgo y la guía. Son resistentes y perseverantes. Son capaces
de generar grandes cambios en cualquier parte. Son glamorosos y atractivos. Son francos y tenaces, no soportan la crítica
y creen tener siempre la razón. Son excelentes en relaciones
públicas, su enorme carisma les permite controlar grandes empresas y convertirse en líderes, la comunicación es otro aspecto
favorable para ellos, son buenos vendedores y comerciantes.

En su aspecto sentimental son polifacéticos y cambiantes, lo que los hace muy atractivos. Son simpáticos y divertidos, al igual que amoldables a las circunstancias, por lo que no tienen un patrón definido de pareja y pueden verse en las relaciones sentimentales más extrañas y opuestas.

En su salud deben de tener cuidado con los excesos, las infecciones, el estómago, la circulación, los tumores, la fiebre, el corazón, la vesícula biliar.

Por su tendencia a ser el centro de todo tienden a aburrirse con facilidad y a desgastar muy rápidamente su energía, por lo que deben tomar y dedicar tiempo para ellos para evitar crisis de tipo sentimental y nervioso ya que son muy emotivos y se deprimen con facilidad. También llegan a sentirse utilizados por las personas que los rodean.

Son personas creativas y brillantes. Los mejores líderes y organizadores, capaces de controlar cualquier situación y sobreponerse a la misma.

6 metal

Su trigrama es *chien* que significa cielo, su energía es yang y representa al padre. Es extremadamente fuerte, tiene la fortaleza del cielo. Su energía yang le da cualidades de liderazgo. Dominan y conquistan. Tienen grandes ideales, son ambiciosos y ególatras. Muy activos, odian perder, son muy críticos consigo mismos y materialistas, El exceso los puede llevar a la necedad. Son muy detallistas y organizados, se desesperan con facilidad cuando las situaciones no salen como ellos esperan. Son autoritarios, duros, inflexibles, moralistas, directos. Buscan la nobleza, la simplicidad y el glamour. Son racionales, cuidadosos, dedicados, rígidos y perfeccionistas. No soportan las críticas. Resaltan los valores familiares y admiran y profesan la lealtad. Son muy trabajadores y tenaces. Siempre buscan el liderazgo incluso en sus relaciones sentimentales, en ellas buscan duración y profundidad. Son muy exigentes consigo mismos en sus sentimientos y pueden ser machistas o excesivamente dominantes y duros. Son precisos y exactos, poco expresivos pero muy leales y sinceros.

Son excelentes administradores, políticos, militares, economistas, modistas, industriales, abogados, joyeros, vendedores, sacerdotes, maestros, asesores y psiquiatras.

En la salud deben tener cuidado con los pulmones, las inflamaciones, dolores de cabeza, problemas de la piel, los huesos y el corazón.

7 metal

Su trigrama es *tui* que significa lago y representa a la hija menor. Su fuerza energética es yin, que los convierte en personas calmadas, tranquilas, con el potencial del agua estática, quieta y profunda. Son personas reflexivas, suaves, sensibles, encuentran su seguridad en la profundidad de sus sentimientos lo que les da una apariencia exterior de calma y tranquilidad.

Simbolizan la alegría, son cariñosos, independientes, divertidos, irresponsables, excelentes para escuchar a los demás. Tienen el sentido del buen gusto y tacto,. Son excelentes diseñadores, creativos. Son estilizados, elegantes, reflexivos, excelentes para contabilizar y socializar. Buscan la comodidad y el placer. Disfrutan del buen gusto y la armonía, por lo que se convierten en buenos anfitriones. Aparentan poca edad. Son carismáticos, glamorosos y graciosos, buenos consejeros. Son libres e independientes. Son excelentes exponentes, oradores, decoradores, modistas, contadores, consejeros, políticos, coordinadores de eventos sociales y fiestas. Odian ser ignorados.

Son buenos evaluadores, lo que los convierte en conciliadores. También son favorables dentistas, banqueros y distribuidores.

En la salud deben de cuidar el pecho, la pelvis, la cabeza, la piel y los intestinos.

En sus relaciones sentimentales son nostálgicos y sensuales. Extremadamente sensuales y exquisitos. Enfatizan su propia belleza y buscan la calidad. Actúan con el corazón y les es difícil, casi imposible decir que no.

8 tierra

Su trigrama es *ken*, significa montaña y representa al hijo menor. Su energía es yang, que les da la fortaleza y explosividad de la montaña. Ambos conceptos escondidos dentro de esa apacible tranquilidad y quietud. Se describe como la contemplación, la etapa de transición hacia un resurgimiento. Son personas con gran facilidad para acumular abundancia, son lentos pero su perseverancia los lleva a aprender a través de sus experiencias.

La apariencia de éstas personas es de fortaleza y estabilidad, sin embargo su aspecto negativo es la explosividad y la violencia que pueden manifestar cuando algo les irrita. Son personas con fuertes reservas de energía que se muestran reservadas y frías hacia la sociedad. Son excelentes argumentadores y es difícil hacerlos cambiar de posición. Son claros y decididos, tienen un gran sentido de la justicia y son generadores de cambio y revolucionarios. Son proveedores, metódicos y bien fundamentados. Son leales, equilibrados y fieles. Ocultan sus sentimientos y emociones, son confiables, se preocupan por los demás y no se adaptan fácilmente a los cambios. Son muy conservadores. En su vida sentimental tienen impulsos sexuales fuertes y resistentes aunque les cuesta trabajo expresarlos. Son muy sensibles pero poco expresivos. Son muy estables y forman familias sólidas. Luchan por lo que aman y se esfuerzan por obtener lo que desean, son tenaces y decididos. Delimitan su espacio, son autosuficientes, muy inteligentes y a veces son rencorosos.

Son excelentes policías, abogados, activistas, defensores de la ley, de la justicia y de los derechos humanos, contadores, editores, monjes, clérigos, escultores y maestros.

Respecto de su salud, deben ser cuidadosos con la artritis, la fatiga, los problemas respiratorios, el estreñimiento, los músculos y las depresiones.

Son personas muy disciplinadas y organizadas. No soportan que les alteren sus esquemas y les asusta la inestabilidad y el desequilibrio, gustan de dar pasos firmes y disfrutan sus logros y conquistas a través de su esfuerzo constante y continuo.

9 fuego

Su trigrama es *li*, significa fuego y su fuerza energética es yang. Esta energía los hace muy atractivos, gustan de los lujos y son idealistas y soñadores. Parecen castañuelas por el exceso de actividad que manifiestan. Tienen agilidad mental, son vivaces y alegres, aunque muy variables emocionalmente. Sensibles, sentimentales, impulsivos, depresivos, se apagan y extenúan con facilidad. Se manifiestan a través de sus emociones. Son excitables y emocionables. Tienen poca confianza y son vanidosos. Son inspirados, brillantes, cálidos como el sol. Se comunican con facilidad y son líderes apasionados, excelentes actores, intérpretes. Son liberales, variables, suaves, orgullosos, banales, sofisticados y criticones. Juzgan por las apariencias, son críticos y observadores de detalles superfluos. No son rencorosos. Son cariñosos y explosivos. Pueden caer en la hiperactividad.

Es un elemento expansivo, por lo que pueden tener toda clase de contactos, se distinguen por derecho propio, impresionan e irradian magnetismo. Son personas francas, comunicativas, incapaces de mantener secretos. Son cariñosas, brillantes, carismáticas y poco leales. Aman la libertad y son románticos, soñadores, idealistas, creen en los cuentos de hadas y expresan sus sentimientos y emociones con mucha facilidad aunque por su vivacidad pueden caer en contradicciones.

Siempre están acompañados y a veces dan la apariencia de ser veleidosos y engreídos. Se cansan con facilidad, sobre todo cuando se aburren. Fantasean mucho con sus sentimientos, son fieles mientras la relación dure.

Son excelentes en ventas, relaciones públicas, modelaje, modas, publicidad, comunicación, locutores, periodistas, mercadotecnia, solución de conflictos, artistas, cantantes, artesanos, esteticistas, optometristas, editores, diplomáticos, jueces y fiscales.

En la salud deben tener cuidado con los tumores cerebrales, enfermedades mentales, estrés, agotamiento, hiperactividad, el corazón, problemas de la sangre, glándulas y ojos.

Necesitan el soporte de los demás elementos para no extinguirse.

En el cuadrado mágico o Lo Shu, el número central puede variar progresivamente nueve veces, este patrón de cambio es el que nos ayudará a predecir nuestra posición anual y los cambios por los que atravesamos constantemente.

Predicción anual

Aprenderemos a calcular el paso de nuestro número *ki* por las diferentes casas en cada periodo de nueve años. Como ya explicamos con anterioridad, el *ki* de las nueve estrellas se basa en ciclos de nueve años, por lo que es posible predecir que cada nueve años atravesamos situaciones similares o encontramos una estrecha relación con personas nacidas nueve años antes o después de nosotros.

Para la aplicación de este método, seguiremos empleando como base el cuadrado mágico Lo Shu original y el movimiento de los nueve números por las nueve casas. En este cuadrado mágico cada número se denomina una casa, así el número 1 se refiere a la casa del agua, el 2 a la de tierra yin, el 3 a la de madera yang, el 4 a la de madera yin, el 5 a la de tierra central, el 6 a la de metal yang, el 7 a la de metal yin, el 8 a la de tierra yang y el 9 a la casa del fuego.

El ciclo de nueve años se explica como el tiempo que le toma a una estrella completar su órbita elíptica alrededor del sol, por lo que habrá épocas en las que esté más cerca o más lejos del mismo.

Este cálculo puede servir de guía para tomar decisiones, programar cambios e interpretar el tipo de situaciones por las que vas a atravesar en un periodo determinado.

El número que vamos a emplear es el número personal o primera estrella. A continuación presentamos nueve versiones distintas del cuadrado mágico en las que se representa el paso de cada número por cada casa. Son todo lo que necesitamos para configurar el paso de nuestra vida por ese ciclo de nueve años.

3	8	1
2	4	6
7	9	5

8	4	6
7	9	2
3	5	1

1	6	8
9	2	4
5	7	3

2	7	9
1	3	5
6	8	4

4	9	2
3	5	7
8	1	6

6	2	4
5	7	9
1	3	8

7	3	5
6	8	1
2	4	9

9	5	7
8	1	3
4	6	2

5	1	3
4	6	8
9	2	7

El número central indica el tipo de año que está rigiendo o el tipo de energía que domina en ese año.

Empleando el cuadrado mágico original se establece la posición de las casas y la energía que rige en cada una que va a determinar las situaciones por vivir al visitarlas.

Estableciendo y ubicando el número del año central, y apoyados en el siguiente cuadro que indica el número de cada año, buscamos nuestro número personal en el cuadrado de ese año. Al compararlo con el cuadrado original podemos definir en qué casa estamos en ese momento.

9	8	7	6	5	4	3	2	1
1901	1902	1903	1904	1905	1906	1907	1908	1909
1910	1911	1912	1913	1914	1915	1916	1917	1918
1919	1920	1921	1922	1923	1924	1925	1926	1927
1928	1929	1930	1931	1932	1933	1934	1935	1936
1937	1938	1939	1940	1941	1942	1943	1944	1945
1946	1947	1948	1949	1950	1951	1952	1953	1954
1955	1956	1957	1958	1959	1960	1961	1962	1963
1964	1965	1966	1967	1968	1969	1970	1971	1972
1973	1974	1975	1976	1977	1978	1979	1980	1981
1982	1983	1984	1985	1986	1987	1988	1989	1990
1991	1992	1993	1994	1995	1996	1997	1998	1999
2000	2001	2002	2003	2004	2005	2006	2007	2008
2009	2010	2011	2012	2013	2014	2015	2016	2017
2018	2019	2020	2021	2022	2023	2024	2025	2026
2027	2028	2029	2030	2031	2032	2033	2034	2035
2036	2037	2038	2039	2040	2041	2042	2043	2044

Tabla para obtener el número principal del año. El número de la parte superior será el número principal del año, y se debe ubicar al centro del cuadrado mágico Lo Shu para realizar predicciones anuales.

De esta manera, sucesivamente, cada año visita cada casa y continúa haciéndolo en forma cíclica.

Ejemplo

Una persona del 4 de junio de l968, nace en un año en el que la casa central es el cinco, su número personal es cinco. Si queremos interpretar su situación en 1999, tenemos que ese año fue de energía 1 agua, buscamos en las versiones del cuadrado mágico aquella donde el número 1 esté al centro y ubicamos el número 5 en la casa 9 fuego del Lo Shu original, por consiguiente, en 1999 esa persona estuvo visitando la casa del fuego.

4	9	2
3	5	7
8	1	6

3	8	1
2	4	6
7	9	5

Lo shu original   2014

Al comparar la posición del número 5 en el cuadrado mágico del año 2014, que tiene el 4 al centro ya que es un año de energía 4 madera, con el cuadrado mágico original es como descubrimos que el 5 está en la posición del 6, por consiguiente esa persona visita la casa 6 metal en el año de 2014.

Descripción de las nueve casas

La descripción de las características de las nueve casas está ligada a la descripción hecha con anterioridad de los nueve números *ki*, junto con el *I Ching*, las estaciones del año y el recorrido elíptico de cada estrella alrededor del sol.

Casa 1 agua

En esta casa la energía es potencial por lo que es el momento de planear, de profundizar y analizar nuestras decisiones. Es el momento de diseñar cambios y estructurar nuevos negocios. Se relaciona con el norte y el invierno por lo que es la posición más alejada del sol. Es el momento ideal para planear el futuro. En esta casa te sentirás reflexivo, excluido o ignorado por los demás ya que estás en una etapa de introversión. Debes aprovechar esta energía para la exploración interior y la cultivación de tu espíritu, debes evitar desgastar tu propia energía, recuerda que estás en una época potencial, de reposo y de preparación, no de acción. Debes ser paciente y controlar tus impulsos. Se sugiere tener cuidado con los riñones, los fluidos, los resfríos y las bajas temperaturas.

Casa 2 tierra

En esta casa la energía es de germinación, es el momento ideal
para aterrizar tus planes y poner los pies sobre la tierra. Es una
energía quieta que da lugar al inicio de la realización, por ello
se recomienda esquematizar y comenzar a implementar las re-
flexiones hechas en la casa del agua. Te puedes sentir inactivo y
estancado, pero debes aprovechar ese tiempo para dar forma a
tus planes y a tus nuevos proyectos. Estás en el punto de poder
imprimir todo tu amor maternal a ese proyecto o planes a los
que quieres darles vida. En el aspecto social y económico es una
etapa de poco provecho. Debes tener cuidado con el estómago,
el páncreas y el bazo, al igual que con los sistemas circulatorio
y linfático. Trata de mantenerte activo y de hacer ejercicio.

Casa 3 madera

Es la casa que representa el surgimiento y la primavera, es el
momento de darle vida a todo lo planeado. Debes tener cuidado de no ser impulsivo para no perder el control de las situaciones. Es la etapa creativa y del crecimiento. Es la llegada
de nuevas oportunidades y de la acción. El progreso se dará
rápidamente en esta casa, habrá entusiasmo y confianza. En la
salud debes tener cuidado con el hígado y la vesícula, evita el
comer en exceso.

Casa 4 madera

Esta casa es la continuación del crecimiento anterior, estarás
optimista y contento. Evita los excesos para no estresarte y no
despegar los pies de la tierra y volar como el viento. Es una
época de gran progreso, llena de oportunidades y comunicación. Enfoca tu energía en desarrollar todo lo que planeaste en
las casas 1 y 2. En la salud debes cuidar tu sistema nervioso, el
corazón y el hígado.

Casa 5 tierra

Estás entrando a la casa en que naciste lo que le da una energía de cambios imprevistos ya que te conviertes en el centro

de todo y se presentan todo tipo de opciones y oportunidades. Trata de mantenerte centrado para tomar decisiones y poder concluir lo que comenzaste. Te sentirás joven, renaciendo nuevamente. Es la casa de los extremos y de los excesos. Debes cuidar tu ego ya que estarás rodeado de muchas personas solicitando consejo, apoyo y tu presencia en todo momento. En la salud debes tener cuidado con los intestinos y no desgastar en exceso tu energía.

Casa 6 metal

Estás en el momento de cosechar frutos, todo el esfuerzo de años anteriores será recompensado, pero es preciso conservar la moderación y no exagerar en la ostentación. Es el otoño y representa al cielo. Serás admirado y valorado por los demás, es una etapa ideal para buscar un nuevo empleo, un aumento de sueldo o una promoción. Es un buen año para viajar, te sentirás con confianza y cubrirás todas tus expectativas. Serás un líder en este año. En la salud debes descansar y cuidar tus huesos, evitar los excesos y alimentarte bien.

Casa 7 metal

Es la casa de la alegría y de la celebración. Te sentirás relajado, listo para descansar y disfrutar de tus logros. Es la etapa de la diversión y la fiesta, todo es suave y el dinero llega con facilidad. Es buena época para juegos de azar o lotería. Reflexiona y cultiva tu mente y tu espíritu, la energía te permite hacerlo y te prepara para la meditación. En la salud cuida tus pulmones y el intestino delgado. Es una época de amores fugaces.

Casa 8 tierra

Regresa la quietud y la calma. Es una etapa de transición para entrar a la casa del fuego. Estarás muy receptivo y puedes adoptar una actitud de rigidez, trata de ser flexible. Evita ser necio y antagónico. Debes tener cuidado con discusiones y problemas legales. Evita las peleas. En la salud debes cuidar tus sistemas circulatorio y linfático y realizar alguna actividad deportiva que traiga movimiento a este periodo estático de tu vida.

Casa 9 fuego

Es la casa de la fama, la claridad, el brillo y el aspecto social. Serás reconocido y tu vida social se volverá activa. Todo lo que has hecho saldrá a la luz. Es la etapa de la comunicación, de obtener metas y cumplir ambiciones. Conocerás nuevos amigos y nuevas relaciones. Debes evitar los excesos y buscar cambios de imagen. Es la casa del reconocimiento. En la salud debes tener cuidado con el corazón y el agotamiento, trata de relajarte y no abusar de tu propia energía y del exceso de condimentos que pueden dañar tu intestino delgado y el colon.

Con esta información puedes predecir y organizar tus actividades para cada año de acuerdo con a la energía que está rigiendo.

Con base en tu número *ki*, o número personal, podemos hacer las siguientes recomendaciones:

1 agua

Es un año en el que puedes vivir etapas de ternura y amor. Te sentirás con gran interés en ayudar a otros y formar parte de grupos de ayuda social. Estás en el momento preciso para iniciar proyectos que fructificarán muy pronto. Te sentirás activo y tomado en cuenta. Serás un gran apoyo para quienes trabajan y conviven contigo. Tu energía estará brillante y llamativa este año. Tus colores este año: rojo, anaranjado, amarillo, dorado, tonos térreos y blanco. Rodéate de texturas brillantes y llamativas, fibras de origen animal como seda, lana y piel. Los zapatos de punta y tacón cuadrado son ideales para ti en este año.

2 tierra

Es un año especial para ti. Tendrás el control sobre tus decisiones. Te sentirás creativo y querrás experimentar todo tipo de situaciones extremas. Debes evitar los enojos y los corajes o se reflejará en tu hígado y vesícula. Evita correr riesgos innecesarios para evitar accidentes. El éxito se presenta por medio de la originalidad y lo inesperado, planea todo de manera vanguardista y confía en tu originalidad. Tus colores este año:

tonos oscuros, verde y rojo. Las fibras textiles de origen natural vegetal como lino y algodón. Accesorios y adornos de madera, paisajes boscosos o naturales serán excelentes para inspirarte durante este año. Consume alimentos de color rojo para controlar el exceso de impulsos. La mejor terapia para ti este año es reír.

3 madera

Es un año de éxito para ti, el dinero llegará fácilmente. Estarás alegre y sociable, las cosas saldrán bien, como lo planeas. Estarás inquieto y productivo. Es un año de mucha productividad y éxito con respecto a relaciones públicas. Estarás magnético y habrá bastante romance para ti. Aprovecha esta buena etapa. Tus colores este año: tonos oscuros, verdes, rojos y tonos brillantes. La clave para ti en este año es tu mirada. Evita caer en chismes y situaciones malintencionadas para que no te sientas confuso. Rodéate de plantas y paisajes naturales, el agua es clave para que sientas que todo fluye a tu alrededor.

4 madera

Es un año de éxito para ti, la carga del año anterior se vuelve más ligera y hay un gran impulso en todo lo que realices. Este año cosecharás y disfrutarás de tus logros. Tus metas se cumplirán con facilidad. Trata de descansar y controlar tus gastos e impulsos, el dinero llegará fácilmente. Es un año muy favorable para disfrutar y divertirte. La energía está a tu favor. Es un año de muchas emociones y situaciones variadas. Puede ser un año excelente para ti si lo sabes aprovechar. Rodéate del elemento fuego, es decir, fiestas, alegría. Viste con fibras de origen animal como piel y seda. Tus colores este año: rojo, anaranjado, amarillo, dorado, tonos térreos y blancos. Cuida tu estómago, el bazo y el páncreas. Consume alimentos de color blanco para fortalecer tu salud.

5 tierra

Es un año controvertido, los demás te verán como líder y te imitarán. Todo lo que digas será muy tomado en cuenta y te sentirás con mucha responsabilidad. Buen año para poner en orden tus finanzas. Cuidado con caer en el exceso de materialismo, que puede generar la sensación de frialdad y provocar problemas de comunicación, lastimando con tus palabras a los demás. Te sentirás poderoso, cuidado, el exceso de poder conduce al ego y el ego puede convertirse en tu peor enemigo. Se presentarán excelentes benefactores en tu vida. Es el momento de desarrollar buenos proyectos. En la salud cuida la cabeza y los pulmones. Bebe líquidos para favorecer tu salud. Tus colores este año: tonos térreos, dorados, plateados, blancos y tonos oscuros.

6 metal

Es un año para fomentar el aspecto espiritual. Trata de mantener los pies en la tierra. Recibirás constantes halagos y serás muy atractivo para los demás. Desarrolla las relaciones públicas. Es buen año para ganar juegos de azar y lotería. Será un año de diversión y alegría para ti. Todo te saldrá fácilmente. Ahorra y piensa en el futuro ya que no todos los años son igual de favorables. Tus colores para este año: tonos térreos, dorados, plateados, blancos, tonos pastel y oscuros. Emplea accesorios de metal y elegantes. Bebe líquidos descansa, practica yoga o meditación.

7 metal

Es un año muy favorable para ti. Tendrás el control sobre todas las situaciones, año de buenas ganancias económicas. Las cosas saldrán con facilidad. Estarás contento. Cuidado con el exceso de poder, evita actitudes de soberbia, prepotencia y egoísmo. Disfruta tu hogar y tu familia. Cuida tu dinero y ahorra, no siempre hay años tan buenos como éste. Te sentirás atraído hacia el estudio y la preparación, actualízate y eso te servirá para fortalecer tu magnetismo. Te darás a conocer por tu sabiduría. Cuida tu estómago, el bazo y el páncreas. Tu sistema digestivo estará susceptible. Consume alimentos de color blanco para favorecer tu salud. Tus colores este año: rojo, anaranjado, amarillo, dorado, tonos térreos, plateados y blancos. Rodéate de fibras naturales de origen animal como piel, seda y lana.

8 tierra

Es un año en el que te sentirás glamoroso, brillante y llamativo. Cuidado con el ego y la frivolidad. Evita emocionarte demasiado y desgastar tu salud ya que puedes enfermar. Pon atención a la cabeza, el corazón y el intestino. Serás el centro de atención y tu vida social será activa. Tus colores para este año: verde, rojo y amarillo. Rodéate de fibras de origen natural, sea vegetal sea animal, puedes vestir de lino, algodón, seda o piel. Puedes usar plumas de aves o colocar nueve plumas de pavo real en el sur para reforzar tu energía personal. Los zapatos de puntas marcadas son los ideales para ti este año.

9 fuego

Es un año en el que te sentirás reflexivo, analítico, buscarás la esencia en todo a tu alrededor. Te sentirás atraído por la lectura, el arte y la introspección. Debes evitar las depresiones y la sensación de soledad. Trata de activar tu vida social y practicar algún deporte. Tus colores este año: blanco, tonos oscuros y verdes. Rodéate de texturas suaves y fibras textiles como el algodón y el lino. Coloca cuatro plantas naturales en el norte para atraer éxito y prosperidad, también las puedes colocar en el sureste. Los accesorios metálicos son ideales para ti este año.

Predicción mensual

Esta predicción se aplica de la misma forma que la anterior. Recorre de la casa 1 a la 9 ,comenzando nuevamente por la 1, y afecta o se relaciona directamente con las emociones y el estado de ánimo.

Para determinar la casa que se visita por mes, busca en la parte superior de la gráfica que se presenta a continuación, el número del año y, en el lado izquierdo, el mes. En el punto donde se

cruzan encontrarás el número de estrella que rige ese mes en
la casa central.

Mes Solar Chino			2014		
			1-4-7	2-5-8	3-6-9
1	Tigre	feb.4- mar.5	8	2	5
2	Conejo	mar.6- abr. 5	7	1	4
3	Dragón	abr.6- mayo 5	6	9	3
4	Serpiente	mayo 6- jun. 5	5	8	2
5	Caballo	jun.6- jul. 7	4	7	1
6	Cabra	jul.8- ago.7	3	6	9
7	Mono	ago.8- sept. 7	2	5	8
8	Gallo	sept.8- oct. 8	1	4	7
9	Perro	oct. 9- nov. 7	9	3	6
10	Cerdo	nov.8- dic. 7	8	2	5
11	Rata	dic. 8- ene. 5	7	1	4
12	Buey	ene.5- feb. 3	6	9	3

Este año la energía reinante es 4 madera.

Para determinar las características de las casas mensuales, uti-
lizamos la descripción de las casas que se hizo en el punto anterior. De esta forma podrás establecer las mejores actividades
a realizar, por mes, en un año determinado, relacionándolas
con el tipo de año por el que se está atravesando. De este modo,
se convierte en un excelente recurso para establecer una alianza con las estrellas y obtener mejores beneficios fluyendo con
ellas.

Por todos estos conceptos, este antiquísimo sistema de
astrología sigue siendo una útil herramienta para determinar
la personalidad, el comportamiento, las reacciones, los aspectos y las experiencias de un año determinado, y un mes en
específico.

A nivel personal durante el año, se pueden determinar direcciones cardinales favorables y desfavorables hacia las cuales viajar.

Viajes y cambios

Para determinar los mejores meses o años para viajes o cambios, seguiremos empleando el cuadrado mágico y los números personales. Traza y calcula el cuadrado del año o del mes que deseas investigar. Ubica la casa que estás visitando, así como la posición del número 5. De esta forma presentaremos las seis direcciones no favorables para hacer cambios; si alguna de estas no se presenta en tus cálculos, entonces estás en el mejor momento para realizarlos.

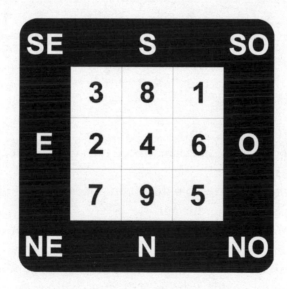

Estrellas voladoras del año del caballo de madera 2014.

3	8	1
2	4	6
7	9	5

8	4	6
7	9	2
3	5	1

1	6	8
9	2	4
5	7	3

2	7	9
1	3	5
6	8	4

4	9	2
3	5	7
8	1	6

6	2	4
5	7	9
1	3	8

7	3	5
6	8	1
2	4	9

9	5	7
8	1	3
4	6	2

5	1	3
4	6	8
9	2	7

Evita viajar o moverte hacia la dirección en que se ubica la casa que estás visitando.

Evita viajar al extremo o dirección opuesta en que se ubica la casa que estás visitando.

Evita moverte hacia donde se ubica el numero cinco en el cuadrado mágico del año o mes que estás calculando. El numero 5 se considera de extremo peligro para viajes o cambios.

Evita cambios o viajes hacia el extremo o dirección opuesta en que se encuentre el cinco.

Evita viajar cuando tu numero esté al centro.

Evita viajar cuando el 5 esté al centro.

Éstas son las seis direcciones o movimientos no recomendables, esperamos que la información te sea de utilidad para planear los cambios de casa y trabajo, y establecer direcciones hacia donde viajar y moverte con mayor tranquilidad, seguridad, equilibrio y éxito.

Cada dirección hacia la que nos movemos tiene energía favorable para determinadas situaciones, que afecta nuestro chi o *ki* personal. Esto cambia cada año ya que, además de la influencia de la energía de cada dirección, también recibimos energía referente o característica del número que está visitando esa dirección en ese momento.

Direcciones, viajes y cambios

1 norte

Viajar o moverse hacia el norte te hará sentir más independiente, más libre, pacífico y objetivo. Es la dirección ideal si estás buscando privacidad, alejarte un rato del mundo, romanticismo, escribir un libro, reestructurar tu vida, hace planes futuros. Muy adecuada para trabajar cuestiones artísticas y para recuperar tu salud, convalecencia, descanso.

2 suroeste

Viajar y moverse hacia esta dirección es adecuado cuando buscamos volver más práctico nuestro punto de vista, atraer a nuestra vida el compañerismo, la labor de equipo, la maternidad,, desarrollar amistades y proyectos. También es adecuada para promover la estabilidad en nuestra vida y mejorar la comunicación y nuestra relación sentimental. Acercamiento a nuestra pareja, consolidar la relación matrimonial, afianzar la relación materno-pareja. Cambiar nuestro estilo de vida y mejorar la calidad de vida.

3 este

Esta energía despierta la ambición, promueve el crecimiento, la confianza y el entusiasmo. Te hace sentir más activo, creativo y ayuda a reconstruir y rediseñar tu vida. Ideal para iniciar un negocio, expandir una compañía o empezar un nuevo empleo.

4 sureste

Un movimiento hacia esta dirección despertará la creatividad, revolucionará tu energía. Te sentirás fresco, libre, artístico. Ideal para desarrollar las ideas y los proyectos más locos y originales. Despertará la tenacidad y la perseverancia, tendrás ganas de hacer ejercicio y estar activo. Muy recomendable para iniciar una relación que llegue al matrimonio.

6 noroeste

Es una dirección recomendada cuando quieres controlar tu vida, tus proyectos. Si sientes que necesitas establecer reglas y parámetros el noroeste te favorece para establecerte y analizar con lógica y cabeza fría las situaciones. Es una energía de consolidación, honorabilidad y respeto.

7 oeste

Es la energía que te permite disfrutar de la vida, el glamour, el romance, el matrimonio, la elegancia, la distinción y la tranquilidad económica. Es muy recomendable para componer o arreglar tu situación financiera.

8 noreste

Es una dirección de motivación, estructuración, consolidación y planeación. Momento para aclarar las ideas. Sirve para dar cambios a nuestra vida, ideal para los romances pasajeros.

9 sur

Esta dirección atraerá fiesta, alegría, reconocimiento, pasión, emoción y diversión a nuestra vida. Es ideal para recibir reconocimientos, premios, expresarte y brillar socialmente. Muy adecuada para la actuación. Sirve para reforzar el aspecto social.

Durante el año 2014 es importante evitar viajar durante el mes de mayo, ya que la estrella 5 se encuentra al centro.

7. Astrología china y feng shui

Pronósticos

Este año que inicia corresponde al año del caballo, un signo de elemento fijo fuego y, por elemento variable, madera ya que este año termina en 4. Es la séptima de las doce ramas terrestres.

En Chino se llama *wu* y simboliza la amistad, la popularidad, la alegría y el alma de cualquier evento. Se asocia con la libertad y la independencia. Es aguerrido, firme, decidido. Tiende a ser egoísta y a pensar sólo en sus intereses, pocas veces se preocupa por los demás. Le cuesta trabajo cumplir sus promesas. Es honesto, sobrepasa su propia capacidad gracias a su excesivo entusiasmo. Es creativo, fuerte, entusiasta, elegante, inquieto, requiere estar en constante movimiento. No tolera quedarse estático. Es muy comprometido con las causas de las que se enamora. Es responsable e independiente, un líder. Es incontrolable, no tolera la opresión o el control. Es franco, claro y directo, le cuesta trabajo guardar un secreto. Es generoso, excelente anfitrión; las relaciones públicas son su fuerte. Su mentalidad abierta le permite relacionarse con todo tipo de personas y tener muchos y variados amigos. Se mete en problemas por su impulsividad y su necesidad constante de controlar, y de acaparar la atención de quienes lo rodean. Goza de buena fortuna, es ordenado económicamente y le gustan los retos y la aventura. Es exitoso en cualquier profesión y siempre está rodeado de lujo y buen gusto. Es generador de cambios y revolucionario. Se nota su presencia en donde llega.

El caballo representa el éxito y la satisfacción en la vida. Simboliza el éxito y los logros. Siempre sigue la moda, e impone moda. Es un líder que tiende a ser imitado. Es competitivo, discute e impone su opinión. Le gusta ser escuchado. Es dominante e impositivo, poco tolerante. Es elegante, amable, brillante y su toque es la distinción.

El caballo de madera que rige en 2014, se caracteriza por ser pensativo, analítico y de reacción rápida. Defensor de causas nobles y protector de desvalidos. Este tipo de caballo es capaz de lidiar con cualquier situación económica, con la optimista actitud de que la buena fortuna estará de su lado. Es recíproco, solidario y cooperativo con sus amigos y con quienes lo han apoyado y ayudado. No tolera recibir órdenes, es temperamental. Le gusta experimentar cosas nuevas y dinámicas. Lleva sus asuntos en orden.

Por consiguiente el 2014 se perfila como un año de brillo y liderazgo. Es un año para explotar nuestro carisma, enfrentar los retos. Año para no quedarse quieto, muy importante el dinamismo y el movimiento. Es un año para actuar, para comprometernos con nuestras causas e ir en su defensa. Este es un año donde podemos disfrutar de muchos beneficios, si aprovechamos para hacer notar todo aquello en lo que hemos trabajado. Este es un año para brillar.

Se percibirá competencia y egoísmo en el ambiente, mucho movimiento, llegando a generarse estrés constante. Será un año rápido y de muchos retos. Es importante tener cuidado de no saturar en exceso nuestra capacidad, o se arriesga no terminar proyectos o tener problemas con otras personas por no cumplir los compromisos.

Año de guerras por el liderazgo y por llamar la atención. Es un año de cambio, pero de cambio positivo enfocado al crecimiento y el desarrollo. Se recomienda no involucrarnos en exceso con la competitividad, sino enfocarnos en lo que hemos proyectado y trabajado en años anteriores. Es un año para tomar acción. Este año viene con todo el impulso de la realización. Lo adecuado es no caer en la competencia sino centrarse en crear y desarrollar. Se recomienda explotar todas nuestras habilidades y audacia. El éxito y el reconocimiento favorecerá a quién se manifieste más audaz.

Se debe trabajar haciendo énfasis en las relaciones públicas y en la cortesía. Durante este año el apoyo y las alianzas con amistades y conocidos serán de gran apoyo para conseguir buenos resultados.

La clave durante el 2014 es la acción y la discreción, es decir, no debes revelar tus planes hasta que sean un hecho. La competencia será fuerte y el robo de ideas y planes constante. Habrá reconocimiento a través de la proposición y de la innovación. Es importante tomar las decisiones desde nuestra intuición.

Este año puede traer buenas ganancias económicas, si se aplica la audacia y la buena administración, se debe capitalizar lo perdido durante años anteriores.

Este año es de innovación y de nuevas propuestas. Durante el 2014 se sentirá una atmósfera de renovación, resurgimiento y nuevas oportunidades. Puede convertirse en un muy buen año, con resultados positivos. Se verá favorecido el estudio, el romance, las becas y el crecimiento profesional. Este es un año para centrar el impulso y la voluntad en busca de crecimiento.

Durante el 2014 habrá energía de fertilidad, mucho romance en el ambiente. La frase de este año es: ¡**Voy por lo que quiero!**

Lo establecido o considerado tradicional atravesará por cambios y sacudidas. Reinará lo nuevo por sobre lo establecido. Las instituciones de todo tipo: gobiernos, religiones, grupos se verán obligadas a cambiar y renovar sus estructuras si pretenden seguir adelante. La fortaleza del líder tradicional se verá cuestionada. Las reformas e innovaciones serán bien recibidas y aplaudidas. Es importante cumplir lo que se promete y pasar de la promesa a la acción.

Los hombres atravesarán situaciones de cambio fuerte que sacudirán su estructura, lo que pone en riesgo sus relaciones sentimentales y matrimoniales. Es recomendable recurrir a la terapia y la comunicación para establecer el equilibrio en las decisiones.

Las mujeres se cuestionarán sobre lo que han vivido y buscarán respuestas en su interior. Viene un año de poder y manifestación femenina, fuerte, firme, decidida, propositiva e innovadora. Es un año que fluye con constante movimiento.

Se manifestarán cambios y situaciones que nos llevarán a cuestionar las creencias que hasta ahora hemos tenido. Es un año reformador.

Se recomienda poner atención al hombre mayor de casa. Su salud puede verse afectada.

Durante 2014 puede haber fuertes cambios políticos y situaciones muy complejas asociadas con presidentes y personajes importantes de liderazgo religioso o empresarial. Hombres de alta influencia social, política y religiosa pueden sufrir atentados, accidentes, derrocamientos o agresiones.

Los matrimonios y relaciones de pareja se deben manejar favoreciendo la comunicación, la unión y la comprensión, ya que es un año donde puede haber engaños y situaciones cambiantes.

Año de mucho glamour, brillo y eventos sociales.

En oriente, y los países europeos, se busca restablecer el orden y la estructura con buenos avances y resultados. La disciplina en la economía será de gran importancia, se debe poner orden en las finanzas desde todas las perspectivas.

En lo matrimonial, el descontrol dentro de la relación se dará por parte del esposo. Es un año para dedicar tiempo a las relaciones y convivencia para mantener el equilibrio.

Se concretará el reconocimiento hacia lo que se realiza y se ha trabajado en años anteriores. La cuestión económica se verá favorecida por el reconocimiento público hacia el esfuerzo y la dedicación, así como por la innovación y la renovación.

Se presentarán demandas y conflictos de intereses generados por cuestiones económicas. Por lo tanto, se debe tener control y orden sobre las finanzas para evitar problemas de ese tipo. Cuidado con las sociedades de negocios, se pueden presentar pleitos y separaciones. Año de desacuerdos constantes asociados con el manejo y distribución del dinero.

Se presentarán situaciones de enfermedad, y poco claras, con respecto a la relación familiar. Se sugiere organizar reuniones y convivencias familiares con la intención de sanar resentimientos del pasado.

Se conocerán casos de robos y fraudes relacionados con el conocimiento intelectual, autoral, la ciencia y el desarrollo.

Se presentarán accidentes y atentados relacionados con hombres jóvenes.

En términos de salud, es un año de poner atención y cuidado a los pulmones, intestino delgado, articulaciones y extremidades.

Los fenómenos naturales se manifestarán a través del agua, bosques y temblores, así como por el viento. Sin embargo, es un año de bastante equilibrio en la naturaleza.

Año de alegría y espontaneidad

Este año comienza con primavera, de acuerdo con la astrología china, lo que le imprime un matiz de movimiento y crecimiento constante, buena siembra y buena cosecha.

Las etapas de equilibrio del año serán los 20 días entre cada cambio de estación. La etapa más compleja del año será otoño; la de guerras de poder y fortaleza el verano; la de impulso la primavera. El invierno es la etapa de poder, equilibrio y fortaleza durante 2014.

Año de constante renovación y desarrollo ya que rige la estrella 4 al centro. Comienzos, cosas nuevas, aspectos nuevos, resurgimientos durante todo el año. Es un año con tendencia a la impulsividad y a querer abarcar todo. La táctica a seguir es la amabilidad, las relaciones públicas, la atención a quienes nos rodean. Sutileza y alegría. No te vayas con la agresión del impulso.

La energía se reestructura y sale de una temporada de control excesivo por lo que todo se percibirá más sencillo, más fácil y con muy buena fluidez. Es un año para dejarnos sorprender y llevar por la intuición y la esperanza.

Esta energía de renovación será tan fuerte que sacudirá las estructuras preestablecidas y tradicionales, veremos tanto desarrollo y cambio en todo que hasta nuestro comportamiento se verá obligado a modificarse. En estas estructuras se incluye el matrimonio y hasta la manera de manejar las relaciones de pareja. Esto generará descontrol, pero es tiempo de abrir y cambiar la mentalidad tradicional hacia nuevas formas de vida.

Los cambios de estructuras más notorios se darán hacia el noroeste de los países, continentes y ciudades.

El hombre mayor de casa, los presidentes, los líderes de opinión masculinos y religiosos experimentarán situaciones contrastantes y fuertes que los llevarán a replantearse el manejo de su entorno, lo establecido y las instituciones.

En el aspecto de pareja, la esposa deberá recurrir a la paciencia y la comunicación para lograr un equilibrio. Etapa de planes y proyectos a futuro para las relaciones sentimentales. Se iniciarán relaciones de larga duración durante este año, conexión profunda entre las parejas, basadas en la comunicación y la interacción profunda.

El crecimiento económico y la abundancia se percibirá hacia el sur de las ciudades, países y continentes.

Trabaja en tu imagen ya que el crecimiento económico se percibirá a través del reconocimiento a tu trabajo y esfuerzo. Es buen año para presumir tus logros.

Es recomendable mantener en orden las finanzas y leer muy bien los contratos que se firman. Se presentará tendencia a demandas y conflictos por cuestiones de dinero. De igual manera, se debe ser claro y específico en sociedades de negocios para evitar conflictos legales.

Saldrán a la luz y se darán a conocer fraudes, robos, situaciones extrañas asociadas con manejos económicos y que pueden derivar, incluso, en cárcel. Se verán expuestos los manejos y situaciones de instituciones, sindicatos y gobiernos, asociaciones, fundaciones, etcétera.

Con respecto a la relación familiar y las empresas familiares se pueden presentar situaciones enfermizas que dañen la convivencia y el funcionamiento de las mismas.

Las situaciones accidentadas, violentas y agresivas se presentarán hacia el noreste de los países, ciudades, colonias, municipios o continentes. Accidentes fuertes que involucren a hombres jóvenes. Tendencia a los accidentes relacionados con extremidades.

El crecimiento y desarrollo económico y cultural, así como los avances en investigaciones, se dará con mayor facilidad hacia el centro de las ciudades, municipios, países, continentes.

Año de fraudes económicos y pérdidas en lo que a programas sociales se refiere.

Es un buen año para invertir en renovación, creatividad, agricultura, ganadería, eventos, fiestas, bienes raíces, decoración, alimentos, restaurantes.

El centro es un sector que se verá beneficiado con el crecimiento y el desarrollo.

El reconocimiento se dará a través de la capacidad de comunicación, el magnetismo y la alegría que manifestemos hacia lo que realizamos. El trabajo bien realizado generará reconocimiento. Esto se puede lograr por medio de la actitud que asumamos durante el año.

Se pueden presentar explosiones e incendios hacia el sur y norte de las ciudades, países y continentes.

Puede haber facilidad para obtener dinero por medio de eventos repentinos asociados a sorteos, rifas, fiestas o juegos.

Durante este año se presentarán movimientos de tierra y erupciones volcánicas constantes. Explosiones durante todo el año. Incendios.

Se presentarán inundaciones y situaciones fuertes asociadas con agua hacia el suroeste.

En lo que se refiere a cuestiones profesionales es un año con buenos aspectos que permiten realizar planes y proyectos exitosos y con llegada de dinero inesperado. Es importante aprovechar esa energía y tomar cursos de capacitación que permitan el crecimiento profesional.

Respecto de empleados y compañeros de trabajo es un buen año de comunicación y planeación a futuro.

En lo que se refiere a cuestiones económicas es un año con buena energía. Si nos mantenemos organizados y disciplinados se puede permitir el ahorro y la inversión.

Para la salud es importante poner atención a los hombres mayores de casa, tanto al padre como al hijo mayor.

La tendencia de enfermedades durante este año es de hígado, vesícula, estómago, bazo y páncreas. El corazón e intestino delgado también se consideran órganos en riesgo durante el año del caballo. Se deben consumir alimentos de color café o amarillo.

Año para actuar con profundidad. El equilibrio se puede buscar a través de la meditación, la reflexión y la objetividad, pero sobre todo la disciplina y la organización. Un muy buen apoyo es formar grupos de lectura, grupos de arte, grupos de convivencia y estudio para despertar la creatividad.

El año puede ofrecer aspectos muy positivos, es momento de actuar con valentía y decisión, utiliza tu experiencia y el diálogo para negociar. Convence a través de tu decisión y optimismo.

Actúa buscando el contacto con la naturaleza y retomando su esencia. Este año, la naturaleza está en posición de elemento de crecimiento, por lo que sus manifestaciones serán fuertes. Hacer deporte, oxigenarte, realizar actividades al aire libre equilibrarán tus emociones y estado de ánimo; fortalecerán tu energía personal y favorecerán tu actitud de impulso y creatividad.

Es un año para enfatizar tu alimentación con frutas y vegetales, para sentirte fresco y creativo. Momento de enfocarse en ser dinámico, atrevido, decidido e innovador. Etapa favorable para planear y estructurar proyectos nuevos. Buen momento para inicios.

Es el año ideal para impulsar tus planes, es decir, hacer una valoración de lo que has obtenido, actuando de la manera que lo haz hecho en los últimos años, y enfocarte en un cambio radical de táctica para obtener aspectos diferentes. La clave está en la aventura. Emplear la experiencia obtenida para desarrollar estrategias diferentes a las que haz empleado.

Todo lo novedoso, diferente y enfocado a la personalización y bienestar del ser humano, y su esencia, estará muy favorecido.

Los movimientos sociales se darán con intensidad en el sur de los continentes, países y ciudades. Protestas enérgicas. La tendencia a epidemias se dará en el este de los continentes, países y ciudades. Las cuestiones de violencia más marcada serán hacia el noreste y noroeste y serán guerras muy difíciles y complejas.

Buen año para todos los negocios, sobre todo si se presenta innovación, creatividad, buena publicidad y atención al público.

Ejercítate, dedica tiempo a tu salud, a tu estudio, a alimentarte y a dormir bien. Es recomendable que durante el año fortalezcas tu vitalidad de manera constante, para tomar las decisiones adecuadas y correctas para ti y los tuyos.

El romance y el amor se presentarán más hacia el centro de las ciudades, los países y los continentes. El centro será el punto central del romance para este año y para el desarrollo del estudio y la vida académica. Es el sector favorable para rezar y meditar, así como para el mayor desarrollo espiritual. Se pueden manifestar líderes religiosos y espirituales con gran fuerza en las regiones centrales.

Hacia el sur, se desarrollará riqueza y destacarán mujeres y hombres jóvenes, listos e inteligentes que se manifestarán como líderes de grupos y de opinión.

Los elementos a integrar durante este año en la decoración de casa son la madera: verde, turquesa, azul claro, formas alargadas, líneas verticales, flores, plantas, frutas, árboles, vegetales; el fuego: rojos, anaranjados, colores brillantes, velas, lámparas, luces, formas triangulares, angulosas, fotografías de personas; la tierra: tonos térreos, amarillos, dorados, formas cuadradas y planas, arena, porcelana, barro. Esto pondrá la energía del año en equilibrio y crecimiento, ayudará a concretar tus planes y proyectos.

Coloca una planta con maceta roja en el sector sur 2 (entre 172.5 y 187.5 grados); en el suroeste 1 (entre 202.5 y 217.5 grados) de tu casa u oficina durante todo el año.

Los colores para este año: verde, turquesa, menta, azul claro, rojo, naranja, amarillo, térreos, ocres, dorados.

Con respecto a los elementos, el elemento variable del año, madera, se encuentra en un matiz de nutrir y fomentar el crecimiento en armonía con el elemento fijo: fuego del caballo. Por ello es muy importante integrar el elemento madera en tu entorno para apoyar la energía del año y desarrollar planes y proyectos. De esta observación se deduce que febrero y marzo pueden presentarse como buenos meses de impulso, ya que pertenecen a elemento madera.

También se considera que para los signos del tigre y el conejo puede ser un año de crecimiento constante, de toma de decisiones con tendencia a abundancia y buenos negocios, pero rodeados de personas que buscan quitarles sus logros. A éstos signos se les recomienda emplear elemento agua durante el año: colores oscuros, beber muchos líquidos, consumir alimentos de color oscuro.

El elemento en desequilibrio o debilitamiento este año es metal.

A las personas cuyo signo es mono o gallo se les recomienda emplear elemento tierra: colores térreos, mostaza, amarillo, anaranjado, consumir alimentos de color amarillo.

El elemento fuego se presenta fuerte, nutrido, en todo su esplendor y así se manifestará.

A las personas cuyo signo zodiacal es serpiente o caballo, se les recomienda emplear elemento madera: colores verdes, flores, consumir vegetales y alimentos naturales de color verde. También elemento tierra para no caer en excesos: colores amarillos, ocres, dorados, tonos térreos, consumir alimentos de esos colores.

El agua es el elemento que se presentará como elemento de poder, de equilibrio y fortaleza.

El elemento fortalecido este año es la tierra, sin embargo se puede caer en actitudes extremistas, que afecten su salud y sus relaciones sociales.

Los signos buey, cabra, perro y dragón se pueden llegar a sentir agobiados por exceso de estrés y competencia, se les recomienda emplear elemento metal: colores blanco, tonos pasteles, plateado, gris, alimentos de color blanco.

Los signos de cerdo y rata se pueden manifestar mandones, rígidos, inflexibles, poco tolerantes y muy sensibles. Se les recomienda emplear el elemento metal: tonos grises, pastel, blanco, plateados y metálicos, consumir alimentos de color blanco; y elemento madera: colores verde, azul claro, turquesa, consumir alimentos de color verde.

El elemento sugerido para los signos anteriores se puede colocar en los sectores cardinales que corresponden al signo.

Aquello que debemos enfatizar durante el año en nuestro entorno pertenece al elemento madera. Esto ayudará a impulsar la energía reinante durante y a nutrir nuestros planes y proyectos, así como favorecer la creatividad. Sin embargo, también es adecuado integrar el elemento tierra para concretar los planes y proyectos y no se queden solo en el arranque.

Si deseas aplicar en el vestir los elementos para contrarrestar la energía durante el año del caballo de madera, a continuación aparecen las opciones para madera y tierra.

El elemento madera se caracteriza o asocia con los colores verde y turquesa. Los dibujos ideales en telas y mascadas son las líneas. Las fibras naturales de origen vegetal como el algodón o lino. Los zapatos y tacones de forma rectangular. Accesorios y collares, pulseras, aretes de madera, cuarzos, gemas y piedras preciosas de color verde y turquesa.

El elemento tierra se caracteriza o asocia con los colores amarillos, térreos, cobres, dorados. Los dibujos ideales en telas y mascadas son los cuadros. Las fibras naturales pesadas como lana gruesa. Los zapatos y tacones de forma cuadrada. Accesorios y collares, pulseras, aretes de cerámica, porcelana y piedras preciosas de color amarillo y café.

Otra forma de fortalecer la energía del año del caballo de madera es colocar un caballo pequeño de madera, de jade o de cuarzo verde en la casa. Se puede colocar en el sur y suroeste de la casa o portar un amuleto de caballo de cuarzo o de madera. Otra opción es una cabra de piedra o madera en el suroeste de la construcción, o traerlo con uno ya que la cabra es el mejor amigo del caballo. También es adecuado colocar una escultura de caballo al lado de la puerta de entrada, y si lo deseas una de cabra. La cabra se considera un símbolo de supervivencia y tenacidad en China, si la colocas a un lado de tu puerta de entrada, viendo hacia afuera, se dice que ayuda a concretar planes y proyectos.

Caballo en el año del caballo

Puede ser un año mezclado para el caballo, etapas buenas y etapas complicadas. El dinero le llegará con facilidad, misma facilidad con que lo gastará. En lo profesional el inicio del año será productivo. Sin embargo, debe cuidarse de pérdidas económicas y problemas con otras personas en mayo y junio. Otoño e invierno se pueden presentar complicados, es importante que actúe de manera tolerante y no descuidarse, estar al tanto de los detalles para proteger sus bienes. Cuidado con el corazón y el hígado. Su tendencia será sentirse controlado por su propio éxito y reconocimiento, lo profesional lo hará sentirse limitado. Puede tener muy buenas ganancias, pero cuidado con arriesgarlas en exceso.

Rata en el año del caballo

La rata se puede encontrar con un año complicado y constantes situaciones por resolver. Todo el año enfrentará tropiezos y contratiempos. Su mejor etapa será el invierno. Se le recomienda poner atención a sus finanzas, porque puede tener fuertes pérdidas económicas. Tendrá buena llegada de dinero, pero con mucha facilidad a perderlo. En el amor atravesará altas y bajas, reencuentros con amores del pasado pero relaciones de corta duración. En la salud su punto débil serán las vías respiratorias.

Debe poner atención en no caer en una actitud paranoica. Llamará demasiada atención sobre ella de quienes la rodean, ese aspecto la hará sentir incómoda. Enfrentará chismes, sobre todo por la llegada de dinero inesperado, y habrá situaciones que no le permitirán ahorrar o capitalizar.

Buey en el año del caballo

Año de buena estabilidad para el buey. Tendrá un buen crecimiento en lo profesional. Si busca un cambio de empleo la mejor temporada será verano y otoño. Puede iniciar un romance y casarse en verano. Si está casado es un muy buen año en su relación de pareja. Debe cuidar su sistema digestivo y las articulaciones durante. También se recomienda cuidarse de tropezones, accidentes y pérdidas constantes.

Tigre en el año del caballo

La tendencia para el tigre durante este año mejora notablemente. Recibirá buenas noticias y vivirá situaciones positivas a partir del verano. Recibirá apoyos inesperados muy buenos durante otoño e invierno, lo que lo puede acarrear un cambio muy positivo para su futuro. En el amor su relación estará como nunca, si es soltero iniciará una relación larga y profunda que lo llevará al matrimonio. Se le recomienda poner atención a su alimentación para mantener su cuerpo, su mente y su espíritu en excelente estado. Debe mantenerse vigilante porque habrá tendencia a que le quieran arrebatar sus logros. Concentrarse y centrar su atención para no tener accidentes.

Conejo en el año del caballo

Aparenta un año tranquilo y suave para el conejo, pero encierra ciertos peligros o situaciones riesgosas. Se recomienda tener cuidado con asaltos y situaciones que pueden volverse sorpresivas. Ser claro y directo en todos sus aspectos para no caer en situaciones de enfermedad y malentendidos. Su etapa favorable será en verano y otoño. Durante primavera e invierno puede sentir un poco detenidas las cosas. Cuidado con el dinero en febrero o marzo. Es importante dedicar tiempo y poner atención a la pareja, una tontería puede arruinar o dañar su relación. Cuidar la vista y los riñones.

Dragón en el año del caballo

Se perfila un muy buen año para el dragón. Debe enfocarse en trabajar duro y luchar por lo que quiere. Tendencia a estar peleonero. Enfocar esa energía en alcanzar sus metas le puede dejar grandes resultados. En el amor se le recomienda tomar la iniciativa y manifestarse atento y romántico, para que la relación fluya. Sus malestares físicos radicarán en insomnio, estrés y sistema digestivo. Poner atención a lo que firma para evitar demandas. Trabajar la paciencia y la tolerancia porque puede manifestarse explosivo.

Serpiente en el año del caballo

Es buen año para la serpiente. Si se enfoca en trabajar duro en la primera mitad del año, puede obtener muy buenos resultados después de verano. En el amor la tendencia es inestable, peleas constantes en el matrimonio y relaciones que terminan con facilidad. La tolerancia es la clave para mantener una relación estable. Se manifestará peleonera y discutiendo por cualquier detalle lo que la puede llevar a tener que arreglar conflictos, más que a desarrollar proyectos. En la salud se sugiere tener cuidado con alergias y padecimientos respiratorios. Cuidado con accidentes de coche durante otoño e invierno.

Cabra en el año del caballo

Año muy productivo en lo profesional y económico para la cabra. Sin embargo, debe cuidarse de no correr riesgos innecesarios apostando y especulando, principalmente a principio de año. Después de invierno debe cuidarse de la traición de un colaborador o asistente de confianza. En el aspecto sentimental, su vida amorosa será bastante interesante y divertida. Si piensa casarse la mejor época es mayo o junio. Excelente año para estructurar e iniciar planes y proyectos que se desarrollen a futuro. En la salud puede vivir accidentes y caídas durante todo el año, en invierno puede tener un accidente fuerte. Se le sugiere ser precavida.

Mono en el año del caballo

Se perfila un año accidentado para el mono. Debe poner atención y ser cuidadoso con lo que hace y dice. Lo profesional y lo económico será lento y complicado. Es un año de reflexión y reestructuración a partir de lo emocional. En el amor estará rodeado de discusiones y desacuerdos con su pareja. Se le recomienda trabajar la comprensión y flexibilidad. Si desea mantener estable la salud durante el año, se recomienda descansar y dejar vicios, poner atención al hígado.

Gallo en el año del caballo

Año estable para el gallo, debe poner atención y cuidado de no caer en guerras de poder con compañeros de trabajo y colegas. Algunos tropiezos en lo profesional. Si se muestra con seguridad y decisión todo eso puede resolverse bien. Su tendencia es a ser mandón y dominante, lo que se puede reflejar en inconvenientes con quienes lo rodean. En el amor se le recomienda dedicar tiempo a su relación ya que se perfila inestable, pasional, con altas y bajas, y puede aparecer una tercera persona que afecte su relación. Se le sugiere tomar medidas preventivas en la salud, principalmente con vías respiratorias. Cuidar su alimentación y alejarse de riesgos que puedan provocar fracturas.

Perro en el año del caballo

Año de mucha prosperidad para el perro. Todo se dará fácilmente. Sin embargo, estará rodeado de energía extraña con cambios drásticos e inesperados. Debe tener cuidado de personas malintencionadas que buscan poner trampas y arrebatarle sus logros. Cuidado con lo que platica, alguien podría chantajearlo con información confidencial. Después de julio es cuando más se presenta esa tendencia. En el amor será un año lleno de encuentros románticos, importante marcar la diferencia entre trabajo y romance o se puede ver envuelto en chismes y conflictos. Si es casado, cuidado con romances extramaritales. Poner atención en todos los aspectos referentes a la salud, no abusar de su energía.

Cerdo en el año del caballo

Año relativamente bueno para el cerdo. Cuidado con los celos provocados en otras personas porque lo pueden boicotear. Buenos proyectos económicos, principalmente en primavera. Durante verano debe ser hábil, manejar bien y con atención su presupuesto para no caer en excesos. Durante otoño se le recomienda expandir su círculo social y tomar la iniciativa mejorando sus relaciones interpersonales. Esto apoyará su aspecto profesional durante invierno. Tendrá situaciones emocionales y románticas muy positivas, pero puede tener conflictos por falta de compromiso. Importante poner atención a cómo se comporta con su pareja. Su salud será su conflicto durante todo el año, su punto débil: pulmones y pecho. Poner atención a vías respiratorias.

El elemento personal del signo en base al año de nacimiento puede mejorar o reafirmar el pronóstico para el signo con respecto al año. Si tu elemento personal es tierra o fuego, es un año favorable, de oportunidades y éxito. Recuerda que este elemento se determina por el último dígito del año en que naciste.

Si tu elemento personal es metal, el año puede ser difícil, se encontrará algo controlado, desgastado y reducido en esta época además de involucrado en guerras de poder. Apóyate con el elemento tierra.

Si tu elemento personal es agua, el año puede ser complejo, te sentirás saturado y estresado. Bastante confuso. Se recomienda apoyarte con elemento metal para nivelar tu energía personal.

Si tu elemento personal es madera, es un año productivo porque sentirás que en todo participas y tus planes se desarrollan con facilidad. Apóyate con elemento agua.

La información anterior se puede aplicar también para el signo del día de nacimiento.

Con base en la compatibilidad de los signos, podemos establecer las mejores horas del día, durante el año, y los mejores meses para tomar decisiones. Así mismo, vamos a determinar las horas no propicias del día y meses en que debemos tener cuidado.

Las mejores horas del año serán:
- Entre las 3:00 am y las 5:00 am
- Entre la 11:00 am y la 1:00 pm
- Entre la 1:00 pm y las 3:00 pm

- Entre las 7:00 pm y las 9:00 pm

Estas horas aplican a todos los días.

Los mejores meses serán:

- Febrero
- Junio
- Julio
- Octubre.

Las horas de cuidado durante el año serán:

- Entre las 11:00 pm y la 1:00 am
- Entre la 1:00 am y las 3:00 am

Los meses menos favorables del año serán:

- Diciembre
- Enero (2015)

En cuanto a los signos del zodiaco, se puede recurrir al signo amigo del caballo para favorecer la situación el próximo año. Este amigo es la cabra. Tener cerca una cabra de piedra o de madera puede ser muy favorable. Este recurso no es adecuado para los signos que no son compatibles con el caballo: la rata y el buey. En éstos casos pueden usar algún signo compatible con el caballo: perro o tigre. Evita el perro si eres dragón o gallo; si eres tigre o serpiente, evita el tigre.

Piedra de cada signo zodiacal para el año del caballo

- Caballo: citrino amarillo o ámbar.
- Gallo: cuarzo ahumado.
- Cabra y mono: topacio azul, turquesa.
- Conejo: cuarzo blanco.
- Dragón y serpiente: amatista, pirita.
- Buey y tigre: fluorita verde o morada.
- Rata: aventurina verde, esmeralda o peridot.

- Perro y cerdo: amatista, pirita, magnetita, aventurina verde o peridot.
- Todos: cuarzo rosa, obsidiana.

Por medio de las direcciones cardinales y los signos compatibles, y no compatibles, con el caballo podemos determinar las direcciones cardinales de cuidado y las más favorecidas para este año.

Las direcciones cardinales más favorecidas este año son:

- noreste 3, suroeste 1 y noroeste 1.

Las direcciones cardinales de cuidado en el año del caballo son:

- noreste 1 y norte 2.

En ambos casos lo que nos podemos ayudar colocando una deidad en estos sectores, viendo hacia el noreste 1 y norte 2. Los tres sabios chinos: Fuk, Luk y Sau también son de utilidad en este caso, puedes recurrir a un *chi lin* como herramienta para protegerte de traiciones por la espalda.

En el tema de la astrología china existen otros dos conceptos importantes a considerar: el gran duque y los tres asesinos.

El gran duque corresponde a Júpiter y está determinado por la dirección cardinal en la que queda el signo zodiacal reinante durante un año determinado. En 2014, el gran duque se ubica en el sur.

El gran duque no se debe enfrentar. Con esto quiero decir que no se debe sentar uno viendo hacia esa dirección cardinal durante todo el año, pero sí se le puede dar la espalda. Tampoco es adecuado remodelar o hacer cambios importantes en el sector de la casa correspondiente a la dirección cardinal del gran duque. Es importante no hacer cambios drásticos en casa si ésta tiene el frente hacia el gran duque. Presta mucha atención si el frente de tu estufa se dirige hacia del gran duque, al igual que la puerta de tu habitación.

Algunas sugerencias para evitar los efectos dañinos del gran duque son:

- Colocar un *ru yi* de cuarzo o color metálico, así como una deidad metálica o dorada, viendo a la dirección cardinal del gran duque.
- También se puede colocar el signo zodiacal correspondiente a la dirección cardinal del gran duque en el sector cardinal.
- Una lámpara que emita luz brillante.

Los tres asesinos corresponden a los tres signos zodiacales que quedan detrás de la base del trino que se forma de acuerdo al signo zodiacal reinante en un año. En este caso es recomendable no dar la espalda a estas direcciones cardinales, ni tener la cabecera dirigida hacia esa dirección cardinal. Sin embargo sí se puede ver hacia esa dirección. Es importante evitar cambios drásticos o fuertes en casa si la parte trasera de ésta se ubica hacia alguna de las tres direcciones de los tres asesinos del año. Se debe poner atención si el respaldo de la estufa queda hacia los tres asesinos.

Algunas sugerencias para evitar el efecto dañino de los tres asesinos son:

- Colocar una tortuga dragón en el sector cardinal correspondiente a ese año.
- Colocar un par de *chi lin* (caballo dragón) en ese sector cardinal viendo en esa dirección.

No es recomendable hacer remodelaciones en ese sector cardinal de la construcción. Este año que inicia, los tres asesinos se ubican en noreste 1, norte 2 y noroeste 3 (buey, rata, cerdo).

Si necesitas hacer remodelaciones, o arreglos importantes, en esos sectores, existe una fórmula llamada gran sol y gran luna, así como métodos de selección de fechas.

Deidades chinas que sirven de apoyo

Los cuatro dioses celestiales

Se les asocia como guardianes del cielo y protectores del *darma*. Estos cuatro dioses representan cada una de las direcciones cardinales fijas, y protegen de cualquier situación negativa o problema proveniente de ellas.

Se les coloca en las casas y negocios viendo hacia sus direcciones cardinales correspondientes.

Kuan Yin

Se le considera la representación femenina de Buda, es el Buda de la compasión y el amor. Protege el amor, el cariño y las buenas relaciones. Limpia y purifica el espíritu y el alma. Se le coloca en la casa, en la sala o comedor viendo hacia la puerta principal. Se le conoce como la Diosa del Amor.

Kuang Kung

Tiene la cara roja y una actitud agresiva. Se le considera un fuerte protector que aleja los espíritus negativos y a las personas malintencionadas. Se coloca en la entrada de la casa o negocio, en una posición alta, viendo hacia la entrada.

8. Guía para el año del caballo de madera

¿Qué puedo colocar para mejorar y favorecer la energía del año del caballo?

Las sugerencias para cada sector cardinal surgen de la escuela de estrella voladora, escuela Ba Zhai u ocho portentos, símbolos de la tradición y de la astrología china. Si aún conservas las curas y objetos que utilizaste el año pasado, sólo es cuestión de lavarlos y volverlos a colocar en el sector que les corresponde este año. No es necesario desecharlos o tirarlos, lo mismo aplica para las soluciones o curas mensuales.

Para fortalecer la energía del año se recomienda colocar, a partir del 4 de febrero lo siguiente:

- En el **sector norte** de las construcciones se recomienda colocar una fuente y plantas naturales durante todo el año para promover los aspectos laborales y el desarrollo de proyectos económicos. Acomoda objetos y adornos en número tres, y de madera, para promover energía de prosperidad y éxito. Puedes colocar una fuente con nueve velas para promover la energía del amor y el romance. Coloca cuatro plantas para promover la energía de salud. Una pagoda de nueve niveles promoverá fama y reconocimiento, un ave fénix ayudará a las mujeres a obtener reconocimiento laboral y profesional. Colocar una tortuga dragón o un *chi lin* para reducir la tendencia de traiciones y malas jugadas por la espalda. El norte tendrá, este año del caballo, lo que se denomina como año roto ya que allí se ubica la rata, signo que está en choque con el caballo. Para aminorar este efecto se recomienda colocar un *piyao* de jade o un talismán del gran duque.

- En el **noreste** es muy importante colocar un tazón de agua en reposo con tres velas flotantes, o flores de loto flotantes. para evitar accidentes y lesiones, así como robos y asaltos. Se pueden colocar seis esferas de cuarzo azul o de obsidiana para promover la energía de éxito y prosperidad. Puedes colocar un cuadro de un lago con una montaña para promover protección. Dos jarrones de cerámica oscura o azul favorecerán la salud. Un par de quimeras, o rinocerontes, apoyarán también este sector. Además puedes colocar ocho tazones o jarrones con semillas para promover la energía de amor. Una escultura de caballo favorecerá la energía de amistad y apoyo del trino. Evita ubicar la cabecera de la cama hacia el noreste en el año del caballo. Colocar una tortuga dragón, o un *chi lin,* ayudará a reducir la tendencia de traiciones y malas jugadas por la espalda.

- En el **sureste** se recomienda colocar plantas con matices rojos, en bloques de tres, para fortalecer la protección. Un tazón con agua o algo de color negro favorecerá la salud. Cuatro plantas de hojas redondas favorecerán el amor. Nueve velas promoverán prosperidad. Es importante colocar una lámpara de poste alto o una pirámide de cuarzo para evitar pleitos, chismes, demandas legales y fraudes económicos. Colocar los tres sabios chinos Fuk, Luk y Sau que promoverán protección y reducirán los riesgos de conflictos laborales, al igual que los dioses de las cuatro direcciones cardinales. Un Kuang Kung al sureste de la casa ayudará a alejar los conflictos por chismes y las demandas legales. Colocar una tortuga dragón o un *chi lin* ayudará a reducir la tendencia de traiciones y malas jugadas por la espalda. Evita ubicar tu cabecera hacia el sureste en el año del caballo.

- En el **centro** colocar cuatro plantas de hojas y tallos ascendentes para promover durante todo el año prosperidad, seguridad y llegada de romance; se fortalecerán también los estudios y la obtención de apoyos externos, sobre todo en lo relacionado a becas. Una fuente, o tazón con agua, promoverá la prosperidad, si a ese tazón se le colocan nueve velas flotantes o una flor de loto, se enfatizará la energía de salud y, si se colocan tres objetos de madera, se promoverá la energía de amor. Un par de peces o una escultura de dragón y ave fénix promoverán la consolidación sentimental y atraerán el matrimonio.

- En el **sur** colocar una lámpara de poste alto, un cuadro o escultura de una montaña fortalecerá la llegada de dinero. Colocar un cuadro de un lago o un tazón con agua y una flor flotante, o planta de agua, promoverá la energía del amor. Un jardín zen promoverá el éxito económico y seis esferas de cuarzo la salud. Un *ruyi* y un cochinito contribuirán al éxito económico. Una drusa o geoda de cuarzo apoyará la energía de protección. Para reducir el riesgo de no concretar planes y proyectos se puede colocar una cigarra. Colocar una escultura de caballo para favorecer la energía de amistad y apoyo del trino. Es recomendable colocar una fotografía del gran duque del año, así como un *piyao* viendo hacia el sur.

- En el **este** colocar un jardín zen con cuarzos fortalecerá la energía de protección y seguridad. Un *windchime* de seis tubos favorecerá la unión de la pareja. Un cuadro de montaña o una escultura de montaña promoverá la energía de prosperidad y una foto de un lago, o un tazón con agua quieta y cuarzos, fortalecerá la energía de salud. Es importante colocar doce monedas chinas anudadas con hilo de color rojo en el este para reducir el riesgo de enfermedades. Colocar un *wu lu* de color dorado, de piedra o cuarzo o cristal. Evita ubicar tu cabecera hacia el este durante el año del caballo.

- En el **oeste** colocar un *windchime* de doce tubos fortalecerá la energía de seguridad y protección, así como la ayuda del exterior, la llegada de buenos clientes y el apoyo de amigos. Colocar un jardín zen promoverá la energía del amor. Una escultura de montaña fortalecerá la salud. Un tazón con agua quieta y cuarzos promoverá el éxito y la prosperidad. Una escultura de pez o *arowana* apoyará el orden y la disciplina en lo económico.

- En el **suroeste** colocar un *windchime* de doce tubos huecos promoverá el desarrollo económico, al igual que cuatro plantas naturales. Nueve velas o pirámides de cuarzo rojo promoverán energía de amor y romance. Tres plantas naturales fortalecerán la energía de salud. Una manzana, piña o flor de loto promoverán paz y energía de organización para desarrollar proyectos. Un tazón con agua o un pez apoyará en protección.

- En el **noroeste** colocar seis esferas de cuarzo, un par de *chi lin* o *piyao* así como un *windchime* o campana de viento, de seis o doce tubos huecos, para reducir la energía de cambios drásticos e inesperados respecto de situaciones económicas. Colocar lingotes de oro, simulados, en múltiplos de tres ayudará a reducir la energía de conflictos de esa estrella. Una tortuga dragón o un *chi lin* ayudará a reducir la tendencia de traiciones y malas jugadas por la espalda.

Para México, el año del caballo, es un año que se puede presentar similar: 1978, 1987, 1996 y 2005.

Para armonizar nuestra energía, y protegernos de los aspectos negativos, se sugiere trabajar en nuestro espacio personal, colocando determinados objetos en cada sector cardinal de nuestra casa, habitación u oficina, lo que ayuda a controlar el efecto negativo de las estrellas en dichos sectores.

Una estrella a la que hay que poner mucha atención es la estrella cinco. La casa que visita cada año, o cada mes, se puede ver seriamente afectada, ya que es la más negativa y generadora de cambios drásticos. Una vez que se determina el sector cardinal donde se ubica esta estrella cada año, o mes, es importante no realizar cambios ni movimientos drásticos en esa parte de la casa, oficina o recámara. Si la puerta principal está orientada en esa dirección, es recomendable utilizar otra puerta. La manera de controlar el efecto negativo de esta estrella es colocar un *windchime* de cinco, seis, ocho o doce tubos en ese sector. Este año la estrella cinco visita la casa seis, es decir, el noroeste.

La estrella cinco también estará visitando, de manera mensual, distintos sectores. Es importante poner atención en la casa que visita mensualmente y se sugiere colocar en el respectivo sector de la casa y habitaciones un *windchime* de cinco, seis, ocho o doce tubos. Este año la estrella cinco visitará el suroeste de la construcción durante febrero y noviembre, el este en marzo y diciembre, el sureste en abril y enero (2015), el centro en mayo, el noroeste en junio, el oeste en julio, el noreste en agosto, el sur en septiembre y el norte en octubre.

Es importante mencionar que a nivel ciudad, país, estado, continente y planeta, durante estos meses estas direcciones cardinales son de cuidado. Es posible que sean los sectores donde se presenten situaciones drásticas. Así mismo, describe o anuncia los aspectos de nuestra vida en los que puede haber conflictos.

Otras estrellas de cuidado son la dos y la tres. La dos es considerada la madre de las enfermedades y la tres la generadora de peleas y conflictos.

Durante el año 2014 hay que tener cuidado con los padecimientos de vesícula e hígado. También se debe tener cuidado con las peleas y los conflictos por dinero, así como con socios. En estos casos se recomienda colocar un *windchime* de seis, ocho o doce tubos en el sector este y otro en el sector sureste de la casa, recámara, oficina o negocio. También se puede poner una deidad metálica como un Kuang Kung, los tres sabios: Fuk, Luk y Sau. Coloca un *wu lu* de cristal, metal o color plateado en el este para reducir el riesgo de enfermedades.

Así como existen estrellas de cuidado, también existen estrellas positivas las cuáles podemos activar de manera anual y mensual para obtener el mayor beneficio de ellas. Estas estrellas son la uno (ambición y llegada rápida de dinero), la ocho (prosperidad) y la nueve (prosperidad inmediata).

Para activar la estrella uno durante este año se recomienda colocar un reloj (funcionando) o adornos metálicos, si es posible una fuente de metal o deidades de metal o color dorado, en el suroeste de la casa y oficina. Este mismo objeto se puede colocar de forma mensual en los siguientes sectores: oeste en febrero y noviembre, noreste en marzo y diciembre, sur en abril y enero (2015), norte en mayo, suroeste en junio, este en julio, sureste en agosto, centro en septiembre y noroeste en octubre.

Para activar la estrella ocho durante este año se recomienda colocar una lámpara de poste alto y luz brillante en el sector sur de la casa. Para activarla de forma mensual, se sugiere colocar una lámpara en los siguientes sectores: centro en febrero y noviembre, noroeste en marzo y diciembre, oeste en abril y enero (2015), noreste en mayo, sur en junio, norte en julio, suroeste en agosto, este en septiembre y sureste en octubre.

Para activar la estrella nueve se sugiere colocar una planta natural, sana y frondosa, durante este año en el sector norte de la construcción. Para activarla mensualmente, se sugiere colocar la planta en los siguientes sectores: noroeste en febrero y noviembre, oeste en marzo y diciembre, noreste en abril y enero (2015), sur en mayo, norte en junio, suroeste en julio, este en agosto, sureste en septiembre y centro en octubre.

En febrero, noviembre, abril, enero (2015), mayo y septiembre, los aspectos sentimentales, amorosos y asociaciones serán conflictivos e inesperados.

En marzo, diciembre, mayo, junio y octubre, se pueden presentar problemas y discusiones familiares.

En febrero, noviembre, abril, enero (2015), junio y julio, cambios drásticos en cuestiones económicas.

Durante mayo hay que cuidar la salud y evitar realizar viajes, se pueden presentar contratiempos y conflictos. Evitar los cambios, incluso de domicilio durante este mes.

Mes por mes en el año del caballo

Tigre (febrero 2014)

Periodo en el que es posible lograr buenos avances si nos enfocamos en hacer bien nuestro trabajo y no dispersamos nuestra energía en superficialidades ni distracciones. Habrá grandes recompensas a lo realizado por tu propio esfuerzo. Mes de provecho económico, de buena suerte. Cuida tu dinero, te lo pueden querer robar. En el amor pueden presentarse cambios drásticos e inesperados, platica con tu pareja y pongan orden en sus sentimientos si no quieren llevarse sorpresas desagradables. Se pueden presentar relaciones extramaritales o romances en el trabajo. En la salud poner mucha atención al sistema digestivo.

Los amigos del tigre son el cerdo, el caballo y el perro. Sus enemigos son el mono y la serpiente. Este trino se presenta rodeado de situaciones cambiantes, rígidas y problemáticas durante el mes, por lo que su amuleto es un tigre o un caballo. Para el mono su amuleto es un perro y para la serpiente un caballo.

El gran duque del mes se ubica en el noreste y los tres asesinos en el noroeste, norte y noreste. Coloca un *piyao* viendo hacia el noreste, y tres tortugas dragón: una viendo al noroeste, otra al norte y otra al noreste.

Si eres tigre, utiliza un piyao como amuleto y si eres cerdo, rata o buey una tortuga dragón o un *chi lin*.

Durante este mes la estrella regente al centro es la estrella ocho. Esto le imprime características fuertes. Se pueden presentar erupciones volcánicas y temblores. En este periodo se pueden presentar agresiones y violencia, así como accidentes respecto a líderes políticos, religiosos y personajes importantes, también hacia el hombre mayor de casa. Habrá explosiones e incendios hacia el noroeste de las ciudades, países y continentes. Cambios drásticos y fuertes en el suroeste de las ciudades, países y continentes asociados con mujeres mayores, epidemias y enfermedades extrañas. Asaltos, robos, violencia y guerra hacia el sureste de las ciudades, países y continentes. Inundaciones fuertes y problemas asociados con agua.

En este mes la cuestión laboral se presenta favorecida en cuestiones de viajes, crecimiento y desarrollo profesional. Se recomienda colocar madera, como plantas o color verde, en el norte para favorecer esa energía en nuestro entorno.

Situaciones inesperadas en el amor. Cuidado, puede haber separaciones y conflictos. Se recomienda colocar un par de

patos mandarines de cuarzo en el suroeste y una campana de
viento de seis tubos huecos.

En las cuestiones de estudio habrá situaciones enfermizas
y estancadas se pueden presentar incluso problemas en gobierno e instituciones. Colocar un *windchime* o campana de viento
de ocho tubos huecos en el noreste será de gran ayuda.

Etapa de cuidado en cuestiones económicas, se presentarán fraudes, robos y pérdidas. Es importante colocar un tazón
con agua quieta y tres velas flotantes en el sector sureste de las
construcciones.

Para controlar las guerras de poder y los chismes se recomienda colocar una lámpara o pirámide de color rojo en el sur
de las construcciones.

Para favorecer la energía de ingresos inesperados se recomienda colocar una planta natural en el noroeste.

Los signos zodiacales que deben de tener cuidado este mes son:

- Buey y tigre: cuidado con enfermedades. Es recomendable vestir de blanco y consumir alimentos de color blanco. Colocar una campana de viento de seis o doce tubos
  huecos en el noreste.
- Dragón y serpiente: cuidado con asaltos y conflictos, sobre todo en cuestiones laborales. Se pueden presentar
  situaciones violentas. Se recomienda vestir en colores oscuros y beber bastantes líquidos. Colocar elemento agua
  quieta en el sureste de las construcciones.
- Caballo: mes de líos, discusiones, malentendidos y pleitos. Vestirse de color rojo y consumir alimentos de ese
  color. Colocar velas, una lámpara o una pirámide de color rojo en el sur para contrarrestar ese aspecto.
- Cabra y mono: cuidado con las situaciones imprevistas
  y los cambios drásticos e inesperados. Cuidar la salud.
  Se recomienda vestir de blanco y consumir alimentos de
  color blanco. Colocar en el suroeste de las construcciones una campana de viento de seis tubos, una deidad de
  metal o seis esferas metálicas o de cuarzo.

Las horas desfavorables de este mes son:

- Entre la 1:00 am y las 5:00 am, cuidado con indigestiones y resfriados.
- entre 7:00 am a 11:00 am, cuidado con asaltos y situaciones violentas.
- entre las 11:00 am y la 1:00 pm, cuidado con discusiones y pleitos.
- entre la 1:00 pm y las 5:00 pm, cuidado con situaciones drásticas e inesperadas.

Los signos zodiacales más favorecidos este mes son:

- Rata: mes de romance, colocar agua en el norte promoverá este aspecto puede ser una fuente, un tazón con agua, cuarzos y una flor de loto flotante, o una pecera si eres soltera. Si eres casada coloca una planta natural para reforzar el romance con tu pareja. Vestir de colores oscuros y consumir alimentos de color oscuro.
- Conejo: mes ideal para iniciar proyectos y poner en orden las finanzas y las ideas. Colocar una escultura de barro, porcelana o Talavera, en el este promoverá este aspecto. Vestir de amarillo y consumir alimentos de color amarillo. Se puede colocar una montaña de cuarzos o una drusa, así como una escultura metálica de una montaña para promover el éxito.
- Gallo: bastante positivo en cuestiones de negocios. Vestir de blanco, emplear accesorios metálicos, consumir alimentos de color blanco y colocar un *windchime* de cuatro tubos en el oeste para fortalecer este aspecto y promover el éxito.
- Perro y cerdo: bastante favorecido en cuestiones de ingresos inesperados, vestir de color verde, consumir alimentos de color verde, practicar deporte y colocar una planta natural en el noroeste para fortalecer este aspecto.

Las horas más favorables de este mes son:

- entre las 11:00 pm y la 1:00 am. para cuestiones de estudio
- entre las 5:00 am y las 7:00 am, para poner orden
- entre las 5:00 pm y las 7:00 pm, para planear y estructurar a futuro
- entre las 7:00 pm y las 11:00 pm, para negociaciones que generen ingresos inesperados

La hora más favorable para el romance es:

- Entre las 11:00 pm y la 1:00 am.

Conejo (marzo 2014)

En este mes todos los asuntos relacionados con el corazón son favorables. Buen momento para enamorarse, comprometerse, casarse o embarazarse. Etapa donde habrá inspiración creativa. Lo asociado con siembra es positivo. Mes de accidentes, robos, asaltos y pérdidas. Cuidado con guerras de poder en lo económico. Romance respecto a la relación de pareja y problemas legales, chismes y pleitos en el trabajo. Mes para tomarlo con calma y cuidarse. Energía filosa y agresiva. Cuidado con resfríos y malestares pulmonares, dolores de huesos y articulaciones, el corazón y el intestino.

Los amigos del conejo son el perro, la cabra y el cerdo. Sus enemigos son el gallo y el dragón. Este trino se presenta afectado por enfermedades, situaciones enfermizas y traiciones o robos de dinero durante el mes. Para el gallo y el dragón el amuleto es una cabra.

El gran duque del mes se ubica en el este y los tres asesinos en el suroeste, oeste y noroeste. Coloca un *piyao* viendo hacia el este y tres tortugas dragón: una viendo al suroeste, otra al oeste y otra al noroeste.

Si eres conejo, utiliza un *piyao* como amuleto y si eres mono, gallo o perro una tortuga dragón o un *chi lin*.

Durante este mes la estrella que rige al centro es la estrella siete. Mes complejo y difícil, se va a caracterizar por situaciones violentas. Cuidado con cuchillos y navajas al cocinar para evitar cortaduras y accidentes. En este periodo se pueden presentar agresiones, violencia y accidentes como si fueran situaciones cotidianas. Habrá explosiones e incendios hacia el oeste de las ciudades, países y continentes. Cambios drásticos y fuertes en el este de las ciudades, países y continentes asociados con empresas e instituciones sólidas. Epidemias y enfermedades extrañas hacia el sur. Asaltos, robos, violencia y guerra hacia el centro de las ciudades, países y continentes. Inundaciones fuertes y problemas asociados con agua.

Es tiempo de muchos conflictos, pleitos y malentendidos en el trabajo, colocar elemento fuego o un tazón con agua y tres velas flotantes ayudará a mejorar ese aspecto en el norte. Para fortalecer la cuestión de estudios colocar una campana de viento de ocho tubos huecos en el noreste. Cuidado con problemas familiares, se recomienda colocar una campana de viento de seis tubos en el este para fortalecer esa energía. Se recomienda colocar una fuente o agua en el sureste para fortalecer el orden y la disciplina en el aspecto económico. La salud se puede ver afectada este mes en lo que se refiere al corazón y el intestino. Colocar una campana de viento de siete tubos huecos en el sur.

Cuidado con engaños y traiciones en el amor, coloca velas y lámparas en pares en el suroeste para contrarrestar ese efecto. Si deseas favorecer ingresos económicos inesperados se recomienda colocar una planta natural en el oeste. Una lámpara en el noroeste fortalecerá la economía y promoverá energía de abundancia.

Mes donde se pueden presentar accidentes de coche, aviones, camiones y trenes.

Los signos zodiacales que deben de tener cuidado este mes son:

- Rata: mes de líos, discusiones, malentendidos y pleitos. Vestirse de color rojo y consumir alimentos de ese color.

Colocar velas, una lámpara o una pirámide de color rojo en el norte para contrarrestar ese aspecto.

- Conejo: cuidado con las situaciones imprevistas y los cambios drásticos e inesperados. Cuidar la salud. Se recomienda vestir de blanco y consumir alimentos de color blanco. Colocar en el este de las construcciones una campana de viento de seis tubos, una deidad de metal o seis esferas metálicas o de cuarzo.
- Caballo: cuidado con enfermedades. Es recomendable vestir de blanco y consumir alimentos de color blanco. Colocar una campana de viento de seis o doce tubos huecos en el sur.

Las horas desfavorables de este mes son:

- Entre las 11:00 pm y la 1:00 am, cuidado con pleitos y discusiones.
- Entre las 5:00 am y las 7:00 am, cuidado con situaciones drásticas e inesperadas.
- Entre las 11:00 am y la 1:00 pm, cuidado con indigestiones.

Los signos zodiacales más favorecidos este mes son:

- Buey y tigre: bastante favorecidos en cuestiones de negocios. Vestir de blanco, emplear accesorios metálicos, consumir alimentos de color blanco y colocar un *windchime* de cuatro tubos en el noreste para fortalecer este aspecto y promover el éxito.
- Dragón y serpiente: mes ideal para iniciar proyectos y poner en orden las finanzas y las ideas. Vestir de amarillo y consumir alimentos de color amarillo. Colocar una escultura de barro, porcelana o Talavera en el sureste para promover este aspecto. Se puede colocar una montaña de cuarzos, una drusa y una escultura metálica.
- Cabra y mono: mes de romance, colocar agua en el oeste para promover este aspecto. Puede ser una fuente, un tazón con agua, cuarzos y una flor de loto flotante, o una pecera si eres soltera. Si eres casada coloca una planta

natural para fortalecer el romance en tu matrimonio. Vestir de colores oscuros y consumir alimentos de color oscuro.

- Gallo: bastante favorecido en cuestiones de ingresos inesperados, vestir de color verde, consumir alimentos de color verde, practicar deporte y colocar una planta natural en el oeste para fortalecer este aspecto.
- Perro y cerdo: excelente momento económico. Colocar luz y pirámides de color rojo (2) en el noroeste. Vestirse de color rojo y consumir alimentos de color rojo.

Las horas más favorables de este mes son:

- Entre la 1:00 am y las 5:00 am, para planear y estructurar a futuro.
- Entre las 7:00 am y las 11:00 am, para poner orden.
- Entre la 1:00 pm y las 5:00 pm, para romance y cuestiones de estudio.
- Entre las 5:00 pm y las 7:00 pm, para negocios.
- Entre las 7:00 pm y las 11:00 pm, para negocios.

Dragón (abril 2014)

Es un mes para no correr riesgos ni especular con dinero. No es momento para formar parte de eventos o presentaciones públicas, evita impartir conferencias. Puede haber logros positivos en el entorno si pones orden y disciplina en todo lo que realices. Sentirás fortalecida tu salud. Mes con buena energía de desarrollo, orden, disciplina. Situaciones enfermizas en lo laboral y cambios drásticos e inesperados en lo económico. Pleitos y discusiones en el amor. Cuida tus clientes y proveedores, te los pueden robar. Cuidado con deslealtades y traiciones de amigos y compañeros de trabajo. En la salud se presentarán pequeños malestares respiratorios, dolores de cuello y articulaciones.

Los amigos del dragón son la rata, el mono y el gallo. Sus enemigos son el perro y el conejo. Este trino se presenta bastante afectado en cuestión de salud, pero beneficiado en cuestiones económicas y proyectos inesperados por lo que su amuleto es una rata o un mono. Para el perro y el conejo su amuleto es una rata.

El gran duque del mes se ubica en el sureste y los tres asesinos en el sureste, sur y suroeste. Coloca un *piyao* viendo hacia el sureste y tres tortugas dragón, una viendo al sureste, otra al sur y otra al suroeste.

Si eres dragón, utiliza un *piyao* como amuleto y si eres serpiente, caballo o cabra una tortuga dragón o un *chi lin*.

Durante este mes la estrella central que rige es la seis. Mes de energía rígida y disciplinada. Pueden presentarse guerras de poder entre los gobiernos y partidos políticos así como entre empresas fuertes. Habrá accidentes, violencia y guerras que afectan las estructuras y derriban, atentan o cambian a líderes políticos, religiosos y sindicales en el noroeste de las ciudades, países o continentes. Epidemias y enfermedades hacia el norte. Situaciones drásticas e inesperadas y de crisis económicas en el suroeste de las ciudades, países o continentes. Chismes y agresiones verbales hacia mujeres importantes al suroeste de las ciudades, países o continentes. Se pueden presentar temblores e inundaciones. Movimientos violentos en el centro de las ciudades, países o continentes. Momento de poner en orden la casa, la oficina y todos nuestros espacios. En este mes los problemas laborales continúan, es importante colocar elemento metal en el norte como un *windchime* de seis u ocho tubos huecos. En el noreste se recomienda colocar una planta natural para activar los ingresos inesperados; otra en el este para fortalecer la unión familiar y el romance. No es tiempo para correr riesgos económicos, puede haber pérdidas, se recomienda colocar una campana de viento de seis tubos huecos en el sureste. En el sur colocar una planta natural y un tazón con agua o una fuente ayudará a reforzar la fama y el éxito. En lo que se refiere al amor, no es momento muy favorable, se presentan discusiones y pleitos, problemas y posibles divorcios, se sugiere colocar una lámpara o algo rojo para reducir esta energía problemática en el suroeste. Para favorecer la llegada de dinero se sugiere colocar una lámpara o una pirámide roja en el oeste. Para evitar robos y asaltos, colocar un tazón con agua en el sector noroeste de las construcciones.

Los signos zodiacales que deben de tener cuidado este mes son:

- Rata: cuidado con enfermedades. Es recomendable vestir de blanco y consumir alimentos de color blanco. Colocar una campana de viento de seis o doce tubos huecos en el norte.
- Dragón y serpiente: cuidado con las situaciones imprevistas y los cambios drásticos e inesperados. Cuidar la salud. Se recomienda vestir de blanco y consumir alimentos de color blanco. Colocar en el sureste de las construcciones una campana de viento de seis tubos o una deidad de metal o seis esferas metálicas o de cuarzo.
- Cabra y mono: mes de líos, discusiones, malentendidos y pleitos. Vestirse de color rojo y consumir alimentos de ese color. Colocar velas, una lámpara o una pirámide en color rojo en el suroeste para contrarrestar ese aspecto.
- Perro y cerdo: cuidado con asaltos y conflictos, sobre todo en cuestiones laborales. Se pueden presentar situaciones violentas. Se recomienda vestir en colores oscuros y beber bastantes líquidos. Colocar elemento agua quieta en el noroeste de las construcciones.

Las horas desfavorables de este mes son:

- Entre las 11:00 pm y la 1:00 am, cuidado con intoxicaciones y la salud.
- Entre las 7:00 am y las 11:00 am, evita hacer negocios.
- Entre la 1:00 pm y las 5:00 pm, cuidado con discusiones y pleitos.
- Entre las 7:00 pm y las 11:00 pm, cuidado con asaltos y robos.

Los signos zodiacales más favorecidos este mes son:

- Buey y tigre: bastante favorecidos en cuestiones de ingresos inesperados, vestir de color verde, consumir alimentos de color verde, practicar deporte y colocar una planta natural en el noreste para fortalecer este aspecto.

- Conejo: mes de romance, colocar agua en el norte para promover este aspecto, puede ser una fuente, un tazón con agua, cuarzos y una flor de loto flotante. Una pecera si eres soltera o soltero, si eres casado coloca una planta natural para reforzar el romance en la relación. Vestir de colores oscuros y consumir alimentos de color oscuro.
- Caballo: bastante favorecido en cuestiones de negocios. Vestir de blanco, emplear accesorios metálicos, consumir alimentos de color blanco y colocar un *windchime* de cuatro tubos en el sur para fortalecer este aspecto y promover el éxito.
- Gallo: excelente momento económico. Colocar luz y pirámides de color rojo (2) en el oeste. Vestirse de color rojo y consumir alimentos de color rojo.

Las horas más favorables de este mes son:

- Entre la 1:00 am y las 5:00 a.m, para ingresos inesperados.
- Entre las 5:00 am y las 7:00 am, para romance y estudio.
- Entre las 11:00 am y la 1:00 pm, para planear a futuro.
- Entre las 5:00 pm y las 7:00 pm, para negocios.

Serpiente (mayo 2014)

Periodo y etapa favorable respecto de cuentas, finanzas y cuestiones legales. Este mes se presenta complejo, con cambios drásticos e inesperados. No te fíes, ni des por seguro nada, persigue tus metas y pon atención a tu salud. Es un mes complicado donde puedes sentir que las situaciones se detienen. Cuidado con platicar tus planes y proyectos, puede haber robo de ideas. Los clientes y proveedores se manifestarán demandantes y exigentes. En el amor se pueden presentar situaciones enfermizas y reclamos hirientes. Tendencia fuerte a pleitos familiares. Recurre a tu conocimiento para obtener dinero. También es momento para explotar el reconocimiento que has obtenido en el pasado y obtener proyectos inesperados y abundancia.

Cuidado con los gastos, este mes compra lo necesario y ejercítate para fortalecer tu salud.

Se presentarán problemas con personas asociadas con la autoridad, el gobierno o las instituciones gubernamentales.

Cuidado con la salud, se pueden presentar epidemias y enfermedades del estómago, bazo y páncreas así como tumoraciones.

Los amigos de la serpiente son el mono, el gallo y el buey. Sus enemigos son el tigre y el cerdo. Este trino se presenta afectado con cambios drásticos e inesperados en lo que a estabilidad se refiere, por lo que su amuleto es un gallo. Para el tigre su amuleto es un buey y para el cerdo un gallo de cuarzo o piedra.

El gran duque del mes se ubica en el sureste y los tres asesinos en el sureste, este y noreste. Coloca un *piyao* viendo hacia el sureste y tres tortugas dragón, una viendo al sureste, otra al este y otra al noreste.

Si eres serpiente, utiliza un *piyao* como amuleto y si eres tigre, conejo o dragón una tortuga dragón o un *chi lin*.

Durante este mes la energía reinante es la estrella cinco al centro, de energía bastante fuerte. Es un mes ágil y drástico. Cada una de las distintas manifestaciones energéticas será fuerte y extrema. Cada uno de los signos estará en su esencia y con bastante fuerza. Se presentarán situaciones drásticas e inesperadas en el centro de las ciudades, países y continentes, incluso puede haber cambios positivos. Accidentes, violencia y agresión así como guerras hacia el oeste de las ciudades, países y continentes. Epidemias fuertes y situaciones enfermizas, afectación y agresión hacia mujeres maduras en el suroeste de los países, ciudades y continentes. Temblores y erupciones volcánicas, movimientos de agua muy fuertes. Se manifestarán líderes dictatoriales en el noroeste de los países, ciudades y continentes. Se recomienda colocar una campana de viento o *windchime* de seis o doce tubos huecos al centro. En el sector norte de las construcciones se recomienda colocar una fuente para promover los aspectos laborales y el desarrollo de proyectos económicos así como la energía de protección. Acomoda objetos y adornos en número cuatro y de madera para promover la energía de prosperidad y éxito en el norte. Puedes colocar nueve velas para promover la energía del amor y el romance en el norte. Colocar tres plantas promoverá la energía de salud en el norte.

En el noreste es muy favorable colocar una lámpara de poste alto, una pirámide de vidrio en color rojo o una pirámide de cuarzo rojo. Es el sector ideal para colocar velas y aparatos eléctricos para promover prosperidad económica. Se pueden colocar, en pares, objetos y adornos de cerámica o porcelana para promover la energía de éxito y prosperidad. Puedes colocar un cuadro de un lago con una montaña para promover amor. Colocar seis esferas metálicas favorecerá la salud. Colocar un cuadro o escultura de una montaña fortalecerá la seguridad y la protección.

En el este se recomienda colocar plantas en bloques de tres para fortalecer el estudio y las relaciones familiares. Un tazón con agua en el este favorecerá la salud. Cuatro plantas favorecerán el amor. Nueve velas promoverán prosperidad.

En el sureste colocar cuatro plantas de hojas y tallos ascendentes promoverá prosperidad, seguridad y llegada de dinero. Una fuente o tazón con agua promoverá prosperidad, si a ese tazón se le colocan nueve velas flotantes se enfatizará la energía de salud, y si se colocan tres objetos de madera se promoverá la energía de amor.

En el sur colocar una planta natural para activar prosperidad inmediata y fortalecer la energía de fama, prestigio y reputación. Si colocas un tazón con agua y una flor flotante o planta de agua promoverás la energía de amor. Colocar tres plantas naturales activará la energía de éxito y prosperidad. Cuatro plantas favorecerán la salud y una vela fortalecerá la energía de seguridad y protección.

En el suroeste colocar dos esferas metálicas fortalecerá la energía de amor y unión de pareja. Colocar un jardín zen fortalecerá la energía de protección y seguridad. Un *windchime* de seis tubos favorecerá la unión de pareja. Un cuadro de montaña o una escultura de montaña promoverá energía de prosperidad y una foto de un lago, o un tazón con agua quieta y cuarzos, fortalecerá la energía de salud.

En el oeste colocar un tazón con agua quieta y cuarzos promoverá energía de protección y seguridad al igual que creatividad. Colocar un *windchime* de seis tubos o seis esferas metálicas promoverá energía de éxito y prosperidad. Una escultura de una montaña favorecerá la energía del romance, el glamour y amor. Un jardín zen fortalecerá la energía de salud.

En el noroeste colocar un *windchime* de doce tubos fortalecerá la energía de seguridad y protección así como la llegada de ayuda del exterior, de buenos clientes y apoyo de amigos. Colocar un jardín zen promoverá energía de amor. Una escultura de montaña fortalecerá la salud. Un tazón con agua quieta y cuarzos promoverá éxito y prosperidad.

En el centro lo ideal es colocar elemento metal.

No es recomendable viajar o cambiar de domicilio durante este mes.

Los signos zodiacales que deben de tener cuidado este mes son:

- Conejo: mes de líos, discusiones, malentendidos y pleitos. Vestirse de color rojo y consumir alimentos de ese color. Colocar velas, una lámpara o una pirámide de color rojo en el este para contrarrestar ese aspecto.
- Cabra y mono: cuidado con enfermedades. Es recomendable vestir de blanco y consumir alimentos de color blanco. Colocar una campana de viento de seis o doce tubos huecos en el suroeste.
- Gallo: cuidado con asaltos y conflictos, sobre todo en cuestiones laborales. Se pueden presentar situaciones violentas. Se recomienda vestir en colores oscuros y beber bastantes líquidos. Colocar elemento agua quieta en el oeste de las construcciones.

Las horas desfavorables de este mes son:

- Entre la 5:00 pm y las 7:00 pm, cuidado con asaltos y accidentes.
- Entre la 1:00 pm y las 5:00 pm, cuidado con indigestiones.

- Entre las 5:00 am y las 7:00 am, cuidado con pleitos y discusiones.

Los signos zodiacales más favorecidos este mes son:

- Caballo: bastante favorecido en cuestiones de ingresos inesperados, vestir de color verde, consumir alimentos de color verde, practicar deporte y colocar una planta natural en el sur para fortalecer este aspecto.
- Buey y tigre: excelente momento económico. Colocar luz y pirámides de color rojo (2) en el noreste. Vestirse de color rojo y consumir alimentos de color rojo.
- Rata: bastante favorecida en cuestiones de negocios. Vestir de blanco, emplear accesorios metálicos, consumir alimentos de color blanco y colocar un *windchime* o campana de viento de cuatro tubos en el norte para fortalecer este aspecto y promover éxito.
- Perro y cerdo: mes ideal para iniciar proyectos y poner en orden las finanzas y las ideas. Vestir de amarillo y consumir alimentos de color amarillo. Colocar una escultura de barro, porcelana o Talavera en el noroeste para promover este aspecto. Se puede colocar una montaña de cuarzos, una drusa o una escultura metálica.
- Dragón y serpiente: mes de romance, colocar agua en el norte para promover este aspecto. Puede ser una fuente, un tazón con agua, cuarzos y una flor de loto flotante, o una pecera si eres soltera. Si eres casada coloca una planta natural para reforzar el romance en la relación. Vestir de colores oscuros y consumir alimentos de color oscuro.

Las horas más favorables de este mes son:

- Entre las 11:00 pm y la 1:00 am, para planear y estructurar a futuro.
- Entre las 11:00 am y la 1:00 pm, para negocios.
- Entre la 1:00 am y las 5:00 am, para negocios.
- Entre las 7:00 pm y las 11:00 pm, para poner orden y disciplina en nuestros planes y proyectos.

Caballo (junio 2014)

Cuidado con algún colega que te jugará mal durante este mes. Todo esto será por celos y resentimiento, sin embargo, sus malas intenciones no generarán daño duradero. Mes de romance, fuerte, de poder. Se percibirá creatividad, iniciativa, movimiento y ganas de generar cambios y de romper rutinas. Se pueden presentar situaciones enfermizas a nivel familiar así como pleitos, demandas y chismes por dinero. Pon atención en lo que firmas y los contratos que realices ya que pueden acabar en conflicto. El dinero y la abundancia este mes llegarán por medio del reconocimiento generado en el pasado. Este mes se percibirá libertad económica y movimiento de dinero. En el amor habrá comunicación y es buen momento para platicar las diferencias y solucionar sentimientos guardados del pasado. Cuida a tus proveedores y clientes ya que se pueden presentar situaciones extremas y cambios drásticos e inesperados.

Etapa de hacer planes. Sentirás confianza durante el mes y te mostrarás ambicioso. Hay buenas expectativas para recibir dinero y realizar viajes. Cuidado con el corazón, intestino, vejiga, riñones, órganos sexuales, estómago, el bazo y el páncreas.

Los amigos del caballo son el tigre, el perro y la cabra. Sus enemigos son la rata y el buey. Este trino se presenta afectado con situaciones enfermizas respecto a reputación y envidias por dinero, abundancia y logros durante el mes, por lo que su amuleto es un tigre. Para la rata su amuleto es un mono y para el buey un perro.

El gran duque del mes se ubica en el sur y los tres asesinos en el noreste, norte y noroeste. Coloca un *piyao* viendo hacia el sur y tres tortugas dragón, una viendo al noreste, otra al norte y otra al noroeste.

Si eres caballo, utiliza un *piyao* como amuleto y si eres cerdo, rata o buey una tortuga dragón o un *chi lin*.

Durante este mes la energía regente es la estrella cuatro al centro, energía de romance a todo el mes. Se presentarán situaciones drásticas e inesperadas con respecto a gobiernos y sistemas gubernamentales en el noroeste de las ciudades, países y continentes. Pleitos y guerras fuertes asociados con cuestiones e intereses económicos entre países. Epidemias fuertes hacia el este, al igual que temblores y movimientos de tierra. Guerras, violencia y agresiones en el noreste de las ciudades, países y continentes. Cuidado con los romances fugaces. Coloca una planta natural en el centro para proteger tu matrimonio. Es un mes relativamente tranquilo con matices positivos. El trabajo está beneficiado, se puede colocar una planta natural en el norte para buscar un aumento de sueldo, algún premio o promoción. Con respecto al conocimiento y la consolidación de proyectos, es recomendable colocar un tazón con agua quieta en el noreste para evitar huelgas, movimientos sociales agresivos o situaciones desagradables. Se recomienda colocar un *windchime,* o campana de viento de ocho tubos huecos, en el este para evitar enfermedades, sobre todo relacionadas con el hígado y la vesícula.

Coloca una lámpara en el sureste para evitar pleitos y discusiones relacionadas con dinero. Una lámpara en el sur promoverá la llegada de dinero. Colocar metal en el suroeste, una escultura metálica, fortalecerá la comunicación entre la pareja durante este mes. Cuidado con traiciones y malas jugadas de clientes y proveedores, coloca un *windchime* de seis o doce tubos huecos en el sector noroeste para reducir este aspecto negativo. Para promover orden y disciplina con los hijos, favorecer la creatividad y reducir su exceso de rigidez o rebeldía, coloca un tazón con agua y dos cuarzos en el oeste.

Los signos zodiacales que deben de tener cuidado este mes son:

- Buey y tigre: cuidado con asaltos y conflictos sobre todo en cuestiones laborales. Se pueden presentar situaciones violentas. Se recomienda vestir en colores oscuros y beber bastantes líquidos. Colocar elemento agua quieta en el noreste de las construcciones.
- Conejo: cuidado con enfermedades. Es recomendable vestir de blanco y consumir alimentos de color blanco. Colocar una campana de viento de seis o doce tubos huecos en el este.

- Dragón y serpiente: mes de líos, discusiones, malenten-didos y pleitos. Vestirse de color rojo y consumir alimen-tos de ese color. Colocar velas, una lámpara o una pirá-mide de color rojo en el sureste para contrarrestar ese aspecto.
- Perro y cerdo: cuidado con las situaciones imprevistas y los cambios drásticos e inesperados. Cuidar la salud. Se recomienda vestir de blanco y consumir alimentos de color blanco. Colocar en el noroeste de las construccio-nes una campana de viento de seis tubos, una deidad de metal o seis esferas metálicas o de cuarzo.

Las horas desfavorables de este mes son:

- Entre la 1:00 am y las 5:00 am, cuidado con asaltos y accidentes.
- Entre las 5:00 am y las 7:00 am, cuidado con indiges-tiones.
- Entre las 7:00 am y las 11:00 am, cuidado con pleitos y discusiones.
- Entre las 7:00 pm y las 11:00 pm, cuidado con situaciones inesperadas.

Los signos zodiacales más favorecidos este mes son:

- Rata: bastante favorecido en cuestiones de ingresos ines-perados, vestir de color verde, consumir alimentos de co-lor verde, practicar deporte y colocar una planta natural en el norte para fortalecer este aspecto.
- Caballo: excelente momento económico. Colocar luz y pirámides de color rojo (2) en el sur. Vestirse de color rojo y consumir alimentos de color rojo.
- Cabra y mono: bastante favorecidos en cuestiones de ne-gocios. Vestir de blanco, emplear accesorios metálicos, consumir alimentos de color blanco y colocar un *wind-chime,* o campana de viento de cuatro tubos, en el suroes-te para fortalecer este aspecto y promover éxito.
- Gallo: mes ideal para iniciar proyectos y poner en orden las finanzas y las ideas. Vestir de amarillo y consumir

alimentos de color amarillo. Colocar una escultura de barro, porcelana o Talavera en el oeste para promover este aspecto. Se puede colocar una montaña de cuarzos, una drusa o una escultura metálica.

Las horas más favorables de este mes son:

- Entre las 11:00 pm y la 1:00 am, para ingresos inesperados.
- Entre las 11:00 am y la 1:00 pm, para negocios.
- entre la 1:00 pm y las 5:00 pm, para planear y estructurar el futuro.
- Entre las 5:00 pm y las 7:00 pm, para poner orden y disciplina en nuestros proyectos.

Cabra (julio 2014)

Es un buen mes para presionar e imprimir fuerza a tus objetivos. Lleva a término tus planes, evita dejarlos a medias. No permitas que las oportunidades se escapen por dudar demasiado. Este es un mes de conflictos, discusiones y chismes. Se presentará energía de abundancia en el trabajo y habrá emoción y alegría en el amor. Es un mes lleno de pasión en lo sentimental. Cuidado con la relación con los hijos ya que se pueden presentar situaciones y extremas relacionadas con ellos.

Cuidado con el corazón, el intestino, el estómago, el bazo y el páncreas.

Se recomienda ser realista y no correr riesgos innecesarios, de ésta manera los ahorros que has hecho te apoyarán adecuadamente y no perderás dinero. Sé cuidadoso. Esto se puede apoyar empleando elemento metal en el noreste.

Los amigos de la cabra son el caballo, el conejo y el cerdo. Sus enemigos son la rata y el buey. Este trino se presenta afectado con tensión, riesgo de accidentes, argumentaciones y agobios, por lo que su amuleto es un cerdo. Para el buey y para la rata el amuleto es un cerdo.

El gran duque del mes se ubica en el suroeste y los tres asesinos en el suroeste, oeste y noroeste. Coloca un *piyao* viendo hacia el suroeste y tres tortugas dragón, una viendo al suroeste, otra al oeste y otra al noroeste.

Si eres cabra, utiliza un *piyao* como amuleto y si eres mono, gallo o perro una tortuga dragón o un *chi lin*.

Durante este mes la estrella regente es la estrella tres, que se caracterizará por malentendidos y discusiones. Se presentarán chismes y ataques destructivos, tanto en el medio del espectáculo como en la política, en el centro de la ciudades, países y continentes. Accidentes, agresión y violencia en el sur, así como epidemias fuertes hacia el sureste y oeste de las ciudades, países y continentes. Temblores y movimientos de tierra. Se puede colocar una lámpara al centro de las construcciones para reducir este efecto. Para favorecer la llegada de dinero a través del trabajo se recomienda colocar dos esferas metálicas en el norte. Las cuestiones sociales y de estudio se presentarán tranquilas al igual que las relaciones favorables. Cuidado con la vesícula durante este mes. Colocar un *windchime*, o campana de viento de seis tubos huecos, en el sureste para fortalecer la salud. Colocar un tazón con agua y dos cuarzos en el sur para reducir la competencia desleal y agresiva, así como el despojo del reconocimiento por tus logros. Se presentará pasión en el amor, colocar dos patos mandarines o un par de rinocerontes en el suroeste de la construcción para favorecer este aspecto. No es mes para especular con el dinero, se recomienda colocar una campana de viento de seis tubos huecos en el oeste para reducir los riesgos económicos. Para fortalecer y mejorar las relaciones con clientes y proveedores, así como viajes y becas, coloca una planta natural en el noroeste. Un tazón con agua en el este apoyará las relaciones familiares y la planeación de aspectos familiares.

Los signos zodiacales que deben de tener cuidado este mes son:

- Dragón y serpiente: cuidado con enfermedades. Es recomendable vestir de blanco y consumir alimentos de color blanco. Colocar una campana de viento de seis o doce tubos huecos en el sureste.

- Caballo: cuidado con asaltos y conflictos sobre todo en cuestiones laborales. Se pueden presentar situaciones violentas. Se recomienda vestir en colores oscuros y beber bastantes líquidos. Colocar elemento agua quieta en el sur de las construcciones.
- Gallo: cuidado con las situaciones imprevistas y los cambios drásticos e inesperados. Cuidar la salud. Se recomienda vestir de blanco y consumir alimentos de color blanco. Colocar en el oeste de las construcciones una campana de viento de seis tubos, una deidad de metal o seis esferas metálicas o de cuarzo.

Las horas desfavorables durante este mes son:

- Entre las 7:00 am y las 11:00 am, cuidado con indigestiones.
- Entre las 11:00 am y la 1:00 pm, cuidado con asaltos, accidentes y pérdidas.
- Entre las 5:00 pm y las 7:00 pm, cuidado con situaciones drásticas e inesperadas.

Los signos zodiacales más favorecidos este mes son:

- Rata: excelente momento económico. Colocar luz y pirámides de color rojo (2) en el norte. Vestirse de color rojo y consumir alimentos de color rojo.
- Buey y tigre: mes ideal para iniciar proyectos y poner en orden las finanzas y las ideas. Vestir de amarillo y consumir alimentos de color amarillo. Colocar una escultura de barro, porcelana o Talavera en el noreste promoverá este aspecto. Se puede colocar una montaña de cuarzos, una drusa o una escultura metálica.
- Conejo: bastante favorecido en cuestiones de negocios. Vestir de blanco, emplear accesorios metálicos, consumir alimentos de color blanco y colocar un *windchime* o campana de viento de cuatro tubos en el este fortalecerá este aspecto y promoverá éxito.
- Mono y cabra: bastante favorecido en cuestiones de ingresos inesperados, vestir de color verde, consumir

alimentos de color verde, practicar deporte y colocar una planta natural en el suroeste para fortalecer este aspecto.

- Perro y cerdo: mes de romance, colocar agua en el noroeste promoverá este aspecto puede ser una fuente, un tazón con agua, cuarzos y una flor de loto flotante, o una pecera si eres soltera. Si eres casada coloca una planta natural para fortalecer tu relación matrimonial. Vestir de colores oscuros y consumir alimentos de color oscuro y verde.

Las horas más favorables de este mes son:

- Entre las 11:00 pm y la 1:00 pm, para negocios.
- Entre la 1:00 am y las 5:00 am, para poner orden en nuestros proyectos.
- Entre las 5:00 am y las 7:00 am, para planear a futuro.
- Entre la 1:00 pm y las 5:00 pm, para ingresos inesperados.
- Entre las 7:00 pm y las 11:00 pm, para romance y estudio.

Mono (agosto 2014)

El entorno laboral y profesional se percibirá estancado y extraño. Este mes es de cuidado para la salud. Come en casa y cuida tu alimentación. Habrá reconocimiento hacia tu trabajo, aunque percibirás competencia desleal y traicionera. El amor estará en buenos términos este mes. Habrá abundancia y libertad económica. Es buen mes en lo económico. Cuida tu trabajo, alguien te lo puede quitar o robar tus proyectos.

Es un periodo favorable con posibles beneficios económicos. Si has estado envuelto en alguna demanda o problema legal, en este mes se puede presentar la oportunidad de resolverla satisfactoriamente. Buen mes para establecer nuevos contactos.

Los amigos del mono son el dragón, la rata y la serpiente. Sus enemigos son el tigre y el cerdo. Este trino se presenta afectado en las relaciones sentimentales durante el mes por lo que su amuleto es una rata. Para el tigre su amuleto es un dragón y para el cerdo una rata.

El gran duque del mes se ubica en el suroeste y los tres asesinos en el sureste, sur y suroeste. Coloca un *piyao* viendo hacia el suroeste y tres tortugas dragón, una viendo al sureste, otra al sur y otra al suroeste.

Si eres mono, utiliza un *piyao* como amuleto y si eres serpiente, caballo o cabra una tortuga dragón o un *chi lin*.

Durante éste mes rige la estrella 2 central, esto indica que hay que cuidar la salud. Es un mes de situaciones enfermizas y atoradas en el centro de los países, ciudades o continentes. Habrá problemas fuertes asociados con accidentes, epidemias, pleitos, violencia y agresión en el noreste, norte y noroeste de las ciudades, países y continentes. Pleitos, problemas y discusiones entre líderes de diferentes países y situaciones completamente inesperadas hacia el noreste. Temblores y movimientos de tierra así como inundaciones o afectaciones asociadas con agua. Colocar al centro de la casa o construcción un tazón de vidrio o cristal con agua quieta, cuarzos y una flor de loto flotante para reducir el efecto negativo de esta estrella.

Es un buen mes en lo que se refiere a cuestiones económicas, colocar una fuente o una planta natural en el sureste para activar este aspecto. En el aspecto sentimental se puede colocar una lámpara, o dos velas, en el suroeste para fortalecer la relación de pareja. Cuidado con pleitos y problemas que se pueden presentar con clientes y amigos durante este mes. Colocar una lámpara o nueve monedas chinas atadas con hilo de color rojo en el sector noroeste de las construcciones para solucionar este aspecto. Se pueden presentar problemas laborales. Colocar color azul marino o elemento agua en el norte para aminorar este aspecto. En cuestiones de estudio se pueden presentar cambios inesperados, se recomienda colocar un *windchime,* o campana de viento de seis tubos, en el sector noreste.

Una planta natural en el este promoverá la llegada de ingresos inesperados. Agua y una planta en el oeste servirá para atraer romance. Para poner orden y aclarar las situaciones respecto a nuestro aspecto profesional y nuestros logros coloca metal o seis esferas de cuarzo en el sur.

Durante este mes se pueden presentar fenómenos naturales relacionados con la tierra como terremotos o temblores.

Los signos zodiacales que deben de tener cuidado este mes son:

- Rata: cuidado con asaltos y conflictos, sobre todo en cuestiones laborales. Se pueden presentar situaciones violentas. Se recomienda vestir en colores oscuros y beber bastantes líquidos. Colocar elemento agua quieta en el norte de las construcciones.
- Buey y tigre: cuidado con las situaciones imprevistas y los cambios drásticos e inesperados. Cuidar la salud. Se recomienda vestir de blanco y consumir alimentos de color blanco. Colocar en el noreste de las construcciones una campana de viento de seis tubos, una deidad de metal o seis esferas metálicas o de cuarzo.
- Perro y cerdo: mes de líos, discusiones y malentendidos. Vestirse de color rojo y consumir alimentos de ese color. Colocar velas, una lámpara o una pirámide de color rojo en el noroeste para contrarrestar ese aspecto.

Las horas desfavorables de este mes son:

- Entre las 11:00 pm y la 1:00 am, cuidado con asaltos y situaciones violentas.
- Entre la 1:00 am y las 5:00 am, cuidado con situaciones inesperadas.
- Entre las 7:00 pm y las 11:00 pm, cuidado con pleitos y discusiones.

Los signos zodiacales más favorecidos este mes son:

- Conejo: bastante favorecido en cuestiones de ingresos inesperados, vestir de color verde, consumir alimentos de color verde, practicar deporte y colocar una planta natural en el este para fortalecer este aspecto.

- Dragón y serpiente: bastante favorecidos en cuestiones de negocios. Vestir de blanco, emplear accesorios metálicos, consumir alimentos de color blanco y colocar un *windchime* de cuatro tubos en el sureste para fortalecer este aspecto y promover el éxito.
- Caballo: mes ideal para iniciar proyectos y poner en orden las finanzas y las ideas. Vestir de amarillo y consumir alimentos de color amarillo. Colocar una escultura de barro, porcelana o Talavera en el sur para promover este aspecto. Se puede colocar una montaña de cuarzos, una drusa o una escultura metálica de una montaña para promover el éxito.
- Cabra y mono: excelente momento económico. Colocar luz y pirámides de color rojo (2) en el suroeste. Vestirse de color rojo y consumir alimentos de color rojo.
- Gallo: mes de romance, colocar agua en el oeste para promover este aspecto puede ser una fuente, un tazón con agua, cuarzos y una flor de loto flotante, o una pecera si eres soltera. Si eres casada coloca una planta natural para fortalecer el romance en tu relación. Vestir de colores oscuros y consumir alimentos de color oscuro y verde.

Las horas más favorables de este mes son:

5:00 am a 7:00 am.
7:00 am a 11:00 am.
1:00 pm a 5:00 pm.

La hora más favorable para el romance es:

Entre las 5:00 pm y las 7:00 pm.

Gallo (septiembre 2014)

Periodo de transición, momento de terminar proyectos e iniciar nuevos. No es un mes muy productivo en resultados. Es importante poner atención a la relación sentimental y analizar muy bien las propuestas de negocios, ya que puede haber problemas para concretarlos. Mes de movimiento asociado a la planeación y estructuración, así como cultural. Cuida tu pareja, te la pueden querer robar en ese mes. En lo económico se pueden presentar ingresos inesperados. Habrá situaciones drásticas respecto a la imagen y el reconocimiento.

Los amigos del gallo son la serpiente, el buey y el dragón. Sus enemigos son el conejo y el perro. Este trino se presenta afectado por críticas, chismes y malas jugadas durante el mes, por lo que su amuleto es un dragón. Para el conejo su amuleto es un buey y para el perro una serpiente.

El gran duque del mes se ubica en el oeste y los tres asesinos en el noreste, este y sureste. Coloca un *piyao* viendo hacia el oeste y tres tortugas dragón, una viendo al noreste, otra al este y otra al sureste.

Si eres gallo, utiliza un *piyao* como amuleto y si eres buey, conejo o dragón una tortuga dragón o un *chi lin*.

Durante éste mes rige las estrella uno al centro. Cuidado con inundaciones, fugas de agua y fenómenos naturales relacionados con agua. Se presentarán situaciones enfermizas y fuera de control con respecto a líderes de diferentes países, fuertes problemas y discusiones así como violencia y agresiones asociadas a creencias y religiones. Guerras, accidentes, violencia y agresión hacia el suroeste y oeste de las ciudades, países y continentes. Problemas asociados a economía y manejo de dinero entre los países del este y el oeste. Es mes favorable en cuestiones económicas, el amor se va a percibir detenido o lento, con etapas de aburrimiento. Cuidado con la salud de la persona mayor de casa, sobre todo el papá. Se pueden presentar discusiones con los hijos, y la hija menor se puede manifestar rebelde y desobediente.

Se recomienda colocar elemento metal al centro de las construcciones para fortalecer la salud, ya que hay tendencia a enfermedades relacionadas con las vías urinarias, la sangre, los riñones, los órganos sexuales.

Este mes es auspiciosos para las cuestiones laborales. Para favorecer el éxito en el trabajo se recomienda colocar siete esferas metálicas en el sector norte o dos campanas de viento de 6 tubos.

Para fortalecer las cuestiones de estudio se recomienda colocar una pirámide de color rojo o una lámpara en el noreste.

Para favorecer las cuestiones económicas se recomienda colocar una lámpara de poste alto, una pirámide roja o una vela en el sector este de las construcciones.

Para activar la energía de ingresos inesperados se sugiere colocar una planta natural en el sector sureste.

Cuidado con chismes y comentarios malintencionados, se pueden presentar cambios y situaciones inesperadas con respecto a la fama y la reputación por la presencia de la estrella 5. Colocar un *windchime,* o campana de viento de seis tubos, en el sur puede ser de gran ayuda.

Para fortalecer la energía del amor es importante colocar un tazón con agua quieta en el suroeste, puede de vidrio o cristal con cuarzos y tres velas flotantes.

En el oeste se recomienda colocar tres monedas chinas anudadas con hilo de color rojo y una lámpara, o luz ,para reducir los pleitos y discusiones con los hijos.

Mes difícil para los medios de comunicación.

Cuidado con situaciones enfermizas o problemas con clientes y amigos, se recomienda colocar un *windchime,* o campana de viento, de seis o doce tubos en el noroeste, esto también favorecerá la salud del hombre mayor de la casa.

Los signos zodiacales que deben de tener cuidado este mes son:

- Caballo: cuidado con las situaciones imprevistas y los cambios drásticos e inesperados. Cuidar la salud. Se recomienda vestir de blanco y consumir alimentos de color blanco. Colocar en el sur de las construcciones una campana de viento de seis tubos, una deidad de metal o seis esferas metálicas o de cuarzo.
- Gallo: mes de líos, discusiones y malentendidos. Vestirse de color rojo y consumir alimentos de ese color. Colocar velas, una lámpara o una pirámide de color rojo en el oeste para contrarrestar ese aspecto.
- Perro y cerdo: cuidado con enfermedades. Es recomendable vestir de blanco y consumir alimentos de color

blanco. Colocar una campana de viento de seis o doce tubos huecos en el noroeste.

- Mono y cabra: cuidado con asaltos y conflictos sobre todo en cuestiones laborales. Se pueden presentar situaciones violentas. Se recomienda vestir en colores oscuros y beber bastantes líquidos. Colocar elemento agua quieta en el suroeste de las construcciones.

Las horas desfavorables de este mes son:

- Entre las 11:00 am y la 1:00 pm, cuidado con situaciones inesperadas.
- Entre las 5:00 pm y las 7:00 pm, cuidado con pleitos y discusiones.
- Entre la 1:00 pm y las 5:00 pm, cuidado con asaltos y violencia.
- Entre las 7:00 pm y las 11:00 pm, cuidado con accidentes e indigestiones.

Los signos zodiacales más favorecidos este mes son:

- Rata: mes ideal para iniciar proyectos y poner en orden las finanzas y las ideas. Vestir de amarillo y consumir alimentos de color amarillo. Colocar una escultura de barro, porcelana o Talavera en el norte promoverá este aspecto. Se puede colocar una montaña de cuarzos, una drusa o una escultura metálica de una montaña promoverá éxito.
- Buey y tigre: mes de romance, colocar agua en el noreste promoverá este aspecto, puede ser una fuente, un tazón con agua, cuarzos y una flor de loto flotante, o una pecera si eres soltera. Si eres casada coloca una planta para fortalecer el romance en tu matrimonio. Vestir de colores oscuros y consumir alimentos de color oscuro y verde.
- Conejo: excelente momento económico. Colocar luz y pirámides de color rojo (2) en el este. Vestirse de color rojo y consumir alimentos de color rojo.
- Dragón y serpiente: bastante favorecido en cuestiones de ingresos inesperados, vestir de color verde, consumir

alimentos de color verde, practicar deporte y colocar una planta natural en el sureste para fortalecer este aspecto.

Las horas más favorables de este mes son:

- Entre las 11:00 pm y la 1:00 am.
- Entre las 5:00 am y las 7:00 am.
- Entre las 7:00 am y las 11:00 am.

La hora más favorable para el romance es:

- Entre la 1:00 am y las 5:00 am.

Perro (octubre 2014)

Lo más recomendable es que pospongas tomar decisiones importantes durante el mes. Evita reaccionar de manera impulsiva e instintiva. Aparecerá una oportunidad que has estado esperando. Fase poco productiva del año. Se percibirá escasez, pocas oportunidades. Mes para salir adelante a través del esfuerzo personal y la tenacidad. Adopta una actitud práctica durante este mes, evita las ideas, los proyectos y los pensamientos complejos. Los caprichos y los excesos durante este mes te pueden llevar a tener pérdidas económicas. No esperes grandes resultados ni grandes proyectos. Se le considera un mes de supervivencia. Pleitos en el amor.

En la salud, poner atención a la vejiga, los riñones, el corazón, la sangre, los órganos sexuales, el intestino grueso, el estómago, el bazo y el páncreas.

Los amigos del perro son el caballo, el tigre y el conejo. Sus enemigos son el dragón y el gallo. Este trino se presenta afectado en la seguridad, accidentes, asaltos y robos durante el mes por lo que su amuleto es un *ruyi* y un rinoceronte. Para el dragón su amuleto es un caballo y para el gallo un tigre.

El gran duque del mes se ubica en el noroeste y los tres asesinos en el noreste, norte y noroeste. Coloca un *piyao* viendo hacia el noroeste y tres tortugas dragón, una viendo al noreste, otra al norte y otra al noroeste.

Si eres perro, utiliza un *piyao* como amuleto y si eres buey, rata o cerdo una tortuga dragón o un *chi lin*.

Durante este mes la estrella regente central es la nueve. Esto genera que la energía predominante sea de ego y competencia. Situaciones y guerras enfermizas entre países de este y oeste. Accidentes, violencia y agresión en el este de las ciudades, países y continentes. Situaciones drásticas e inesperadas hacia el norte de las ciudades, países y continentes. Atentados y tristeza hacia el noreste y este. También se pueden presentar ingresos económicos inesperados. Cuidado con las situaciones drásticas y las presiones en el trabajo. Coloca una campana de viento de seis tubos huecos en el norte para reducir este aspecto conflictivo. Se pueden presentar conflictos, discusiones y pleitos en cuestiones de estudio. Se recomienda colocar elemento fuego en el noreste. Es importante evitar discusiones y pleitos familiares que pueden desatar violencia en este tiempo, también se pueden presentar a nivel empresas y sociedades. Es importante colocar un tazón de vidrio con agua quieta y una flor de loto flotante en el este de las construcciones. El aspecto económico está favorecido si actúas con inteligencia, se recomienda colocar una lámpara en el sureste para fortalecer esta energía de abundancia. Mes muy activo respecto a fama y reputación. Se pueden presentar chismes y comentarios, al igual que guerras de poder. Colocar una planta natural en el centro de la construcción y en el sur.

Buen momento para oportunidades sentimentales, puede dar inicio una relación sentimental si controlas tu temperamento, o habrá separaciones. Colocar un par de patos mandarines (en escultura) en el suroeste. Hay que cuidar los pulmones, vías respiratorias y la cabeza. También hay que cuidar la salud de la hija menor de casa, se recomienda colocar un *windchime,* o campana de viento de seis o doce tubos huecos, en el oeste de las construcciones para aminorar este efecto negativo.

Puede haber temblores y movimientos telúricos este mes.

Habrá clientes y proveedores favorables este tiempo, se puede reforzar este aspecto colocando una campana de doce tubos huecos en el noroeste.

En este mes se pueden presentar erupciones volcánicas.

Los signos zodiacales que deben de tener cuidado este mes son:

- Gallo: cuidado con enfermedades. Es recomendable vestir de blanco y consumir alimentos de color blanco. Colocar una campana de viento de seis o doce tubos huecos en el oeste.
- Rata: cuidado con las situaciones imprevistas y los cambios drásticos e inesperados. Cuidar la salud. Se recomienda vestir de blanco y consumir alimentos de color blanco. Colocar en el norte de las construcciones una campana de viento de seis tubos o una deidad de metal o seis esferas metálicas o de cuarzo.
- Buey y tigre: mes de líos, discusiones, malentendidos y pleitos. Vestirse de color rojo y consumir alimentos de ese color. Colocar velas, una lámpara o una pirámide de color rojo en el noreste para contrarrestar ese aspecto.
- Conejo: cuidado con asaltos y conflictos, sobre todo en cuestiones laborales. Se pueden presentar situaciones violentas. Se recomienda vestir en colores oscuros y beber bastantes líquidos. Colocar elemento agua quieta en el este de las construcciones.

Las horas desfavorables de este mes son:

- Entre las 11:00 pm y la 1:00 am, cuidado con situaciones inesperadas.
- Entre la 1:00 a.m. y las 5:00 am, cuidado con discusiones.
- Entre las 5:00 am las 7:00 am, cuidado con asaltos, accidentes y violencia.
- Entre las 5:00 pm y las 7:00 pm, cuidado con indigestiones.

Los signos zodiacales más favorecidos este mes son:

- Dragón y serpiente: excelente momento económico. Colocar luz y pirámides de color rojo (2) en el sureste. Vestirse de color rojo y consumir alimentos de color rojo.
- Caballo: mes de romance, colocar agua en el sur para promover este aspecto; puede ser una fuente, un tazón con agua, cuarzos y una flor de loto flotante, o una pecera si eres soltera. Si eres casada coloca una planta natural para fortalecer el romance en tu matrimonio. Vestir de colores oscuros y consumir alimentos de color oscuro y verde.
- Cabra y mono: mes ideal para iniciar proyectos y poner en orden las finanzas y las ideas. Vestir de amarillo y consumir alimentos de color amarillo. Colocar una escultura de barro, porcelana o Talavera en el suroeste para promover este aspecto. Se puede colocar una montaña de cuarzos, una drusa así o una escultura metálica de una montaña para promover el éxito.
- Perro y cerdo: bastante favorecidos en cuestiones de negocios. Vestir de blanco, emplear accesorios metálicos, consumir alimentos de color blanco y colocar un *windchime* de cuatro tubos en el noroeste para fortalecer este aspecto y promover el éxito.

Las horas más favorables de este mes son:

- Entre las 7:00 am y las 11:00 am.
- Entre la 1:00 pm las 5:00 pm.
- Entre las 7:00 pm y las 11:00 pm.

La hora más favorable para el romance es:

- Entre las 11:00 am y la 1:00 pm.

Cerdo (noviembre 2014)

Periodo en el que es posible lograr buenos avances si nos enfocamos en hacer bien nuestro trabajo y no dispersamos nuestra energía en superficialidades ni distracciones. Habrá grandes recompensas a lo realizado por tu propio esfuerzo. Mes de provecho económico, de buena suerte. Cuida tu dinero te lo pueden querer robar. En el amor pueden presentarse cambios drásticos e inesperados. Platica con tu pareja y pongan orden en sus sentimientos si no quieren llevarse sorpresas desagradables. Se pueden presentar relaciones extramaritales o romances en el trabajo. En la salud poner mucha atención al sistema digestivo.

Los amigos del cerdo son el tigre, el conejo y la cabra. Sus enemigos son el mono y la serpiente. Este trino se presenta afectado en las relaciones con clientes y apoyos, pero con buenas situaciones asociadas a lo económico, por lo que su amuleto es un cerdo. Para el mono su amuleto es una cabra y para la serpiente un conejo.

El gran duque del mes se ubica en el noroeste y los tres asesinos en el noroeste, oeste y suroeste. Coloca un *piyao* viendo hacia el noroeste y tres tortugas dragón, una viendo al noroeste, otra al oeste y otra al suroeste.

Si eres cerdo, utiliza un *piyao* como amuleto y si eres mono, gallo o perro una tortuga dragón o un *chi lin*.

Durante este mes la estrella regente al centro es la ocho. Esto le imprime características fuertes. Se pueden presentar erupciones volcánicas y temblores. En este periodo se pueden presentar agresiones y violencia así como accidentes respecto a líderes políticos, religiosos y personajes importantes, también hacia el hombre mayor de casa. Habrá explosiones e incendios hacia el noroeste de las ciudades, países y continentes. Cambios drásticos y fuertes en el suroeste de las ciudades, países y continentes asociados con mujeres mayores. Epidemias y enfermedades extrañas. Asaltos, robos, violencia y guerra hacia el sureste de las ciudades, países y continentes. Inundaciones fuertes y problemas asociados con agua.

Este mes favorece las cuestiones de viajes, crecimiento y desarrollo profesional. Se recomienda colocar madera como plantas o color verde en el norte para favorecer esa energía en nuestro entorno.

Situaciones inesperadas en el amor, cuidado, puede haber

separaciones y conflictos. Se recomienda colocar un par de patos mandarines de cuarzo en el suroeste y una campana de viento de seis tubos huecos.

En las cuestiones de estudio habrá situaciones enfermizas y estancadas, se pueden presentar incluso problemas en gobierno e instituciones. Colocar un *windchime* o campana de viento de ocho tubos huecos en el noreste será de gran ayuda.

Etapa de cuidado en cuestiones económicas, se presentarán fraudes, robos y pérdidas. Es importante colocar un tazón con agua quieta y tres velas flotantes en el sector sureste de las construcciones.

Para controlar las guerras de poder y los chismes se recomienda colocar una lámpara o pirámide de color rojo en el sur de las construcciones.

Para favorecer la energía de ingresos inesperados se recomienda colocar una planta natural en el noroeste.

Los signos zodiacales que deben de tener cuidado este mes son:

- Buey y tigre: cuidado con enfermedades. Es recomendable vestir de blanco y consumir alimentos de color blanco. Colocar una campana de viento de seis o doce tubos huecos en el noreste.
- Dragón y serpiente: cuidado con asaltos y conflictos sobre todo en cuestiones laborales. Se pueden presentar situaciones violentas. Se recomienda vestir en colores oscuros y beber bastantes líquidos. Colocar elemento agua quieta en el sureste de las construcciones.
- Caballo: mes de líos, discusiones, malentendidos y pleitos. Vestirse de color rojo y consumir alimentos de ese color. Colocar velas, una lámpara o una pirámide de color rojo en el sur para contrarrestar ese aspecto.

- Cabra y mono: cuidado con las situaciones imprevistas y los cambios drásticos e inesperados. Cuidar la salud. Se recomienda vestir de blanco y consumir alimentos de color blanco. Colocar en el suroeste de las construcciones una campana de viento de seis tubos, una deidad de metal o seis esferas metálicas o de cuarzo.

Las horas desfavorables de este mes son:

- Entre la 1:00 am y las 5:00 am, cuidado con indigestiones y resfriados.
- Entre 7:00 am a 11:00 am, cuidado con asaltos y situaciones violentas.
- Entre las 11:00 am y la 1:00 pm, cuidado con discusiones y pleitos.
- Entre la 1:00 pm y las 5:00 pm, cuidado con situaciones drásticas e inesperadas.

Los signos zodiacales más favorecidos este mes son:

- Rata: mes de romance, colocar agua en el norte promoverá este aspecto. Puede ser una fuente, un tazón con agua, cuarzos y una flor de loto flotante, o una pecera si eres soltera. Si eres casada coloca una planta natural para reforzar el romance con tu pareja. Vestir de colores oscuros y consumir alimentos de color oscuro.
- Conejo: mes ideal para iniciar proyectos y poner en orden las finanzas y las ideas. Vestir de amarillo y consumir alimentos de color amarillo. Colocar una escultura de barro, porcelana o Talavera en el este promoverá este aspecto. Se puede colocar una montaña de cuarzos, una drusa o una escultura metálica de una montaña para promover el éxito.
- Gallo: bastante positivo en cuestiones de negocios. Vestir de blanco, emplear accesorios metálicos, consumir alimentos de color blanco y colocar un *windchime* de cuatro tubos en el oeste para fortalecer este aspecto y promover el éxito.

- Perro y cerdo: bastante favorecido en cuestiones de ingresos inesperados, vestir de color verde, consumir alimentos de color verde, practicar deporte y colocar una planta natural en el noroeste fortalecerá este aspecto.

Las horas más favorables de este mes son:

- Entre las 11:00 pm y la 1:00 am, para cuestiones de estudio.
- Entre las 5:00 am y las 7:00 am, para poner orden.
- Entre las 5:00 pm y las 7:00 pm, para planear y estructurar a futuro.
- Entre las 7:00 pm y las 11:00 pm, para negociaciones que generen ingresos inesperados.

La hora más favorable para el romance es:

- Entre las 11:00 p.m. y la 1:00 a.m.

Rata (diciembre 2014)

En este mes todos los asuntos relacionados con el corazón son favorables. Buen momento para enamorarse, comprometerse, casarse o embarazarse. Etapa donde habrá inspiración creativa. Lo asociado con siembra es positivo. Mes de accidentes, robos, asaltos y pérdidas. Cuidado con guerras de poder en lo económico. Romance respecto a la relación de pareja y problemas legales, chismes y pleitos en el trabajo. Mes para tomarlo con calma y cuidarse. Energía filosa y agresiva. Cuidado con resfríos y malestares pulmonares, dolores de huesos y articulaciones, el corazón y el intestino.

Los amigos de la rata son el buey, el dragón y el mono. Sus enemigos son el caballo y la cabra. Este trino se presenta afectado por situaciones complejas en la relación sentimental, así como con compañeros y amigos, por lo que su amuleto es un dragón o un mono. Para el caballo el amuleto es un mono y para la cabra un dragón.

El gran duque del mes se ubica en el norte y los tres asesinos en el sureste, sur y suroeste. Coloca un *piyao* viendo hacia el norte y tres tortugas dragón, una viendo al sureste, otra al sur y otra al suroeste.

Si eres rata, utiliza un *piyao* como amuleto y si eres serpiente, caballo o cabra una tortuga dragón o un *chi lin*.

Durante este mes la estrella que rige al centro es la siete. Mes complejo y difícil, se va a caracterizar por situaciones violentas. Cuidado con cuchillos, y navajas, al cocinar para evitar accidentes. En este periodo se pueden presentar agresiones, violencia y accidentes como si fueran situaciones cotidianas. Habrá explosiones e incendios hacia el oeste de las ciudades, países y continentes. Cambios drásticos y fuertes en el este de las ciudades, países y continentes asociados con empresas e instituciones sólidas, epidemias y enfermedades extrañas hacia el sur. Asaltos, robos, violencia y guerra hacia el centro de las ciudades, países y continentes. Inundaciones fuertes y problemas asociados con agua.

Es tiempo de muchos conflictos, pleitos y malentendidos en el trabajo, colocar elemento fuego o un tazón con agua y tres velas flotantes ayudará a mejorar ese aspecto en el norte. Para fortalecer la cuestión de estudios colocar una campana de viento de ocho tubos huecos en el noreste. Cuidado con problemas familiares, se recomienda colocar una campana de viento de seis tubos en el este para fortalecer esa energía. Se recomienda colocar una fuente o agua en el sureste para fortalecer el orden y la disciplina en el aspecto económico. La salud se puede ver afectada este mes en lo que se refiere al corazón y el intestino. Colocar una campana de viento de siete tubos huecos en el sur.

Cuidado con engaños y traiciones en el amor, coloca velas y lámparas en pares en el suroeste para contrarrestar ese efecto. Si deseas favorecer ingresos económicos inesperados se recomienda colocar una planta natural en el oeste. Una lámpara en el noroeste fortalecerá la economía y promoverá energía de abundancia.

Mes donde se pueden presentar accidentes de coche, aviones, camiones y trenes.

Los signos zodiacales que deben de tener cuidado este mes son:

- Rata: mes de líos, discusiones y malentendidos. Vestirse de color rojo y consumir alimentos de ese color. Colocar velas, una lámpara o una pirámide de color rojo en el norte para contrarrestar ese aspecto.
- Conejo: cuidado con las situaciones imprevistas y los cambios drásticos e inesperados. Cuidar la salud. Se recomienda vestir de blanco y consumir alimentos de color blanco. Colocar en el este de las construcciones una campana de viento de seis tubos, una deidad de metal o seis esferas metálicas o de cuarzo.
- Caballo: cuidado con enfermedades. Es recomendable vestir de blanco y consumir alimentos de color blanco. Colocar una campana de viento de seis o doce tubos huecos en el sur.

Las horas desfavorables de este mes son:

- Entre las 11:00 pm y la 1:00 am, cuidado con pleitos y discusiones.
- Entre las 5:00 am y las 7:00 am, cuidado con situaciones drásticas e inesperadas.
- Entre las 11:00 am y la 1:00 pm, cuidado con indigestiones.

Los signos zodiacales más favorecidos este mes son:

- Buey y tigre: bastante favorecidos en cuestiones de negocios. Vestir de blanco, emplear accesorios metálicos, consumir alimentos de color blanco y colocar un *windchime* de cuatro tubos en el noreste para fortalecer este aspecto y promover el éxito.
- Dragón y serpiente: mes ideal para iniciar proyectos y poner en orden las finanzas y las ideas. Vestir de amarillo y consumir alimentos de color amarillo. Colocar una escultura de barro, porcelana o Talavera en el sureste

promoverá este aspecto. Se puede colocar una montaña de cuarzos, una drusa o una escultura metálica.

- Cabra y mono: mes de romance, colocar agua en el oeste promoverá este aspecto. Puede ser una fuente, un tazón con agua, cuarzos y una flor de loto flotante, o una pecera si eres soltera. Si eres casada coloca una planta natural para fortalecer el romance en tu matrimonio. Vestir de colores oscuros y consumir alimentos de color oscuro.
- Gallo: bastante favorecido en cuestiones de ingresos inesperados, vestir de color verde, consumir alimentos de color verde, practicar deporte y colocar una planta natural en el oeste fortalecerá este aspecto.
- Perro y cerdo: excelente momento económico. Colocar luz y pirámides de color rojo (2) en el noroeste. Vestirse de color rojo y consumir alimentos de color rojo.

Las horas más favorables de este mes son:

- Entre la 1:00 am y las 5:00 am, para planear y estructurar a futuro.
- Entre las 7:00 am y las 11:00 am, para poner orden.
- Entre la 1:00 pm y las 5:00 pm, para romance y cuestiones de estudio.
- Entre las 5:00 pm y las 7:00 pm, para negocios.
- Entre las 7:00 pm y las 11:00 pm, para negocios.

Buey (enero 2015)

Es un mes para no correr riesgos ni especular con dinero. No es momento para formar parte de eventos o presentaciones públicas, evita impartir conferencias. Puede haber logros positivos en el entorno si pones orden y disciplina en todo lo que realices. Sentirás fortalecida tu salud. Mes con buena energía de desarrollo, orden, disciplina. Situaciones enfermizas en lo laboral y cambios drásticos e inesperados en lo económico. Pleitos y discusiones en el amor. Cuida tus clientes y proveedores, te los pueden robar. Cuidado con problemas de deslealtad y traiciones de amigos y compañeros de trabajo. En la salud se presentarán pequeños malestares respiratorios, dolores de cuello y articulaciones.

Los amigos del buey son la rata, la serpiente y el gallo. Sus enemigos son el caballo y la cabra. Este trino se presenta bastante afectado en cuestión de salud, situaciones enfermizas, chismes y favorecido en las cuestiones económicas, por lo que su amuleto es una rata. Para el caballo el amuleto es un gallo y para la cabra una serpiente.

El gran duque del mes se ubica en el noreste y los tres asesinos en el sureste, este y noreste. Coloca un *piyao* viendo hacia el noreste y tres tortugas dragón, una viendo al sureste, otra al este y otra al noreste.

Durante este mes la estrella central que rige es la seis. Mes de energía rígida y disciplinada. Pueden presentarse guerras de poder entre los gobiernos y partidos políticos así como entre empresas fuertes. Habrá accidentes, violencia y guerras que afectan las estructuras y derriban, atentan o cambian a líderes políticos, religiosos, sindicales en el noroeste de las ciudades, países o continentes. Epidemias y enfermedades hacia el norte. Situaciones drásticas e inesperadas en lo que se refiere a crisis económicas en el suroeste de las ciudades, países o continentes. Chismes y agresiones verbales hacia mujeres importantes en el suroeste de las ciudades, países o continentes. Se pueden presentar temblores e inundaciones. Movimientos violentos en el centro de las ciudades, países o continentes. Momento de poner en orden la casa, la oficina y todos nuestros espacios. En este mes los problemas laborales continúan, es importante colocar elemento metal en el norte como un *windchime* de seis u ocho tubos huecos. En el noreste se recomienda colocar una planta natural para activar los ingresos inesperados. Otra planta natural se puede colocar en el este para fortalecer la unión familiar y el romance. No es tiempo para correr riesgos económicos, puede haber pérdidas, se recomienda colocar una campana de viento de seis tubos huecos en el sureste. En el sur colocar una planta natural y un tazón con agua o una fuente ayudará a reforzar la fama y el éxito. En lo que se refiere al amor, no es momento muy favorable, se presentan discusiones y pleitos, problemas y posibles divorcios. Se sugiere colocar una lámpara o algo rojo para reducir esta energía problemática en el suroeste. Para favorecer la llegada de dinero se sugiere colocar una lámpara o una pirámide roja en el oeste. Para evitar robos y asaltos, colocar un tazón con agua en el sector noroeste de las construcciones.

Los signos zodiacales que deben de tener cuidado este mes son:

- Rata: cuidado con enfermedades. Es recomendable vestir de blanco y consumir alimentos de color blanco. Colocar una campana de viento de seis o doce tubos huecos en el norte.
- Dragón y serpiente: cuidado con las situaciones imprevistas y los cambios drásticos e inesperados. Cuidar la salud. Se recomienda vestir de blanco y consumir alimentos de color blanco. Colocar en el sureste de las construcciones una campana de viento de seis tubos o una deidad de metal o seis esferas metálicas o de cuarzo.
- Cabra y mono: mes de líos, discusiones y malentendidos. Vestirse de color rojo y consumir alimentos de ese color. Colocar velas, una lámpara o una pirámide de color rojo en el suroeste para contrarrestar ese aspecto.
- Perro y cerdo: cuidado con asaltos y conflictos sobre todo en cuestiones laborales. Se pueden presentar situaciones violentas. Se recomienda vestir en colores oscuros y beber bastantes líquidos. Colocar elemento agua quieta en el noroeste de las construcciones.

Las horas desfavorables de este mes son:

- Entre las 11:00 pm y la 1:00 am, cuidado con intoxicaciones y la salud.
- Entre las 7:00 am y las 11:00 am, evita hacer negocios.
- Entre la 1:00 pm y las 5:00 pm, cuidado con discusiones y pleitos.
- Entre las 7:00 pm y las 11:00 pm, cuidado con asaltos y robos.

Los signos zodiacales más favorecidos este mes son:

- Buey y tigre: bastante favorecido en cuestiones de ingresos inesperados, vestir de color verde, consumir alimentos de color verde, practicar deporte y colocar una planta natural en el noreste fortalecerá este aspecto.
- Conejo: mes de romance, colocar agua en el norte promoverá este aspecto. Puede ser una fuente, un tazón con agua, cuarzos y una flor de loto flotante, o una pecera si eres soltera. Si eres casada coloca una planta natural para reforzar el romance en la relación. Vestir de colores oscuros y consumir alimentos de color oscuro.
- Caballo: bastante favorecido en cuestiones de negocios. Vestir de blanco, emplear accesorios metálicos, consumir alimentos de color blanco y colocar un *windchime* de cuatro tubos en el sur fortalecerá este aspecto y promoverá éxito.
- Gallo: excelente momento económico. Colocar luz y pirámides de color rojo (2) en el oeste. Vestirse de color rojo y consumir alimentos de color rojo.

Las horas más favorables de este mes son:

- Entre la 1:00 am y las 5:00 am, para ingresos inesperados.
- Entre las 5:00 am y las 7:00 am, para romance y estudio.
- Entre las 11:00 am y la 1:00 pm, para planear a futuro.
- Entre las 5:00 pm y las 7:00 pm, para negocios.

9. Almanaque Chino 2014
Año del Caballo de Madera Yang
(Jia Wu Nian)

El Almanaque Chino (Tong Shu o Tong Sheng) es un calendario, y libro de consulta astrológica básica, que se ha usado en China desde los tiempos del Emperador Yu de la Dinastía Xia (*circa* 2070 a de C.), tanto para el registro del paso del tiempo, como una valiosa guía para la "Selección de Día", ya que provee información acerca de lo que es propicio y lo que no es propicio hacer en una fecha determinada, especialmente si se trata de un evento significativo en la vida, como puede ser la selección de día para celebrar un matrimonio, realizar un viaje, una mudanza, la apertura de un negocio, la firma de un contrato e, inclusive, un funeral o una declaratoria de guerra, entre otros.

Desde los tiempos de la Dinastía Xia, los chinos registraban el paso del tiempo (año, mes, día y hora dual) en términos de pilares o Gan Zhi (binomios formados por la combinación de tallos celestiales y ramas terrestres), usando una combinación paralela de los ciclos lunares y solares, y la órbita del planeta Júpiter.

Los tallos celestiales (Tian Gan) no son otra cosa que los 5 elementos de la metafísica china expresados en polaridad yang (activa o principio masculino) y yin (pasiva o principio femenino), de forma tal que existen un total de 10 tallos celestiales.

En los tiempos del Emperador Amarillo (2698 - 2599 a de C.), los 10 tallos celestiales ya se usaban para el conteo de los días.

5 Elementos	Tallos Celestiales	Pinyin	#
Madera	Madera Yang	Jia	1
Madera	Madera Yin	Yi	2
Fuego	Fuego Yang	Bing	3
Fuego	Fuego Yin	Ding	4
Tierra	Tierra Yang	Wu	5
Tierra	Tierra Yin	Ji	6
Metal	Metal Yang	Geng	7
Metal	Metal Yin	Xin	8
Agua	Agua Yang	Ren	9
Agua	Agua Yin	Gui	10

Las ramas terrestres se representan con los 12 animales del zodiaco chino, y los antiguos astrónomos chinos usaban este sistema para el registro de los años, partiendo de la observación de la órbita del Planeta Júpiter alrededor del Sol (11.86 años > redondeándolo a 12 años), así como para el registro de los 12 meses y las 12 horas duales.

#	Zodiaco Chino	Pinyin	5 Elementos	Polo	Mes Gregoriano	Mes Chino	Hora Dual
1	Rata	Zi	Agua	Yang	Diciembre	11	11 pm – 1 am
2	Buey	Chou	Tierra	Yin	Enero	12	1 am – 3 am
3	Tigre	Yin	Madera	Yang	Febrero	1	3 am – 5 am
4	Conejo	Mao	Madera	Yin	Marzo	2	5 am – 7 am
5	Dragón	Chen	Tierra	Yang	Abril	3	7 am – 9 am
Ji	Serpiente	Si	Fuego	Yin	Mayo	4	9 am – 11 am
6	Caballo	Wu	Fuego	Yang	Junio	5	11 am – 1 pm
7	Cabra	Wei	Tierra	Yin	Julio	6	1 pm – 3 pm
9	Mono	Shen	Metal	Yang	Agosto	7	3 pm – 5 pm
10	Gallo	You	Metal	Yin	Septiembre	8	5 pm – 7 pm
11	Perro	Xu	Tierra	Yang	Octubre	9	7 pm – 9 pm
12	Cerdo	Hai	Agua	Yin	Noviembre	10	9 pm – 11 pm

El uso de los binomios o Gan Zhi entre tallos celestiales y ramas terrestres comenzó a usarse en tiempos de la Dinastía Shang (1600 a 1027 a de C.).

Existen un total de 60 binomios o pares entre tallos celestiales y ramas terrestres, y son mejor conocidos como los 60 Jia Zi. "Jia" por ser el primer tallo celestial y "Zi" por ser la primera rama terrestre.

De los 60 binomios, 30 son de polaridad yang y 30 son de polaridad yin, ya que los tallos celestiales de polaridad yang (5) forman pares solamente con las ramas terrestres de polaridad yang (6), e igualmente sucede en el caso entre tallos celestiales yin con ramas terrestres yin.

六十甲子 60 Jia Zi

#				#			
1	Jia Zi	Madera +	Rata	31	Jia Wu	Madera +	Caballo
2	Yi Chou	Madera -	Buey	32	Yi Wei	Madera -	Cabra
3	Bing Yin	Fuego +	Tigre	33	Bing Shen	Fuego +	Mono
4	Ding Mao	Fuego -	Conejo	34	Ding You	Fuego -	Gallo
5	Wu Chen	Tierra +	Dragón	35	Wu Xu	Tierra +	Perro
6	Ji Si	Tierra -	Serpiente	36	Ji Hai	Tierra -	Cerdo
7	Geng Wu	Metal +	Caballo	37	Geng Zi	Metal +	Rata
8	Xin Wei	Metal -	Cabra	38	Xin Chou	Metal -	Buey
9	Ren Shen	Agua +	Mono	39	Ren Yin	Agua +	Tigre
10	Gui You	Agua -	Gallo	40	Gul Mao	Agua -	Conejo
11	Jia Xu	Madera +	Perro	41	Jia Chen	Madera +	Dragón
12	Yi Hai	Madera -	Cerdo	42	Yi Si	Madera -	Serpiente
13	Bing Zi	Fuego +	Rata	43	Bing Wu	Fuego +	Caballo
14	Ding Chou	Fuego -	Buey	44	Ding Wei	Fuego -	Cabra
15	Wu Yin	Tierra +	Tigre	45	Wu Shen	Tierra +	Mono
16	Ji Mao	Tierra -	Conejo	46	Ji You	Tierra -	Gallo
17	Geng Chen	Metal +	Dragón	47	Geng Xu	Metal +	Perro
18	Xin Si	Metal -	Serpiente	48	Xin Hai	Metal -	Cerdo
19	Ren Wu	Agua +	Caballo	49	Ren Zi	Agua +	Rata
20	Gui Wei	Agua -	Cabra	50	Gui Chou	Agua -	Buey
21	Jia Shen	Madera +	Mono	51	Jia Yin	Madera +	Tigre
22	Yi You	Madera -	Gallo	52	Yi Mao	Madera -	Conejo
23	Bing Xu	Fuego +	Perro	53	Bing Chen	Fuego +	Dragón
24	Ding Hai	Fuego -	Cerdo	54	Ding Si	Fuego -	Serpiente
25	Wu Zi	Tierra +	Rata	55	Wu Wu	Tierra +	Caballo
26	Ji Chou	Tierra -	Buey	56	Ji Wei	Tierra -	Cabra
27	Geng Yin	Metal +	Tigre	57	Geng Shen	Metal +	Mono
28	Xin Mao	Metal -	Conejo	58	Xin You	Metal -	Gallo
29	Ren Chen	Agua +	Dragón	59	Ren Xu	Agua +	Perro
30	Gui Si	Agua -	Serpiente	60	Gui Hai	Agua -	Cerdo

$+ = $ **yang** $\qquad - = $ **yin**

El calendario agrícola y los 24 jie qi

Los 24 términos solares o Jie Qi (Chie Chi) marcan puntos específicos, a cada 15°, por los que el Sol transita en su aparente ruta en el firmamento (ruta eclíptica), respecto de la Tierra.

De acuerdo al calendario agrícola, el año comienza cuando el Sol se encuentra a 315° en la ruta eclíptica, suceso que acontece (con variación de horas) el 4 de febrero de cada año.

Este momento es conocido como el día de Li Chun o llegada de la primavera, de tal forma que este día marca, tanto el inicio de un nuevo año solar, como el inicio del primer mes en el calendario solar chino (mes del Tigre).

Los 24 Jie Qi se dividen en 12 Jie (Chie) y 12 Qi (Chi). Los Jie o términos solares seccionales son los puntos que marcan la transición de un mes solar a otro (cada 30°), mientras que los 12 Qi o términos solares principales marcan el punto medio del mes.

Para efectos de feng shui y astrología Ba Zi (4 pilares), los Jie (términos solares seccionales) marcan transiciones.

En el caso del feng shui, cada Jie marca la transición de un mes a otro y, por tanto, la transición de vigencia entre una estrella voladora mensual y otra.

En el caso de la astrología china, cada Jie marca la transición entre el dominio mensual de una rama terrestre a otra.

4E	Mes	24 Jie Qi			Día Aprox.
Primavera	Febrero Tigre	TSS-1	Li Chun	Comienzo Primavera	4,5
		TSP-1	Yu Shui	Lluvia Constante	18,19
	Marzo Conejo	TSS-2	Ying Zhi	Despertar Insectos	5,6
		TSP-2	Chun Fen	Equinoccio Primavera	20,21
	Abril Dragón	TSS-3	Qing Ming	Día Brillante	4,5
		TSP-3	Gu Yu	Lluvia de Granos	20,21
Verano	Mayo Serpiente	TSS-4	Li Xia	Comienzo Verano	5,6
		TSP-4	Xiao Man	Cosecha Menor	21, 22
	Junio Caballo	TSS-5	Man Zhong	Siembra Semillas	5, 6
		TSP-5	Xia Zhi	Solsticio Verano	21, 22
	Julio Cabra	TSS-6	Xiao Shu	Calor Menor	7, 8
		TSP-6	Da Shu	Calor Mayor	22, 23
Otoño	Agosto Mono	TSS-7	Li Qiu	Comienzo Otoño	7, 8
		TSP-7	Chu Shu	Fin del Calor	23, 24
	Septiembre Gallo	TSS-8	Bai Lu	Rocío Blanco	7, 8
		TSP-8	Qiu Fen	Equinoccio de Otoño	23, 24
	Octubre Perro	TSS-9	Han Lu	Rocío Frío	8, 9
		TSP-9	Shuang Jiang	Heladas	23, 24
Invierno	Noviembre Cerdo	TSS-10	Li Dong	Comienzo Invierno	7, 8
		TSP-10	Xiao Xue	Nevada Menor	22, 23
	Diciembre Rata	TSS-11	Da Xue	Nevada Mayor	7, 8
		TSP-11	Dong Zhi	Solsticio de Invierno	21, 22
	Enero Buey	TSS-12	Xiao Han	Frío Meno	5, 6
		TSP-12	Da Han	Frío Mayor	20, 21

Uso del almanaque chino

Columna 1: Días del mes de acuerdo con el calendario grego-riano occidental.

Columna 2: Mes y día de acuerdo al calendario lunar chino.

Por ejemplo, el día miércoles 1 de enero del 2014 (c. gregoriano) es equivalente al día 1 del 12o (duodécimo) mes lunar chino y así continua la secuencia hasta que se produce el cambio del mes lunar, marcado con una línea horizontal (jueves 30 de enero), misma que marca el corte entre una secuencia mensual y otra.

El año nuevo lunar, que es el día en el que en China se celebra el Inicio de la Primavera, acontecerá el 31 de enero del 2014 (resaltado con una franja de color gris en la tabla del almanaque de enero 2014).

Las siguientes cinco columnas (columnas 3 al 7) corresponden a los tránsitos de las 9 estrellas voladoras, mismas que se rigen de acuerdo al calendario solar chino.

Columna 3: Estrella voladora anual (estrella vigente durante el tránsito del año solar chino).

A partir del 1º de enero del 2014 y hasta el 3 de febrero del 2014, la estrella regente anual es la estrella 5 amarilla y es por ello que en ésta columna aparece el número 5, repetidamente, entre las fechas antes mencionadas.

El año solar chino del caballo (2014) comienza, como cada año, el día 4 de febrero (resaltado con una franja de color negro en la tabla del almanaque de febrero 2014), marcado por el termino solar seccional tss-1 y que corresponde al día de Li Chun o principio de la primavera (de los 24 términos solares o 24 Jie Qi), que es cuando el Sol se encuentra a 315° de longitud.

Este día marca el inicio del año solar chino y, por tanto, la entrada en vigencia de una nueva estrella (de las 9 estrellas voladoras), que en este caso es la estrella 4 verde.

Columna 4: estrella voladora mensual.

Esta columna indica cuál es la estrella regente por espacio de un mes solar determinado, de tal forma que cada vez que el sol se mueve 30° de longitud inicia un nuevo mes solar, y por lo tanto, la entrada en vigencia de una nueva estrella voladora mensual.

Columna 5: Estrella voladora diaria.

Esta columna indica el tránsito diario de las 9 estrellas voladoras, mismas que siguen un patrón yang, o secuencia progresiva ascendente entre el solsticio de invierno (Dong Zhi) y el solsticio de verano (Xia Zhi).

A partir del solsticio de invierno, las horas de luz solar comienzan a incrementar día con día hasta que se llega al solsticio de verano (día más largo o día con mayor cantidad de luz solar en términos de horas).

A partir del solsticio de verano y hasta el solsticio de invierno, la cantidad de luz solar (en términos de horas) comienza a disminuir y esto se refleja en que a partir del solsticio de verano (y hasta el solsticio de invierno), las estrellas voladoras siguen una secuencia yin o regresiva. Es decir, las estrellas voladoras se mueven en sentido descendente o de un número mayor a un número menor.

Columnas 6 y 7: Ubicación diaria de las estrellas 8 y 5.

De entre las 9 estrellas voladoras, dos de ellas se distinguen actualmente por su energía o Qi particular.

Actualmente, la estrella 8 blanca es la más próspera, mientras que la estrella 5 amarilla es la que actualmente posee el Qi más negativo.

Por lo anterior, éstas dos columnas indican la posición (sector) diaria de estas dos estrellas.

Las columnas de las 9 estrellas voladoras se pueden usar en conjunto con los 9 cuadrados (Lo Shu) que se encuentran en la parte superior de cada una de las 12 tablas mensuales.

Las estrellas (números) que aparecen listadas en cualquiera de las tres primeras columnas son las que se encuentran al centro de cada cuadrado o Lo Shu, de tal forma que si en alguna de las tres columnas aparece listado el numero 6, por ejemplo, ello indica que se debe uno referir al cuadrado en el cual el número 6 (estrella 6 blanca) aparece al centro del mismo (resaltado en color negro), lo que indica la posición o sector en el que se encuentran las demás estrellas voladoras.

Siguiendo el ejemplo anterior, si en la columna de la estrella voladora mensual aparece listado el número 6 (estrella 6 blanca) y al referirse al cuadrado con el número 6 al centro (resaltado en color negro) se puede ver que, la posición de la estrella 5 (mensual) se ubica en el sureste, mientras que la estrella 8 (mensual) se ubica en el oeste.

La metodología es idéntica en los demás casos, sólo teniendo en mente que en cada uno de los nueve casos, varía la estrella regente (la que ocupa el palacio central).

Columna 8: Pilar del mes

Estas columnas corresponden a los pilares o binomios formados por tallos celestiales y ramas terrestres. la columna 8a indica cual es el tallo celestial (tc) vigente y la columna 8b indica cual es la rama terrestre (rt) vigente para un determinado mes solar.

Columna 9: Pilar del día

Las columnas 9a y 9b son similares a las dos anteriores solo que en este caso, indican el tránsito diario de un determinado pilar o binomio.

Columna 10: Los 12 Establecimientos o Jian Chu

La columna 10 indica el tránsito diario de los 12 establecimientos, que se refiere a la relación existente entre la rama terrestre del mes y la rama terrestre del día.

Por ejemplo, el establecimiento 1 (Jian) ocurre cuando la rama terrestre del día es igual a la rama terrestre del mes y en ese mismo sentido, el establecimiento 7 (Po) ocurre cuando la rama terrestre del día choca contra la rama terrestre del mes.

Columna 11: Sui Po diario o choque diario

Esta columna indica cual es la rama terrestre que se encuentra en choque o confrontación con la rama terrestre regente del día (en la columna 9B).

Columna 12: San Sha, Aka "3 Asesinos" diarios

En base a la rama terrestre regente del día (en la columna 9b) se determina la posición diaria de "san sha" o las 3 direcciones negativas o 3 asesinos para un día determinado.

Columna 13: Tránsito diario de las 28 mansiones o constelaciones lunares para selección de fechas auspiciosas o Ze Ri.

Es el sistema de astrología y pronóstico más antiguo de China. En tiempos antiguos, los chinos podían orientarse en la noche tan solo con observar la posición de ciertas estrellas y constelaciones e identificaron 28 estrellas y/o constelaciones principales, agrupadas en 4 grupos de 7 constelaciones y/ mansiones lunares cada uno.

Cada grupo de constelaciones y/o mansiones lunares se asocia con una de las 4 direcciones cardinales.

De acuerdo a sus observaciones, los antiguos astrónomos chinos nombraron a cada una de las 28 constelaciones de acuerdo a la forma que parecía tener y en forma similar, cada grupo de 7 constelaciones parecía tener la forma de un animal mitológico y de ahí que se les conoce como:

- Las 7 constelaciones del Este con forma de dragón y de brillo verde (dragón verde – Este)
- Las 7 constelaciones del Norte con forma de tortuga y de brillo opaco (tortuga negra – Norte)
- Las 7 constelaciones del Oeste con forma de tigre y de brillo blanco (tigre blanco – Oeste)
- Las 7 constelaciones del Sur con forma de fénix y de brillo rojizo (fénix bermellón – Sur)

Asignaron una constelación, en forma fija, a cada uno de los días de la semana y un determinado pronóstico para saber que actividades son propicias o negativas en base a la mansión lunar del día en cuestión, como se detalla más adelante.

Columna 14: Para uso exclusivo de Qi Men Dun Jia (QMDJ)
Esta columna muestra el patrón "yang Ju" o "Yin Ju" para un día determinado y debe usarse en conjunto con las 1080 Tablas de QMDJ.

Columna 15: Horas más auspiciosas del día en base al criterio del método GGZ de selección de fechas auspiciosas o Ze Ri.

Columna 16: 24 términos solares o Jie Qi y fases lunares.

La columna 16 indica los tránsitos mensuales de los 24 términos solares (2 términos solares por cada mes solar), así mismo indican la progresión de las fases lunares.

Los 12 establecimientos o 12 Jian Chu

En la astrología china existen varios métodos de selección de día para determinar lo auspicioso o negativo de un día, en particular, y para una determinada actividad o propósito. De entre los distintos métodos, existen los 12 establecimientos que, básicamente, se refieren a las relaciones que se entablan entre la rama terrestre gobernante del mes, con la rama terrestre gobernante de un día.

Se conocen bajo el término de 12 establecimientos, ya que en cada mes, el día de establecimiento (1), es el día en que la rama terrestre del mes y la rama terrestre del día son iguales; ejemplo: mes del caballo/día del caballo. A partir del día de establecimiento (1) empiezan a correr los 11 establecimientos restantes y se reinicia un nuevo ciclo, hasta que cambia el mes y comienza un ciclo diferente de los 12 establecimientos, dependiendo de cual sea la rama terrestre regente de un determinado mes.

Al ser este un sistema en el cual se involucran las relaciones entre ramas terrestres, también se utiliza como guía personal, así que cuando la rama terrestre del día es igual a la rama del mes y/o a la rama terrestre del pilar del año (año de nacimiento), se considera como un día muy propicio. En cambio cuando la rama del mes está en choque con la rama del día (día de choque #7) o con la rama del año de nacimiento, se considera como un día potencialmente negativo.

En las tablas del almanaque chino se presentan listados los 12 establecimientos (columna 12) por su número de secuencia, comenzando con el número 1, que corresponde al día de establecimiento. En la siguiente tabla se presentan las actividades adecuadas o a evitar, según el establecimiento del día en cuestión.

12 Jian Chu	Propicio	Evitar
1 Establecimiento Jian	Viajes, cobrar dinero, matrimonio o pedir la mano de la novia, buscar un ascenso en el trabajo y/o tomar posesión de un nuevo puesto en el trabajo, buscar un embarazo	Remover la tierra, día negativo para realizar una sepultura
2 Eliminación Chu	Viajes, matrimonio o pedir la mano de la novia, visitar al médico o curarse de enfermedades, ofrecer un sacrificio o manda, buscar un embarazo	Buscar un ascenso en el trabajo y/o tomar posesión de un nuevo puesto en el trabajo, abrir o iniciar un negocio o comercio, mudarse
3 Satisfacer Man	Rezar y pedir por buena fortuna, abrir o iniciar la construcción de una alberca o receptáculo de agua (cisterna), abrir o iniciar un negocio o comercio, depositar dinero o valores en el banco, buscar un embarazo, firmar contratos	Buscar un ascenso en el trabajo y/o tomar posesión de un nuevo puesto en el trabajo, visitar al doctor o curarse de enfermedades
4 Paz Ping	Rezar y pedir por buena fortuna, viajes, cobrar dinero, matrimonio o pedir la mano de la novia, arreglar la cama (cambio de posición/cambio de blancos)	Visitar al doctor o curarse de enfermedades, abrir o iniciar un negocio o comercio, buscar un embarazo
5 Determinación Ding	Arreglar la cama (cambio de posición/cambio de blancos), ofrecer un sacrificio o manda, buscar un embarazo	Día no propicio para actividades comunes
6 Poder Zhi	Rezar y pedir por buena fortuna, ofrecer un sacrificio o manda, buscar un embarazo, firma de contratos	Viajes, mudarse
7 Choque Po	Visitar al doctor o curarse de enfermedades	Día en el que la Rama Terrestre del Día está en choque con la Rama del Mes por lo que no es propicio para actividades comunes
8 Peligro Wei	Arreglar la cama (cambio de posición/cambio de blancos)	Construcción, mudarse
9 Completar Cheng	Rezar y pedir por buena fortuna, buscar un ascenso en el trabajo y/o tomar posesión de un nuevo puesto en el trabajo, abrir o iniciar un negocio o comercio, matrimonio o pedir la mano de la novia, visitar al médico o curarse de enfermedades, buscar un embarazo, firmar contratos, mudarse	Demandas legales
10 Cosecha Shou	Abrir o iniciar un negocio o comercio, cobrar dinero, matrimonio o pedir la mano de la novia, buscar un embarazo, firmar contratos, hacer tratos de negocios	Construcción
11 Abrir Kai	Cobrar dinero, arreglar la cama (cambio de posición/cambio de blancos), ofrecer un sacrificio o manda, buscar un embarazo	Día negativo para realizar una sepultura
12 Cerrar Bi	Día propicio para realizar una sepultura	Buscar un ascenso en el trabajo y/o tomar posesión de un nuevo puesto en el trabajo, visitar al médico o curarse de enfermedades

Las 28 mansiones lunares

Gpo	28 Constelaciones				Actividades
7 Constelaciones del Este – Dragón Verde – Primavera	1	Cuerno	角	☺	Matrimonio, viajar, comprar ropa, excavar, colocar puerta, elaborar prendas, mudarse, migrar
				☠	Asistir a funerales
	2	Cuello	亢	☺	Matrimonio, plantar, negociaciones de compra venta
				☠	Entierro, construir una casa
	3	Base	氐	☺	Plantar, dedicarse al jardín, compra de plantas
				☠	Asistir a funerales, matrimonio, construcción
	4	Cuarto	房	☺	Visitar un templo (rezar), matrimonio, mudarse, migrar, colocar vigas
				☠	Compra de plantas, acudir al sastre, comprar ropa
	5	Corazón	心	☺	Sacrificios Rituales (hacer una manda), viajar, migrar
				☠	Iniciar litigio, excavar tierra, entierro, día negativo para actividades comunes
	6	Cola	尾	☺	Matrimonio, construcción, remodelación, entierro, colocar puerta
				☠	Comprar ropa, acudir al sastre
	7	Cesta	箕	☺	Construcción, excavar para hacer una alberca o estanque, colocar puerta, cobrar dinero, cobrar deudas
				☠	Matrimonio, acudir al sastre, firmar contratos
7 Constelaciones del Norte – Tortuga Negra – Invierno	8	Escalera	斗	☺	Acudir al sastre, construcción, colocar puerta, colocar fuente, comercio
				☠	Proyectos personales,
	9	Búfalo	牛	💣※	Día negativo
				☠	Matrimonio, construcción, contratos
	10	Mujer	女	☺	Artes, estudios, actividades académicas, actividades personales
				☠	Asistir a funerales, litigio, acudir al sastre, comprar ropa
	11	Prohibido	虛	💣※	Día negativo
				☠	Excavar, construir
	12	Techo	危	☺	Viajar, cobrar deudas, actuar con cautela
				☠	Excavar, entierro, colocar puerta
	13	Casa	室	☺	Matrimonio, construcción, remodelación, mudarse, migrar, sacrificios rituales (hacer una manda), apertura, contrato
				☠	Asistir a funerales
	14	Pared	壁	☺	Matrimonio, construcción, remodelación, entierro, apertura, contrato
				☠	Evitar viajar o dirigirse hacia el Sur

Las 28 mansiones lunares

Gpo	28 Constelaciones				Actividades
7 Constelaciones del Oeste – Tigre Blanco - Otoño	15	Piernas	奎	☺	Viajar, elaborar prendas, acudir al sastre, comprar ropa, construir, Remodelar
				☠	Apertura
	16	Montículo	婁	☺	Matrimonio, construcción, remodelación, contrato
				☼	No existe nada negativo relacionado con esta estrella
	17	Estómago	胃	☺	Matrimonio, entierro, trámites burocráticos
				☠	Asuntos privados o familiares
	18	Lágrimas	昴	💣	Día negativo
				☠	Matrimonio, cobrar deudas, litigio
	19	Red	畢	☺	Construcción, compra de bienes raíces, matrimonio, cavar un pozo
				☼	No existe nada negativo relacionado con esta estrella
	20	Tortuga	觜	💣	Día negativo
				☠	Construcción, entierro, comercio, actividades personales
	21	3 Socios	參	☺	Viajar, colocar puerta, construcción, renovación, excavación
				☠	Entierro, contrato, matrimonio
7 Constelaciones del Sur – Fénix Bermellón - Verano	22	Pozo	井	☺	Sacrificios rituales (manda), visitar un templo (rezar), plantar
				☠	Acudir al sastre, comprar ropa, entierro, contratos, matrimonio
	23	Fantasma	鬼	☺	Entierro
				☠	Construcción, matrimonio, viajar al Oeste
	24	Sauce	柳	💣	Día negativo
				☠	Apertura, contratos, colocar puerta
	25	Estrella	星	☺	Matrimonio, contratos, apertura, nuevos proyectos
				☠	Entierro, asistir a un funeral
	26	Red	張	☺	Matrimonio, apertura, entierro, sacrificios rituales (manda), visitar un templo (rezar)
				☼	No existe nada negativo relacionado con esta estrella
	27	Alas	翼	💣	Día negativo
				☠	Entierro, matrimonio, construcción, apertura, nuevo trabajo o puesto
	28	Carruaje	軫	☺	Matrimonio, construcción, plantar, comprar plantas, comenzar actividades académicas
				☠	Viajar hacia el Norte

Simbología: (☺) **Muy Positivo**   (☼) **Positivo**   (☠) **Negativo**

(💣) **Muy Negativo**

2014 Enero

Inicio del Mes Chino:
- Lunar: Enero 1
- Solar: Enero 5
- Rama Terrestre del Mes: **Buey**

Pilar Anual (Calendario Solar Chino): Agua Yin / Serpiente (Gui Si), desde 4/Febrero/2013 - 3/Febrero/2014

Paneles

	Anual	Mensual
Tai Sui (Gran Duque)	Serpiente SE3	
Ramas en Choque	Cerdo	Cabra
San Sha (3A) — Grupo Choque: Este		Tigre · Conejo · Dragón

9 Estrellas (cuadros superiores — mejor lectura)

```
9 SE | 5 S  | 7 SO        6 SO | 2 O | 1 NO
8 E  | 1 C  | 3 O
4 NE | 6 N  | 2 NO
```

Calendario de Enero 2014

Día	Semana (Occidental)	Lunar Mes	Lunar Día	Pilar Mes TC	Pilar Mes RT	Pilar Día TC	Pilar Día RT	Jian Chu	28 Mans.	RT en Choque (Sui Po)	Dir. San Sha	QMDJ	24 Términos / Fases	Hora 1	Hora 2	Hora 3
1	Miércoles	12	1	Madera (+)	Rata	Agua (+)	Mono	9	7	Tigre	Sur	(+) 7	Nueva	5am-7am	7am-9am	9am-11am
2	Jueves	12	2	Madera (+)	Rata	Agua (-)	Gallo	10	8	Conejo	Este	Cont.		7am-9am	9am-11am	11pm-1am
3	Viernes	12	3	Madera (+)	Rata	Madera (+)	Perro	11	9	Dragón	Norte	(+) 4		9am-11am	11am-1pm	1pm-3pm
4	Sábado	12	4	Madera (+)	Rata	Madera (-)	Cerdo	12	10	Serpiente	Oeste			5am-7am	9am-11am	7pm-9pm
5	Domingo	12	5	Madera (-)	Buey	Fuego (+)	Rata	12	11	Caballo	Sur		TSS-12	7am-9am	1pm-3pm	11pm-1am
6	Lunes	12	6	Madera (-)	Buey	Fuego (-)	Buey	1	12	Cabra	Este	(+) 2		3am-5am	5am-7am	11am-1pm
7	Martes	12	7	Madera (-)	Buey	Tierra (+)	Tigre	2	13	Mono	Norte			5am-7am	9am-11am	11am-1pm
8	Miércoles	12	8	Madera (-)	Buey	Tierra (-)	Conejo	3	14	Gallo	Oeste			7am-9am	9am-11am	1pm-3pm
9	Jueves	12	9	Madera (-)	Buey	Metal (+)	Dragón	4	15	Perro	Sur			5am-7am	11am-1pm	3pm-5pm
10	Viernes	12	10	Madera (-)	Buey	Metal (-)	Serpiente	5	16	Cerdo	Este			3am-5am	7am-9am	11pm-1am
11	Sábado	12	11	Madera (-)	Buey	Agua (+)	Caballo	6	17	Rata	Norte	(+) 8		7am-9am	11am-1pm	11pm-1am
12	Domingo	12	12	Madera (-)	Buey	Agua (-)	Cabra	7	18	Buey	Oeste			5am-7am	11am-1pm	1pm-3pm
13	Lunes	12	13	Madera (-)	Buey	Madera (+)	Mono	8	19	Tigre	Sur			5am-7am	9am-11am	11pm-1am
14	Martes	12	14	Madera (-)	Buey	Madera (-)	Gallo	9	20	Conejo	Este			7am-9am	11am-1pm	11pm-1am
15	Miércoles	12	15	Madera (-)	Buey	Fuego (+)	Perro	10	21	Dragón	Norte			3am-5am	5pm-7pm	9am-11am
16	Jueves	12	16	Madera (-)	Buey	Fuego (-)	Cerdo	11	22	Serpiente	Oeste	(+) 5	Llena	7am-9am	9am-11am	7pm-9pm
17	Viernes	12	17	Madera (-)	Buey	Tierra (+)	Rata	12	23	Caballo	Sur			5am-7am	5pm-7pm	3pm-5pm
18	Sábado	12	18	Madera (-)	Buey	Tierra (-)	Buey	1	24	Cabra	Este			5am-7am	9am-11am	11pm-1am
19	Domingo	12	19	Madera (-)	Buey	Metal (+)	Tigre	2	25	Mono	Norte			7am-9am	9am-11am	11pm-1am
20	Lunes	12	20	Madera (-)	Buey	Metal (-)	Conejo	3	26	Gallo	Oeste		TSP-12	7am-9am	11am-1pm	11pm-1am
21	Martes	12	21	Madera (-)	Buey	Agua (+)	Dragón	4	27	Perro	Sur	(+) 3		7am-9am	11am-1pm	11pm-1am
22	Miércoles	12	22	Madera (-)	Buey	Agua (-)	Serpiente	5	28	Cerdo	Este			3am-5am	7am-9am	9am-11am
23	Jueves	12	23	Madera (-)	Buey	Madera (+)	Caballo	6	1	Rata	Norte			3am-5am	11am-1pm	1pm-3pm
24	Viernes	12	24	Madera (-)	Buey	Madera (-)	Cabra	7	2	Buey	Oeste			5am-7am	11am-1pm	3pm-5pm
25	Sábado	12	25	Madera (-)	Buey	Fuego (+)	Mono	8	3	Tigre	Sur			5am-7am	1pm-3pm	11pm-1am
26	Domingo	12	26	Madera (-)	Buey	Fuego (-)	Gallo	9	4	Conejo	Este	(+) 9		1pm-3pm	7pm-9pm	11pm-1am
27	Lunes	12	27	Madera (-)	Buey	Tierra (+)	Perro	10	5	Dragón	Norte			3am-5am	11am-1pm	11pm-1am
28	Martes	12	28	Madera (-)	Buey	Tierra (-)	Cerdo	11	6	Serpiente	Oeste			3am-5am	1pm-3pm	3pm-5pm
29	Miércoles	12	29	Madera (-)	Buey	Metal (+)	Rata	12	7	Caballo	Sur			5am-7am	11am-1pm	11pm-1am
30	Jueves	12	30	Madera (-)	Buey	Metal (-)	Buey	1	8	Cabra	Este			5am-7am	3am-5am	3pm-5pm
31	Viernes	1	1	Madera (-)	Buey	Agua (+)	Tigre	2	9	Mono	Norte		Nueva	5am-7am	5am-7am	9pm-11pm

---

Viernes 31 de Enero - Inicio del Año Lunar del Caballo de Madera Yang (Jia Wu Nian) - "Gong Xi Fa Cai"

Abreviaturas: (+) = Yang (-) = Yin TC = Tallo Celestial RT = Rama Terrestre Tai Sui = Gran Duque San Sha = 3 Asesinos SE3 = Sureste 3 (142.5 al 157.5 Grados)

Estaciones del Año: TSS = Término Solar Seccional TSP = Término Solar Principal

24 Jie Qi (Términos Solares) TSS-12 = Frío Menor (Xiao Han) TSP-12 = Frío Mayor (Da Han)

QMDJ = (+) 7 Secuencia de 5 días desde el 29 de Diciembre del 2013

2014 Febrero

Inicio del Mes Chino: Lunar: Enero 31   Solar: Febrero 4

Pilar Anual (Calendario Solar Chino): Madera Yang / Caballo (Jia Wu), desde 4/Febrero/2014 - 3/Febrero/2015

Rama Terrestre del Mes : **Tigre**

Tai Sui Anual	Caballo S2
Ramas en Choque — Anual	Rata
Ramas en Choque — Mensual	Mono
San Sha (3A) Anual	Rata / Buey / Cerdo
Grupo Choque	Norte

Calendario Solar Chino

Gregoriano (Occidental)		Lunar Chino		Mes (TC)	Mes (RT)	Día (TC)	Día (RT)	Jian Chu (Día)	RT en Choque Sui Po (Día)	Dir. San Sha (Día)	24 Términos Solares y Fases Lunares
1	Sábado	1	2	Madera (-)	Buey	Agua (-)	Conejo	3	Gallo	Oeste	
2	Domingo	1	3	Madera (-)	Buey	Madera (+)	Dragón	4	Perro	Sur	
3	Lunes	1	4	Madera (-)	Buey	Madera (-)	Serpiente	5	Cerdo	Este	
4	**Martes**	**1**	**5**	**Fuego (+)**	**Tigre**	**Fuego (+)**	**Caballo**	**6**	**Rata**	**Norte**	**TSS-1**
5	Miércoles	1	6	Fuego (+)	Tigre	Fuego (+)	Cabra	6	Buey	Oeste	
6	Jueves	1	7	Fuego (+)	Tigre	Tierra (+)	Mono	7	Tigre	Sur	
7	Viernes	1	8	Fuego (+)	Tigre	Tierra (-)	Gallo	8	Conejo	Este	
8	Sábado	1	9	Fuego (+)	Tigre	Metal (+)	Perro	9	Dragón	Norte	
9	Domingo	1	10	Fuego (+)	Tigre	Metal (-)	Cerdo	10	Serpiente	Oeste	
10	Lunes	1	11	Fuego (+)	Tigre	Agua (+)	Rata	11	Caballo	Este	
11	Martes	1	12	Fuego (+)	Tigre	Agua (-)	Buey	12	Cabra	Norte	
12	Miércoles	1	13	Fuego (+)	Tigre	Madera (+)	Tigre	1	Mono	Oeste	
13	Jueves	1	14	Fuego (+)	Tigre	Madera (-)	Conejo	2	Gallo	Sur	
14	Viernes	1	15	Fuego (+)	Tigre	Fuego (+)	Dragón	3	Perro	Este	
15	Sábado	1	16	Fuego (+)	Tigre	Fuego (-)	Serpiente	4	Cerdo	Norte	Llena
16	Domingo	1	17	Fuego (+)	Tigre	Tierra (+)	Caballo	5	Rata	Oeste	
17	Lunes	1	18	Fuego (+)	Tigre	Tierra (-)	Cabra	6	Buey	Sur	
18	Martes	1	19	Fuego (+)	Tigre	Metal (+)	Mono	7	Tigre	Este	
19	Miércoles	1	20	Fuego (+)	Tigre	Metal (-)	Gallo	8	Conejo	Norte	TSP-1
20	Jueves	1	21	Fuego (+)	Tigre	Agua (+)	Perro	9	Dragón	Oeste	
21	Viernes	1	22	Fuego (+)	Tigre	Agua (-)	Cerdo	10	Serpiente	Este	
22	Sábado	1	23	Fuego (+)	Tigre	Madera (+)	Rata	11	Caballo	Norte	
23	Domingo	1	24	Fuego (+)	Tigre	Madera (-)	Buey	12	Cabra	Oeste	
24	Lunes	1	25	Fuego (+)	Tigre	Fuego (+)	Tigre	1	Mono	Sur	
25	Martes	1	26	Fuego (+)	Tigre	Fuego (-)	Conejo	2	Gallo	Este	
26	Miércoles	1	27	Fuego (+)	Tigre	Tierra (+)	Dragón	3	Perro	Norte	
27	Jueves	1	28	Fuego (+)	Tigre	Tierra (-)	Serpiente	4	Cerdo	Oeste	
28	Viernes	1	29	Fuego (+)	Tigre	Metal (+)	Caballo	5	Rata	Norte	

Horas Más Auspiciosas del Día

Día	1	2	3
1	11am-1pm	1pm-3pm	11pm-1am
2	5am-7am	11am-1pm	11am-1pm
3	11am-1pm	3pm-5pm	11pm-1am
4	3pm-5pm	7pm-9pm	11pm-1am
5	11am-1pm	3pm-5pm	5pm-7pm
6	11am-1pm	5pm-7pm	7pm-9pm
7	7am-9am	9am-11am	11pm-1am
8	11am-1pm	1pm-3pm	3pm-5pm
9	11am-1pm	3pm-5pm	3pm-5pm
10	11am-1pm	1pm-3pm	3pm-5pm
11	11am-1pm	1pm-3pm	11pm-1am
12	5am-7am	7am-9am	9am-11am
13	3am-5am	5am-7am	7am-9am
14	5am-7am	7am-9am	3pm-5pm
15	3pm-5pm	5pm-7pm	11pm-1am
16	9am-11am	11am-1pm	11am-1pm
17	11am-1pm	1pm-3pm	3pm-5pm
18	5am-7am	7am-9am	11am-1pm
19	7am-9am	9am-11am	11am-1pm
20	9am-11am	1pm-3pm	1pm-3pm
21	7am-9am	11am-1pm	1pm-3pm
22	3am-5am	7am-9am	1pm-3pm
23	5am-7am	11am-1pm	11pm-1am
24	11am-1pm	1pm-3pm	3pm-5pm
25	11pm-1am	5am-7am	1pm-3pm
26	5am-7am	9am-11am	3pm-5pm
27	11am-1pm	1pm-3pm	5pm-7pm
28	3am-5am	7am-9am	7am-9am

Abreviaturas: (+) = Yang   (-) = Yin   TC = Tallo Celestial   RT = Rama Terrestre   Tai Sui = Gran Duque   San Sha = 3 Asesinos   S2 = Sur 2 (172.5 al 187.5 Grados)

Estaciones del Año: TSS = Término Solar Seccional   TSP = Término Solar Principal   En Negro: Inicio del Año Solar Chino de la Serpiente de Agua Yin (Gui Si)

24 Jie Qi (Términos Solares)   TSS-1 = Llegada de la Primavera (Li Chun)   TSP-1 = Lluvia Constante (Yu Shui)

2014 Marzo

Inicio del Mes Chino:
- Lunar: **Marzo 1**
- Solar: **Marzo 6**
- Rama Terrestre del Mes : **Conejo**

Pilar Anual (Calendario Solar Chino): Madera Yang / Caballo (Jia Wu), desde 4/Febrero/2014 – 3/Febrero/2015

Cuadros de referencia

Tai Sui		Ramas en Choque		San Sha (3A)			Grupo Choque
Anual		Anual	Mensual	Mensual			
Caballo S2		Rata	Gallo	Mono	Gallo	Perro	Oeste

Calendario Solar Chino

Gregoriano (Occidental)	Lunar Chino Mes	Lunar Chino Día	Solar Año	Solar Mes	Solar Día	9 Estrellas Día	9E 8	9E 5	Mes TC	Mes RT	Día TC	Día RT	Jian Chu (Día)	RT en Choque Sui Po (Día)	Dir. San Sha (Día)	28	Q M D J	Horas 1	Horas 2	Horas 3	24 Términos Solares y Fases Lunares
1 Sábado	2	1	4	8	5	5	NE	C	Fuego (+)	Tigre	Metal (-)	Cabra	6	Buey	Oeste	10		5am-7am	11am-1pm	3pm-5pm	Nueva
2 Domingo	2	2	4	8	6	6	O	SE	Fuego (+)	Tigre	Agua (+)	Mono	7	Tigre	Sur	11		5am-7am	7am-9am	9am-11am	
3 Lunes	2	3	4	8	7	7	NO	E	Fuego (+)	Tigre	Agua (-)	Gallo	8	Conejo	Este	12		7am-9am	9am-11am	11pm-1am	
4 Martes	2	4	4	8	8	8	C	SO	Fuego (+)	Tigre	Madera (+)	Perro	9	Dragón	Norte	13		9am-11am	11am-1pm	1pm-3pm	
5 Miércoles	2	5	4	8	9	9	SE	N	Fuego (+)	Tigre	Madera (-)	Cerdo	10	Serpiente	Oeste	14	(+) 3	5am-7am	9am-11am		TSS-2
6 Jueves	2	6	4	7	1	1	E	S	Fuego (-)	Conejo	Fuego (+)	Rata	10	Caballo	Sur	15		7am-9am	1pm-3pm	7pm-9pm	
7 Viernes	2	7	4	7	2	2	SO	O	Fuego (-)	Conejo	Fuego (-)	Buey	11	Cabra	Este	16		3am-5am	5am-7am	11pm-1am	
8 Sábado	2	8	4	7	3	3	N	NO	Fuego (-)	Conejo	Tierra (+)	Tigre	12	Mono	Norte	17	(+) 1	5am-7am	9am-11am	11am-1pm	
9 Domingo	2	9	4	7	4	4	S	C	Fuego (-)	Conejo	Tierra (-)	Conejo	1	Gallo	Oeste	18		5am-7am	9am-11am	1pm-3pm	
10 Lunes	2	10	4	7	5	5	NO	SE	Fuego (-)	Conejo	Metal (+)	Dragón	2	Perro	Sur	19		7am-9am	9am-11am	1pm-3pm	
11 Martes	2	11	4	7	6	6	C	E	Fuego (-)	Conejo	Metal (-)	Serpiente	3	Cerdo	Este	20		3am-5am	7am-9am	11am-1pm	
12 Miércoles	2	12	4	7	7	7	SE	SO	Fuego (-)	Conejo	Agua (+)	Caballo	4	Rata	Norte	21	(+) 7	7am-9am	9am-11am	1pm-3pm	
13 Jueves	2	13	4	7	8	8	E	N	Fuego (-)	Conejo	Agua (-)	Cabra	5	Buey	Oeste	22		5am-7am	9am-11am		
14 Viernes	2	14	4	7	9	9	SO	S	Fuego (-)	Conejo	Madera (+)	Mono	6	Tigre	Sur	23		7am-9am	9am-11am		
15 Sábado	2	15	4	7	1	1	N	NE	Fuego (-)	Conejo	Madera (-)	Gallo	7	Conejo	Este	24		3am-5am	5pm-7pm		
16 Domingo	2	16	4	7	2	2	S	O	Fuego (-)	Conejo	Fuego (+)	Perro	8	Dragón	Norte	25	(+) 4	7am-9am	9am-11am	11pm-1am	Llena
17 Lunes	2	17	4	7	3	3	NO	NO	Fuego (-)	Conejo	Fuego (-)	Cerdo	9	Serpiente	Oeste	26		7am-9am	9am-11am	7pm-9pm	
18 Martes	2	18	4	7	4	4	C	C	Fuego (-)	Conejo	Tierra (+)	Rata	10	Caballo	Sur	27		5am-7am	9am-11am	3pm-5pm	
19 Miércoles	2	19	4	7	5	5	SE	SE	Fuego (-)	Conejo	Tierra (-)	Buey	11	Cabra	Este	28		5am-7am	9am-11am	11pm-1am	
20 Jueves	2	20	4	7	6	6	E	E	Fuego (-)	Conejo	Metal (+)	Tigre	12	Mono	Norte	1		5am-7am	9am-11am		
21 Viernes	2	21	4	7	7	7	SO	SO	Fuego (-)	Conejo	Metal (-)	Conejo	1	Gallo	Oeste	2	(+) 3	5am-7am	9am-11am	11pm-1am	TSP-2
22 Sábado	2	22	4	7	8	8	N	N	Fuego (-)	Conejo	Agua (+)	Dragón	2	Perro	Sur	3		3am-5am	9am-11am	9am-11am	
23 Domingo	2	23	4	7	9	9	S	NE	Fuego (-)	Conejo	Agua (-)	Serpiente	3	Cerdo	Este	4		3am-5am	7am-9am	11pm-1am	
24 Lunes	2	24	4	7	1	1	NO	O	Fuego (-)	Conejo	Madera (+)	Caballo	4	Rata	Norte	5		5am-7am	11am-1pm		
25 Martes	2	25	4	7	2	2	C	NO	Fuego (-)	Conejo	Madera (-)	Cabra	5	Buey	Oeste	6	(+) 9	5am-7am	11am-1pm	3pm-5pm	
26 Miércoles	2	26	4	7	3	3	SE	C	Fuego (-)	Conejo	Fuego (+)	Mono	6	Tigre	Sur	7		1pm-3pm	7pm-9pm	11pm-1am	
27 Jueves	2	27	4	7	4	4	E	SE	Fuego (-)	Conejo	Fuego (-)	Gallo	7	Conejo	Este	8		3am-5am	11am-1pm		
28 Viernes	2	28	4	7	5	5	SO	E	Fuego (-)	Conejo	Tierra (+)	Perro	8	Dragón	Norte	9		5am-7am	11am-1pm		
29 Sábado	2	29	4	7	6	6	N	SO	Fuego (-)	Conejo	Tierra (-)	Cerdo	9	Serpiente	Oeste	10		3am-5am	1pm-3pm	11pm-1am	
30 Domingo	2	30	4	7	7	7	S	N	Fuego (-)	Conejo	Metal (+)	Rata	10	Caballo	Sur	11		5am-7am	5am-7am	3pm-5pm	
31 Lunes	3	1	4	7	8	8	NO	E	Fuego (-)	Conejo	Metal (-)	Buey	11	Cabra	Este	12		5am-7am	3pm-5pm	11pm-1am	Nueva

---

Abreviaturas: (+) = Yang   (-) = Yin   TC = Tallo Celestial   RT = Rama Terrestre   Tai Sui = Gran Duque   San Sha = 3 Asesinos   S2 = Sur 2 (172.5 al 187.5 Grados)

Estaciones del Año: TSS = Término Solar Seccional   TSP = Término Solar Principal

24 Jie Qi (Términos Solares)   TSS-2 = Despertar de Insectos (Ying Zhi)   TSP-2 = Equinoccio de Primavera (Chun Fen)

2014 — ABRIL

Encabezado del mes

2014 Abril

Inicio del Mes Chino:
- Lunar: **Marzo 31**
- Solar: **Abril 5**

Pilar Anual (Calendario Solar Chino): Madera Yang / Caballo (Jia Wu), desde 4/Febrero/2014 – 3/Febrero/2015

Rama Terrestre del Mes : Dragón

	Tai Sui	Ramas en Choque		San Sha (3A)	Grupo Choque
	Anual	Anual	Mensual	Mensual	Sur
	Caballo S2	Rata	Perro	Caballo · Cabra	

Cartas de 9 Estrellas (Flying Star) — centros 9 a 1

Cada carta muestra las nueve casas (SE, S, SO / E, C, O / NE, N, NO); la casa central (C) aparece sombreada.

Centro	SE	S	SO	E	C	O	NE	N	NO
9	8	4	6	7	**9**	2	3	5	1
8	7	3	5	6	**8**	1	2	4	9
7	6	2	4	5	**7**	9	1	3	8
6	5	1	3	4	**6**	8	9	2	7
5	4	9	2	3	**5**	7	8	1	6
4	3	8	1	2	**4**	6	7	9	5
3	2	7	9	1	**3**	5	6	8	4
2	1	6	8	9	**2**	4	5	7	3
1	9	5	7	8	**1**	3	4	6	2

Calendario diario

Fecha	Día	Lunar Mes	Lunar Día	9 Est. Día	Mes TC	Mes RT	Día TC	Día RT	12 Jian-Chu	Dir. San Sha	RT en Choque (Sui Po)	Hora 1	Hora 2	Hora 3	24 Términos / Fases
1	Martes	3	2	9	Fuego (-)	Conejo	Agua (+)	Tigre	12	Norte	Mono	5am-7am	3pm-5pm	9pm-11pm	
2	Miércoles	3	3	1	Fuego (-)	Conejo	Agua (-)	Conejo	1	Oeste	Gallo	11am-1pm	1pm-3pm	11pm-1am	
3	Jueves	3	4	2	Fuego (-)	Conejo	Madera (+)	Dragón	2	Sur	Perro	5am-7am	9am-11am	11pm-1am	
4	Viernes	3	5	3	Fuego (-)	Conejo	Madera (-)	Serpiente	3	Este	Cerdo	11am-1pm	3pm-5pm	11pm-1am	
5	Sábado	3	6	4	Tierra (+)	Dragón	Fuego (+)	Caballo	4	Norte	Rata	3pm-5pm	7pm-9pm	11pm-1am	TSS-3
6	Domingo	3	7	5	Tierra (+)	Dragón	Fuego (-)	Cabra	5	Oeste	Buey	11am-1pm	1pm-3pm	5pm-7pm	
7	Lunes	3	8	6	Tierra (+)	Dragón	Tierra (+)	Mono	6	Sur	Tigre	11am-1pm	1pm-3pm	11pm-1am	
8	Martes	3	9	7	Tierra (+)	Dragón	Tierra (-)	Gallo	7	Este	Conejo	7am-9am	9am-11am	3pm-5pm	
9	Miércoles	3	10	8	Tierra (+)	Dragón	Metal (+)	Perro	8	Norte	Dragón	11am-1pm	1pm-3pm	3pm-5pm	
10	Jueves	3	11	9	Tierra (+)	Dragón	Metal (-)	Cerdo	9	Oeste	Serpiente	11am-1pm	11am-1pm	3pm-5pm	
11	Viernes	3	12	1	Tierra (+)	Dragón	Agua (+)	Rata	10	Sur	Caballo	11am-1pm	1pm-3pm	11pm-1am	
12	Sábado	3	13	2	Tierra (+)	Dragón	Agua (-)	Buey	11	Este	Cabra	11am-1pm	1pm-3pm	11am-1pm	
13	Domingo	3	14	3	Tierra (+)	Dragón	Madera (+)	Tigre	12	Norte	Mono	3am-5am	7am-9am	11am-1pm	
14	Lunes	3	15	4	Tierra (+)	Dragón	Madera (-)	Conejo	1	Oeste	Gallo	5am-7am	9am-11am	7pm-9pm	
15	Martes	3	16	5	Tierra (+)	Dragón	Fuego (+)	Dragón	2	Sur	Perro	3pm-5pm	11am-1pm	3pm-5pm	Llena
16	Miércoles	3	17	6	Tierra (+)	Dragón	Fuego (-)	Serpiente	3	Este	Cerdo	11am-1pm	9am-11am	11pm-1am	
17	Jueves	3	18	7	Tierra (+)	Dragón	Tierra (+)	Caballo	4	Norte	Rata	11am-1pm	1pm-3pm	9am-11am	
18	Viernes	3	19	8	Tierra (+)	Dragón	Tierra (-)	Cabra	5	Oeste	Buey	5am-7am	9am-11am	3pm-5pm	
19	Sábado	3	20	9	Tierra (+)	Dragón	Metal (+)	Mono	6	Sur	Tigre	7am-9am	9am-11am	11am-1pm	
20	Domingo	3	21	1	Tierra (+)	Dragón	Metal (-)	Gallo	7	Este	Conejo	9am-11am	11am-1pm	1pm-3pm	TSP-3
21	Lunes	3	22	2	Tierra (+)	Dragón	Agua (+)	Perro	8	Norte	Dragón	7am-9am	1pm-3pm	3pm-5pm	
22	Martes	3	23	3	Tierra (+)	Dragón	Agua (-)	Cerdo	9	Oeste	Serpiente	3am-5am	11am-1pm	3pm-5pm	
23	Miércoles	3	24	4	Tierra (+)	Dragón	Madera (+)	Rata	10	Sur	Caballo	5am-7am	5am-7am	11pm-1am	
24	Jueves	3	25	5	Tierra (+)	Dragón	Madera (-)	Buey	11	Este	Cabra	11pm-1am	3am-5am	3pm-5pm	
25	Viernes	3	26	6	Tierra (+)	Dragón	Fuego (+)	Tigre	12	Norte	Mono	5am-7am	9am-11am	9am-11am	
26	Sábado	3	27	7	Tierra (+)	Dragón	Fuego (-)	Conejo	1	Oeste	Gallo	5am-7am	7am-9am	1pm-3pm	
27	Domingo	3	28	8	Tierra (+)	Dragón	Tierra (+)	Dragón	2	Sur	Perro	9am-11am	11am-1pm	1pm-3pm	
28	Lunes	3	29	9	Tierra (+)	Dragón	Tierra (-)	Serpiente	3	Este	Cerdo	5am-7am	11am-1pm	3pm-5pm	
29	Martes	4	1	1	Tierra (+)	Dragón	Metal (+)	Caballo	4	Norte	Rata	9am-11am	9am-11am	1pm-3pm	Nueva
30	Miércoles	4	2	2	Tierra (+)	Dragón	Metal (-)	Cabra	5	Oeste	Buey	5am-7am	11am-1pm	3pm-5pm	

Abreviaturas

2014 Mayo

Inicio del Mes Chino: Lunar: Abril 29 — Solar: Mayo 5
Rama Terrestre del Mes: Serpiente
Pilar Anual (Calendario Solar Chino): Madera Yang / Caballo (Jia Wu), desde 4/Febrero/2014 - 3/Febrero/2015

Recuadros de referencia

	Anual	Mensual	Grupo Choque
Tai Sui	Caballo S2		
San Sha (3A)	Rata	Conejo	Dragón — Este
Ramas en Choque	Rata	Cerdo	Este

San Sha (3A) mensual – Ramas: Tigre / Conejo / Dragón

Calendario de Mayo 2014

Día	Día sem.	Lunar Chino (Mes/Día)	4 Pilares – Mes (TC/RT)	4 Pilares – Día (TC/RT)	Jian Chu (Día)	28 Xiu	RT en Choque Sui Po (Día)	Dir. San Sha (Día)	Horas Más Auspiciosas (1 / 2 / 3)	24 Términos – Solares y Fases Lunares
1	Jueves	4 / 3	Tierra (+) / Dragón	Agua (+) / Mono	5	15	Tigre	Sur	5am-7am / 7am-9am / 9am-11am	
2	Viernes	4 / 4	Tierra (+) / Dragón	Agua (-) / Gallo	6	16	Conejo	Este	7am-9am / 9am-11am / 11am-1pm	
3	Sábado	4 / 5	Tierra (+) / Dragón	Madera (+) / Perro	7	17	Dragón	Norte	9am-11am / 11am-1pm / 1pm-3pm	
4	Domingo	4 / 6	Tierra (+) / Dragón	Madera (-) / Cerdo	8	18	Serpiente	Oeste	5am-7am / 9am-11am / 7pm-9pm	
5	Lunes	4 / 7	Tierra (-) / Serpiente	Fuego (+) / Rata	8 (+) 8	19	Caballo	Sur	3am-5am / 5am-7am / 11pm-1am	TSS-4
6	Martes	4 / 8	Tierra (-) / Serpiente	Fuego (-) / Buey	9	20	Cabra	Este	5am-7am / 9am-11am / 11am-1pm	
7	Miércoles	4 / 9	Tierra (-) / Serpiente	Tierra (+) / Tigre	10	21	Mono	Norte	5am-7am / 9am-11am / 1pm-3pm	
8	Jueves	4 / 10	Tierra (-) / Serpiente	Tierra (-) / Conejo	11	22	Gallo	Oeste	3am-5am / 7am-9am / 11am-1pm	
9	Viernes	4 / 11	Tierra (-) / Serpiente	Metal (+) / Dragón	12 (+) 4	23	Perro	Sur	3am-5am / 7am-9am / 11am-1pm	
10	Sábado	4 / 12	Tierra (-) / Serpiente	Metal (-) / Serpiente	1	24	Cerdo	Este	7am-9am / 11am-1pm / 1pm-3pm	
11	Domingo	4 / 13	Tierra (-) / Serpiente	Agua (+) / Caballo	2	25	Rata	Norte	5am-7am / 11am-1pm / 1pm-3pm	
12	Lunes	4 / 14	Tierra (-) / Serpiente	Agua (-) / Cabra	3	26	Buey	Oeste	5am-7am / 11am-1pm / 1pm-3pm	
13	Martes	4 / 15	Tierra (-) / Serpiente	Madera (+) / Mono	4 (+) 1	27	Tigre	Sur	7am-9am / 9am-11am / 11am-1pm	
14	Miércoles	4 / 16	Tierra (-) / Serpiente	Madera (-) / Gallo	5	28	Conejo	Este	7am-9am / 11am-1pm / 1pm-3pm	
15	Jueves	4 / 17	Tierra (-) / Serpiente	Fuego (+) / Perro	6	1	Dragón	Norte	3am-5am / 5am-7am / 5pm-7pm	Llena
16	Viernes	4 / 18	Tierra (-) / Serpiente	Fuego (-) / Cerdo	7	2	Serpiente	Oeste	7am-9am / 9am-11am / 11pm-1am	
17	Sábado	4 / 19	Tierra (-) / Serpiente	Tierra (+) / Rata	8 (+) 7	3	Caballo	Sur	5am-7am / 9am-11am / 11pm-1am	
18	Domingo	4 / 20	Tierra (-) / Serpiente	Tierra (-) / Buey	9	4	Cabra	Este	7am-9am / 11am-1pm / 7pm-9pm	
19	Lunes	4 / 21	Tierra (-) / Serpiente	Metal (+) / Tigre	10	5	Mono	Norte	7am-9am / 9am-11am / 3pm-5pm	
20	Martes	4 / 22	Tierra (-) / Serpiente	Metal (-) / Conejo	11	6	Gallo	Oeste	3am-5am / 5am-7am / 11pm-1am	
21	Miércoles	4 / 23	Tierra (-) / Serpiente	Agua (+) / Dragón	12 (+) 5	7	Perro	Sur	7am-9am / 11am-1pm / 11pm-1am	TSP-4
22	Jueves	4 / 24	Tierra (-) / Serpiente	Agua (-) / Serpiente	1	8	Cerdo	Este	3am-5am / 7am-9am / 11pm-1am	
23	Viernes	4 / 25	Tierra (-) / Serpiente	Madera (+) / Caballo	2	9	Rata	Norte	5am-7am / 11am-1pm / 1pm-3pm	
24	Sábado	4 / 26	Tierra (-) / Serpiente	Madera (-) / Cabra	3	10	Buey	Oeste	1pm-3pm / 11am-1pm / 3pm-5pm	
25	Domingo	4 / 27	Tierra (-) / Serpiente	Fuego (+) / Mono	4 (+) 2	11	Tigre	Sur	3am-5am / 1pm-3pm / 5pm-7pm	
26	Lunes	4 / 28	Tierra (-) / Serpiente	Fuego (-) / Gallo	5	12	Conejo	Este	7am-9am / 9am-11am / 11pm-1am	
27	Martes	4 / 29	Tierra (-) / Serpiente	Tierra (+) / Perro	6	13	Dragón	Norte	3am-5am / 7am-9am / 7pm-9pm	
28	Miércoles	4 / 30	Tierra (-) / Serpiente	Tierra (-) / Cerdo	7	14	Serpiente	Oeste	5am-7am / 11am-1pm / 11pm-1am	
29	Jueves	5 / 1	Tierra (-) / Serpiente	Metal (+) / Rata	8	15	Caballo	Sur	3am-5am / 5am-7am / 3pm-5pm	
30	Viernes	5 / 2	Tierra (-) / Serpiente	Metal (-) / Buey	9	16	Cabra	Este	5am-7am / 11am-1pm / 11pm-1am	
31	Sábado	5 / 3	Tierra (-) / Serpiente	Agua (+) / Tigre	10	17	Mono	Norte	5am-7am / 11am-1pm / 9pm-11pm	Nueva

Abreviaturas

Abreviaturas: (+) = Yang (-) = Yin TC = Tallo Celestial RT = Rama Terrestre Tai Sui = Gran Duque San Sha = 3 Asesinos S2 = Sur 2 (172.5 al 187.5 Grados)

Estaciones del Año: TSS = Término Solar Seccional TSP = Término Solar Principal

24 Jie Qi (Términos Solares) TSS-4 = Llegada del Verano (Li Xia) TSP-4 = Cosecha Menor (Xiao Man)

2014 Junio

Inicio del Mes Chino:
Pilar Anual (Calendario Solar Chino): Madera Yang / Caballo (Jia Wu), desde 4/Febrero/2014 - 3/Febrero/2015

Lunar: **Mayo 29**
Solar: **Junio 6**
Rama Terrestre del Mes: **Caballo**

	Anual	Mensual
Tai Sui	Caballo S2	
RT en Choque Sui Po		
Ramas en Choque	Rata	Rata
San Sha (3A)	Rata	Buey
Grupo Choque	Norte	

Mensual: Rata   14   Q M D J

Calendario principal

Greg.	Día	Lunar Mes	Lunar Día	Mes (TC/RT)	Día TC	Día RT	Jian Chu	RT Choque Sui Po	Dir San Sha	Horas 1	Horas 2	Horas 3	24 Términos
1	Domingo	5	4	Tierra (-) Serpiente	Agua (-)	Conejo	11	Gallo	Oeste	11am-1pm	1pm-3pm	11pm-1am	
2	Lunes	5	5	Tierra (-) Serpiente	Madera (+)	Dragón	12	Perro	Sur	5am-7am	9am-11am	11am-1pm	
3	Martes	5	6	Tierra (-) Serpiente	Madera (-)	Serpiente	1	Cerdo	Este	11am-1pm	3pm-5pm	11pm-1am	
4	Miércoles	5	7	Tierra (-) Serpiente	Fuego (+)	Caballo	2	Rata	Norte	3pm-5pm	7pm-9pm	11pm-1am	
5	Jueves	5	8	Tierra (-) Serpiente	Fuego (-)	Cabra	3	Buey	Oeste	11am-1pm	3pm-5pm	5pm-7pm	
6	Viernes	5	9	Metal (+) Caballo	Tierra (+)	Mono	3	Tigre	Sur	5pm-7pm	3pm-5pm	11pm-1am	TSS-5 (+) 8
7	Sábado	5	10	Metal (+) Caballo	Tierra (-)	Gallo	4	Conejo	Este	7am-9am	9am-11am	11pm-1am	
8	Domingo	5	11	Metal (+) Caballo	Metal (+)	Perro	5	Dragón	Norte	11am-1pm	1pm-3pm	3pm-5pm	
9	Lunes	5	12	Metal (+) Caballo	Metal (-)	Cerdo	6	Serpiente	Oeste	9am-11am	11am-1pm	5pm-7pm	
10	Martes	5	13	Metal (+) Caballo	Agua (+)	Rata	7	Caballo	Sur	11am-1pm	1pm-3pm	3pm-5pm	
11	Miércoles	5	14	Metal (+) Caballo	Agua (-)	Buey	8	Cabra	Este	11am-1pm	11am-1pm	11pm-1am	
12	Jueves	5	15	Metal (+) Caballo	Madera (+)	Tigre	9	Mono	Norte	5am-7am	7am-9am	9am-11am	
13	Viernes	5	16	Metal (+) Caballo	Madera (-)	Conejo	10	Gallo	Oeste	3am-5am	11am-1pm	7pm-9pm	Llena (+) 6
14	Sábado	5	17	Metal (+) Caballo	Fuego (+)	Dragón	11	Perro	Sur	3pm-5pm	5pm-7pm	9am-5pm	
15	Domingo	5	18	Metal (+) Caballo	Fuego (-)	Serpiente	12	Cerdo	Este	7am-9am	9am-11am	11pm-1am	
16	Lunes	5	19	Metal (+) Caballo	Tierra (+)	Caballo	1	Rata	Norte	11am-1pm	3pm-5pm	11am-1pm	
17	Martes	5	20	Metal (+) Caballo	Tierra (-)	Cabra	2	Buey	Oeste	7am-9am	9am-11am	3pm-5pm	(+) 3
18	Miércoles	5	21	Metal (+) Caballo	Metal (+)	Mono	3	Tigre	Sur	7am-9am	11am-1pm	11am-1pm	
19	Jueves	5	22	Metal (+) Caballo	Metal (-)	Gallo	4	Conejo	Este	9am-11am	11am-1pm	1pm-3pm	
20	Viernes	5	23	Metal (+) Caballo	Agua (+)	Perro	5	Dragón	Norte	7am-9am	9am-11am	11am-1pm	
21	Sábado	5	24	Metal (+) Caballo	Agua (-)	Cerdo	6	Serpiente	Oeste	9am-11am	11am-1pm	11am-3pm	TSP-5 (+) 9
22	Domingo	5	25	Metal (+) Caballo	Madera (+)	Rata	7	Caballo	Sur	11am-3pm	1pm-3pm	3pm-5pm	
23	Lunes	5	26	Metal (+) Caballo	Madera (-)	Buey	8	Cabra	Este	3am-5am	5am-7am	11pm-1am	(-) Yin Dun
24	Martes	5	27	Metal (+) Caballo	Fuego (+)	Tigre	9	Mono	Norte	5am-7am	9am-11am	3pm-5pm	
25	Miércoles	5	28	Metal (+) Caballo	Fuego (-)	Conejo	10	Gallo	Oeste	11pm-1am	1pm-3pm	1pm-3pm	
26	Jueves	5	29	Metal (+) Caballo	Tierra (+)	Dragón	11	Perro	Sur	5am-7am	5am-7am	3pm-5pm	
27	Viernes	6	1	Metal (+) Caballo	Tierra (-)	Serpiente	12	Cerdo	Este	5am-7am	7am-9am	1pm-3pm	Nueva (-) 3
28	Sábado	6	2	Metal (+) Caballo	Metal (+)	Caballo	1	Rata	Norte	3am-5am	9am-11am	3pm-5pm	
29	Domingo	6	3	Metal (+) Caballo	Metal (-)	Cabra	2	Buey	Oeste	5am-7am	11am-1pm	7am-9am	
30	Lunes	6	4	Metal (+) Caballo	Agua (+)	Mono	3	Tigre	Sur	5am-7am	7am-9am	3pm-5pm	

Abreviaturas: (+) = Yang   (-) = Yin   TC = Tallo Celestial   RT = Rama Terrestre   Tai Sui = Gran Duque   San Sha = 3 Asesinos   S2 = Sur 2 (172.5 al 187.5 Grados)

Estaciones del Año: TSS = Término Solar Seccional   TSP = Término Solar Principal

Qi (Términos Solares) TSS-5 = Siembra de Semillas (Mang Zhong)   TSP-5* = Solsticio de Verano (Xia Zhi) / Comienza la mitad Yin (-) del año. Las Estrellas Diarias vuelan en sentido Yin

JULIO — 2014

2014 Julio

Inicio del Mes Chino:
Pilar Anual (Calendario Solar Chino): Madera Yang / Caballo (Jia Wu), desde 4/Febrero/2014 - 3/Febrero/2015

Lunar: **Junio 27**
Solar: **Julio 7**

Rama Terrestre del Mes : **Cabra**

Tai Sui

Anual	Caballo S2

Ramas en Choque

	Anual	Choque
	Rata	Buey

San Sha (3A)

	Anual	Mensual
	Perro	Gallo

Grupo Choque: Oeste

Tai Sui = Gran Duque   San Sha = 3 Asesinos   S2 = Sur 2 (172.5 al 187.5 Grados)

Tabla principal — Julio 2014

Columnas: Día (Gregoriano) · Día (semana) · Lunar Chino (Mes/Día) · Solar Chino 9 Estrellas (Año / Mes) · 4 Pilares: Día TC, Día RT, Mes TC, Mes RT · Jian Chu (Día) · RT en Choque / Sui Po (Día) · Dir. San Sha (Día) · Jian/Chu nº · Horas Más Auspiciosas del Día (1/2/3) · 24 Términos Solares y Fases Lunares

Día	Semana	Lunar Mes	Lunar Día	9 Estr. Año	9 Estr. Mes	Día TC	Día RT	Mes TC	Mes RT	Jian-Chu	Sui Po (RT Choque)	San Sha (Dir.)	28 Xiu	Hora 1	Hora 2	Hora 3	24 Térm./Fase
1	Martes	6	5	4	4	Agua (-)	Gallo	Metal (+)	Caballo	4	Conejo	Este	20	7am-9am	9am-11am	11pm-1am	
2	Miércoles	6	6	4	4	Madera (+)	Perro	Metal (+)	Caballo	5	Dragón	Norte	21	9am-11am	11am-1pm	1pm-3pm	
3	Jueves	6	7	4	4	Madera (-)	Cerdo	Metal (+)	Caballo	6	Serpiente	Oeste	22	5am-7am	9am-11am	7pm-9pm	
4	Viernes	6	8	4	4	Fuego (+)	Rata	Metal (+)	Caballo	7	Caballo	Sur	23	3am-5am	5am-7am	11pm-1am	
5	Sábado	6	9	4	4	Fuego (-)	Buey	Metal (+)	Caballo	8	Cabra	Este	24	5am-7am	9am-11am	11am-1pm	(-) 6
6	Domingo	6	10	4	4	Tierra (+)	Tigre	Metal (+)	Caballo	9	Mono	Norte	25	7am-9am	1pm-3pm	1pm-3pm	
7	Lunes	6	11	4	3	Tierra (-)	Conejo	Metal (-)	Cabra	10	Gallo	Oeste	26	11am-1pm	11am-1pm	11am-1pm	TSS-6
8	Martes	6	12	4	3	Metal (+)	Dragón	Metal (-)	Cabra	11	Perro	Sur	27	3am-5am	7am-9am	11am-1pm	(-) 8
9	Miércoles	6	13	4	3	Metal (-)	Serpiente	Metal (-)	Cabra	12	Cerdo	Este	28	7am-9am	11am-1pm	1pm-3pm	
10	Jueves	6	14	4	3	Agua (+)	Caballo	Metal (-)	Cabra	1	Rata	Norte	1	5am-7am	11am-1pm	1pm-3pm	
11	Viernes	6	15	4	3	Agua (-)	Cabra	Metal (-)	Cabra	2	Buey	Oeste	2	11am-1pm	11am-1pm	3pm-5pm	
12	Sábado	6	16	4	3	Madera (+)	Mono	Metal (-)	Cabra	3	Tigre	Sur	3	9am-11am	11am-1pm	11pm-1am	Llena
13	Domingo	6	17	4	3	Madera (-)	Gallo	Metal (-)	Cabra	4	Conejo	Este	4	7am-9am	11am-1pm	11pm-1am	(-) 2
14	Lunes	6	18	4	3	Fuego (+)	Perro	Metal (-)	Cabra	5	Dragón	Norte	5	5pm-7pm	9am-11am	11am-1pm	
15	Martes	6	19	4	3	Fuego (-)	Cerdo	Metal (-)	Cabra	6	Serpiente	Oeste	6	9am-11am	11am-1pm	11am-1pm	
16	Miércoles	6	20	4	3	Tierra (+)	Rata	Metal (-)	Cabra	7	Caballo	Sur	7	7am-9am	7am-9am	1pm-3pm	
17	Jueves	6	21	4	3	Tierra (-)	Buey	Metal (-)	Cabra	8	Cabra	Este	8	7am-9am	3pm-5pm	7pm-9pm	(-) 5
18	Viernes	6	22	4	3	Metal (+)	Tigre	Metal (-)	Cabra	9	Mono	Norte	9	5am-7am	9am-11am	11am-1pm	
19	Sábado	6	23	4	3	Metal (-)	Conejo	Metal (-)	Cabra	10	Gallo	Oeste	10	7am-9am	9am-11am	11am-1pm	
20	Domingo	6	24	4	3	Agua (+)	Dragón	Metal (-)	Cabra	11	Perro	Sur	11	5am-7am	9am-11am	11am-1pm	
21	Lunes	6	25	4	3	Agua (-)	Serpiente	Metal (-)	Cabra	12	Cerdo	Este	12	7am-9am	7am-9am	9am-11am	
22	Martes	6	26	4	3	Madera (+)	Caballo	Metal (-)	Cabra	1	Rata	Norte	13	3am-5am	5am-7am	9am-11am	
23	Miércoles	6	27	4	3	Madera (-)	Cabra	Metal (-)	Cabra	2	Buey	Oeste	14	5am-7am	11am-1pm	1pm-3pm	TSP-6
24	Jueves	6	28	4	3	Fuego (+)	Mono	Metal (-)	Cabra	3	Tigre	Sur	15	1pm-3pm	7pm-9pm	3pm-5pm	(-) 7
25	Viernes	6	29	4	3	Fuego (-)	Gallo	Metal (-)	Cabra	4	Conejo	Este	16	7pm-9pm	11am-1pm	11pm-1am	
26	Sábado	6	30	4	3	Tierra (+)	Perro	Metal (-)	Cabra	5	Dragón	Norte	17	3am-5am	11am-1pm	11pm-1am	Nueva
27	Domingo	7	1	4	3	Tierra (-)	Cerdo	Metal (-)	Cabra	6	Serpiente	Oeste	18	5am-7am	1pm-3pm	3pm-5pm	
28	Lunes	7	2	4	3	Metal (+)	Rata	Metal (-)	Cabra	7	Caballo	Sur	19	3am-5am	11am-1pm	11pm-1am	
29	Martes	7	3	4	3	Metal (-)	Buey	Metal (-)	Cabra	8	Cabra	Este	20	5am-7am	11am-1pm	11pm-1am	(-) 1
30	Miércoles	7	4	4	3	Agua (+)	Tigre	Metal (-)	Cabra	9	Mono	Norte	21	5am-7am	3pm-5pm	9pm-11pm	
31	Jueves	7	5	4	3	Agua (-)	Conejo	Metal (-)	Cabra	10	Gallo	Oeste	22	11am-1pm	1pm-3pm	11pm-1am	

Abreviaturas

(+) = Yang   (-) = Yin   TC = Tallo Celestial   RT = Rama Terrestre   Tai Sui = Gran Duque   San Sha = 3 Asesinos   S2 = Sur 2 (172.5 al 187.5 Grados)

Estaciones del Año: TSS = Término Solar Seccional   TSP = Término Solar Principal

24 Jie Qi (Términos Solares) TSS-6 = Calor Menor (Xiao Shu)   TSP-6 = Da Shu (Calor Mayor)

2014 Agosto

Inicio del Mes Chino: Lunar: **Julio 27** — Solar: **Agosto 7**
Rama Terrestre del Mes: Mono
Pilar Anual (Calendario Solar Chino): Madera Yang / Caballo (Jia Wu), desde 4/Febrero/2014 - 3/Febrero/2015

Recuadros (lado derecho)

Tai Sui	
Anual	Caballo S2

Ramas en Choque	Anual	Mensual
	Rata	Tigre

San Sha (3A)	Mensual		
	Serpiente	Caballo	Cabra

Grupo Choque
Sur

Estrellas Voladoras (9 Estrellas) — margen izquierdo

Carta anual 2014 (centro 4):

SE 3	S 8	SO 1
E 2	**C 4**	O 6
NE 7	N 9	NO 5

Carta mensual (centro 1):

SE 9	S 5	SO 7
E 8	**C 1**	O 3
NE 4	N 6	NO 2

Calendario diario — Agosto 2014

Greg.	Día	Lunar Mes	Lunar Día	9E Año	9E Mes	9E Día	Mes TC	Mes RT	Día TC	Día RT	Jian Chu	RT Choque Sui Po	Dir. San Sha	28 Mansión	24 Términos / Fases
1	Viernes	7	6	4	3	5	Metal (-)	Cabra	Madera (+)	Dragón	10	Perro	Sur	23	
2	Sábado	7	7	4	3	4	Metal (-)	Cabra	Madera (-)	Serpiente	11	Cerdo	Este	24	
3	Domingo	7	8	4	3	3	Metal (-)	Cabra	Fuego (+)	Caballo	12	Rata	Norte	25	
4	Lunes	7	9	4	3	2	Metal (-)	Cabra	Fuego (-)	Cabra	1	Buey	Oeste	26	
5	Martes	7	10	4	2	1	Metal (-)	Cabra	Tierra (+)	Mono	2	Tigre	Sur	27	
6	Miércoles	7	11	4	2	9	Metal (-)	Cabra	Tierra (-)	Gallo	3	Conejo	Este	28	
7	Jueves	7	12	4	2	8	Agua (+)	Mono	Metal (+)	Perro	4	Dragón	Norte	1	TSS-7
8	Viernes	7	13	4	2	7	Agua (+)	Mono	Metal (-)	Cerdo	5	Serpiente	Oeste	2	
9	Sábado	7	14	4	2	6	Agua (+)	Mono	Agua (+)	Rata	6	Caballo	Sur	3	
10	Domingo	7	15	4	2	5	Agua (+)	Mono	Agua (-)	Buey	7	Cabra	Este	4	Llena
11	Lunes	7	16	4	2	4	Agua (+)	Mono	Madera (+)	Tigre	8	Mono	Norte	5	
12	Martes	7	17	4	2	3	Agua (+)	Mono	Madera (-)	Conejo	9	Gallo	Oeste	6	
13	Miércoles	7	18	4	2	2	Agua (+)	Mono	Fuego (+)	Dragón	10	Perro	Sur	7	
14	Jueves	7	19	4	2	1	Agua (+)	Mono	Fuego (-)	Serpiente	11	Cerdo	Este	8	
15	Viernes	7	20	4	2	9	Agua (+)	Mono	Tierra (+)	Caballo	12	Rata	Norte	9	
16	Sábado	7	21	4	2	8	Agua (+)	Mono	Tierra (-)	Cabra	1	Buey	Oeste	10	
17	Domingo	7	22	4	2	7	Agua (+)	Mono	Metal (+)	Mono	2	Tigre	Sur	11	
18	Lunes	7	23	4	2	6	Agua (+)	Mono	Metal (-)	Gallo	3	Conejo	Este	12	
19	Martes	7	24	4	2	5	Agua (+)	Mono	Agua (+)	Perro	4	Dragón	Norte	13	
20	Miércoles	7	25	4	2	4	Agua (+)	Mono	Agua (-)	Cerdo	5	Serpiente	Oeste	14	
21	Jueves	7	26	4	2	3	Agua (+)	Mono	Madera (+)	Rata	6	Caballo	Sur	15	
22	Viernes	7	27	4	2	2	Agua (+)	Mono	Madera (-)	Buey	7	Cabra	Este	16	
23	Sábado	7	28	4	2	1	Agua (+)	Mono	Fuego (+)	Tigre	8	Mono	Norte	17	TSP-7
24	Domingo	7	29	4	2	9	Agua (+)	Mono	Fuego (-)	Conejo	9	Gallo	Oeste	18	
25	Lunes	8	1	4	2	8	Agua (+)	Mono	Tierra (+)	Dragón	10	Perro	Sur	19	Nueva
26	Martes	8	2	4	2	7	Agua (+)	Mono	Tierra (-)	Serpiente	11	Cerdo	Este	20	
27	Miércoles	8	3	4	2	6	Agua (+)	Mono	Metal (+)	Caballo	12	Rata	Norte	21	
28	Jueves	8	4	4	2	5	Agua (+)	Mono	Metal (-)	Cabra	1	Buey	Oeste	22	
29	Viernes	8	5	4	2	4	Agua (+)	Mono	Agua (+)	Mono	2	Tigre	Sur	23	
30	Sábado	8	6	4	2	3	Agua (+)	Mono	Agua (-)	Gallo	3	Conejo	Este	24	
31	Domingo	8	7	4	2	2	Agua (+)	Mono	Madera (+)	Perro	4	Dragón	Norte	25	

Columna "Ramas en Choque" (valores dispersos, letras anuales/mensuales): (-)4, (-)2, (-)5, (-)8, (-)1, (-)4, (-)7.

La columna "Horas Más Auspiciosas del Día" indica tres franjas horarias por día (no reproducidas por completo por la densidad del original).

Abreviaturas: (+) = Yang (-) = Yin TC = Tallo Celestial RT = Rama Terrestre Tai Sui = Gran Duque San Sha = 3 Asesinos S2 = Sur 2 (172.5 al 187.5 Grados)
Estaciones del Año: TSS = Término Solar Seccional TSP = Término Solar Principal
24 Jie Qi (Términos Solares) TSS-7 = Llegada del Otoño (Li Qiu) / Luna Nueva TSP-7 = Fin del Calor (Chu Shu)

Estrellas Voladoras (cuadrícula de direcciones)

La parte superior izquierda contiene una retícula de estrellas voladoras con pares número/dirección (SO, S, SE, O, E, NO, N, NE). Lecturas parciales de los pares visibles:

6 SO	4 S	8 SE
2 O		7 E
1 NO	5 N	3 NE

(Otros pares visibles en los bloques contiguos: 9 SE, 8 E, 4 NE, 5 S, 6 N, 2 O, 9 S, 7 SO, etc.)

Datos del mes

2014 Septiembre

Inicio del Mes Chino:
Pilar Anual (Calendario Solar Chino): Madera Yang / Caballo (Jia Wu), desde 4/Febrero/2014 - 3/Febrero/2015

Lunar: **Agosto 25**
Solar: **Septiembre 8**

Rama Terrestre del Mes : **Gallo**

Cuadros informativos

	Anual	Mensual	Grupo Choque
Tai Sui	Caballo S2		
San Sha (3A)	Rata	Conejo / Dragón / Tigre	
Ramas en Choque	Rata	Conejo	
Grupo Choque			Este

Encabezados de columnas (10–16):
- 10 — 12 Jian Chu (Día)
- 11 — RT en Choque Sui Po (Día)
- 12 — Dir. San Sha (Día)
- 13 — 28 [Mansiones]
- 14 — Q / M / D / J
- 15 — Horas Más Auspiciosas del Día (1, 2, 3)
- 16 — 24 Términos Solares y Fases Lunares

Términos y fases (columna 16): **TSS-8 — Llena** (Sep 8); **TSP-8 — Nueva** (Sep 23).

Calendario

Día	Sem	Lun Mes	Lun Día	Sol Año	Sol Mes	Mes TC	Mes RT	Día TC	Día RT	Jian Chu	Choque Sui Po	Dir. San Sha	28	Hora 1	Hora 2	Hora 3
1	Lunes	8	8	4	2	Agua (+)	Mono	Madera (-)	Cerdo	4	Serpiente	Oeste	26	5am-7am	9am-11am	7pm-9pm
2	Martes	8	9	4	2	Agua (+)	Mono	Fuego (+)	Rata	5	Caballo	Sur	27	7am-9am	1pm-3pm	11pm-1am
3	Miércoles	8	10	4	2	Agua (+)	Mono	Fuego (-)	Buey	6	Cabra	Este	28	3am-5am	5am-7am	11am-1pm
4	Jueves	8	11	4	2	Agua (+)	Mono	Tierra (+)	Tigre	7	Mono	Norte	1	9am-11am	9am-11am	1pm-3pm
5	Viernes	8	12	4	2	Agua (+)	Mono	Tierra (-)	Conejo	8	Gallo	Oeste	2	7am-9am	7am-9am	1pm-3pm
6	Sábado	8	13	4	2	Agua (+)	Mono	Metal (+)	Dragón	9	Perro	Sur	3	5am-7am	11am-1pm	11am-1pm
7	Domingo	8	14	4	2	Agua (+)	Mono	Metal (-)	Serpiente	10	Cerdo	Este	4	3am-5am	7am-9am	1pm-3pm
8	Lunes	8	**15**	4	1	Agua (-)	Gallo	Agua (+)	Caballo	10	Rata	Norte	5	7am-9am	11am-1pm	1pm-3pm
9	Martes	8	16	4	1	Agua (-)	Gallo	Agua (-)	Cabra	11	Buey	Oeste	6	5am-7am	11am-1pm	1pm-3pm
10	Miércoles	8	17	4	1	Agua (-)	Gallo	Madera (+)	Mono	12	Tigre	Sur	7	5am-7am	7am-9am	9am-11am
11	Jueves	8	18	4	1	Agua (-)	Gallo	Madera (-)	Gallo	1	Conejo	Este	8	5am-7am	5pm-7pm	11pm-1am
12	Viernes	8	19	4	1	Agua (-)	Gallo	Fuego (+)	Perro	2	Dragón	Norte	9	3am-5am	5pm-7pm	11pm-1am
13	Sábado	8	20	4	1	Agua (-)	Gallo	Fuego (-)	Cerdo	3	Serpiente	Oeste	10	7am-9am	7am-9am	11pm-1am
14	Domingo	8	21	4	1	Agua (-)	Gallo	Tierra (+)	Rata	4	Caballo	Sur	11	7am-9am	5pm-7pm	7pm-9pm
15	Lunes	8	22	4	1	Agua (-)	Gallo	Tierra (-)	Buey	5	Cabra	Este	12	5am-7am	9am-11am	3pm-5pm
16	Martes	8	23	4	1	Agua (-)	Gallo	Metal (+)	Tigre	6	Mono	Norte	13	5am-7am	7am-9am	11pm-1am
17	Miércoles	8	24	4	1	Agua (-)	Gallo	Metal (-)	Conejo	7	Gallo	Oeste	14	5am-7am	7am-9am	11pm-1am
18	Jueves	8	25	4	1	Agua (-)	Gallo	Agua (+)	Dragón	8	Perro	Sur	15	7am-9am	9am-11am	11pm-1am
19	Viernes	8	26	4	1	Agua (-)	Gallo	Agua (-)	Serpiente	9	Cerdo	Este	16	5am-7am	7am-9am	11pm-1am
20	Sábado	8	27	4	1	Agua (-)	Gallo	Madera (+)	Caballo	10	Rata	Norte	17	3am-5am	11am-1pm	9am-11am
21	Domingo	8	28	4	1	Agua (-)	Gallo	Madera (-)	Cabra	11	Buey	Oeste	18	7am-9am	7am-9am	11am-1pm
22	Lunes	8	29	4	1	Agua (-)	Gallo	Fuego (+)	Mono	12	Tigre	Sur	19	1pm-3pm	11am-1pm	3pm-5pm
23	Martes	8	30	4	1	Agua (-)	Gallo	Fuego (-)	Gallo	1	Conejo	Este	20	5am-7am	7pm-9pm	11pm-1am
24	Miércoles	9	1	4	1	Agua (-)	Gallo	Tierra (+)	Perro	2	Dragón	Norte	21	5am-7am	11am-1pm	11pm-1am
25	Jueves	9	2	4	1	Agua (-)	Gallo	Tierra (-)	Cerdo	3	Serpiente	Oeste	22	5am-7am	1pm-3pm	3pm-5pm
26	Viernes	9	3	4	1	Agua (-)	Gallo	Metal (+)	Rata	4	Caballo	Sur	23	3am-5am	11am-1pm	11pm-1am
27	Sábado	9	4	4	1	Agua (-)	Gallo	Metal (-)	Buey	5	Cabra	Este	24	3am-5am	3pm-5pm	9pm-11pm
28	Domingo	9	5	4	1	Agua (-)	Gallo	Agua (+)	Tigre	6	Mono	Norte	25	5am-7am	3pm-5pm	11pm-1am
29	Lunes	9	6	4	1	Agua (-)	Gallo	Agua (-)	Conejo	7	Gallo	Oeste	26	11am-1pm	1pm-3pm	11pm-1am
30	Martes	9	7	4	1	Agua (-)	Gallo	Madera (+)	Dragón	8	Perro	Sur	27	5am-7am	9am-11am	11am-1pm

Valores de la columna 14 (Q / M / D / J) presentes en filas aisladas: (-) 9, (-) 3, (-) 6, (-) 7, (-) 1, (-) 4.

Abreviaturas

Abreviaturas: (+) = Yang   (-) = Yin   TC = Tallo Celestial   RT = Rama Terrestre   Tai Sui = Gran Duque   San Sha = 3 Asesinos   S2 = Sur 2 (172.5 al 187.5 Grados)

Estaciones del Año: TSS = Término Solar Seccional   TSP = Término Solar Principal

24 Jie Qi (Términos Solares)   TSS-8* = Rocío Blanco (Bai Lu) / Luna Creciente   TSP-8 = Equinoccio de Otoño (Qiu Fen)

2014 Octubre

Inicio del Mes Chino:
Lunar: Septiembre 24
Solar: Octubre 8
Rama Terrestre del Mes : Perro
9° Mes Lunar Intercalado 10/24

Pilar Anual (Calendario Solar Chino): Madera Yang / Caballo (Jia Wu), desde 4/Febrero/2014 - 3/Febrero/2015

Panel Tai Sui / Choque

	Anual	Mensual
Tai Sui	Caballo S2	
RT en Choque Sui Po (Día)		
Ramas en Choque	Rata	Dragón
San Sha (3A)	Rata	Buey
Grupo Choque	Norte	

Tabla principal — Octubre 2014

Greg. Occidental	Día	Lunar Chino Mes	Lunar Chino Día	Año	Día 4P TC	Día 4P RT	Mes 4P TC	Mes 4P RT	RT en Choque Sui Po (Día)	Dir. San Sha (Día)	Jian Chu (Día)	Horas Auspiciosas 1	Horas 2	Horas 3	24 Términos / Fases
1	Miércoles	9	8	4	Madera (-)	Serpiente	Agua (-)	Gallo	Cerdo	Este	9	11am-1pm	3pm-5pm	11pm-1am	
2	Jueves	9	9	4	Fuego (+)	Caballo	Agua (-)	Gallo	Rata	Norte	10	3pm-5pm	7pm-9pm	11pm-1am	
3	Viernes	9	10	4	Fuego (-)	Cabra	Agua (-)	Gallo	Buey	Oeste	11	11am-1pm	3pm-5pm	5pm-7pm	
4	Sábado	9	11	4	Tierra (+)	Mono	Agua (-)	Gallo	Tigre	Sur	12	11am-1pm	3pm-5pm	5pm-7pm	
5	Domingo	9	12	4	Tierra (-)	Gallo	Agua (-)	Gallo	Conejo	Este	1	7am-9am	9am-11am	11pm-1am	
6	Lunes	9	13	4	Metal (+)	Perro	Agua (-)	Gallo	Dragón	Norte	2	11am-1pm	11am-1pm	11pm-1am	
7	Martes	9	14	4	Metal (-)	Cerdo	Agua (-)	Gallo	Serpiente	Oeste	3	9am-11am	3pm-5pm	3pm-5pm	
8	Miércoles	9	15	4	Agua (+)	Rata	Madera (+)	Perro	Caballo	Sur	3	11am-1pm	1pm-3pm	11pm-1am	TSS-9 / Llena
9	Jueves	9	16	4	Agua (-)	Buey	Madera (+)	Perro	Cabra	Este	4	11am-1pm	1pm-3pm	11pm-1am	
10	Viernes	9	17	4	Madera (+)	Tigre	Madera (+)	Perro	Mono	Norte	5	5am-7am	7am-9am	9am-11am	
11	Sábado	9	18	4	Madera (-)	Conejo	Madera (+)	Perro	Gallo	Oeste	6	3am-5am	5am-7am	7pm-9pm	
12	Domingo	9	19	4	Fuego (+)	Dragón	Madera (+)	Perro	Perro	Sur	7	11am-1pm	11am-1pm	3pm-5pm	
13	Lunes	9	20	4	Fuego (-)	Serpiente	Madera (+)	Perro	Cerdo	Este	8	3pm-5pm	5pm-7pm	11pm-1am	
14	Martes	9	21	4	Tierra (+)	Caballo	Madera (+)	Perro	Rata	Norte	9	7am-9am	9am-11am	11pm-1am	
15	Miércoles	9	22	4	Tierra (-)	Cabra	Madera (+)	Perro	Buey	Oeste	10	11am-1pm	11am-1pm	3pm-5pm	
16	Jueves	9	23	4	Metal (+)	Mono	Madera (+)	Perro	Tigre	Sur	11	11am-1pm	1pm-3pm	3pm-5pm	
17	Viernes	9	24	4	Metal (-)	Gallo	Madera (+)	Perro	Conejo	Este	12	5am-7am	9am-11am	11am-1pm	
18	Sábado	9	25	4	Agua (+)	Perro	Madera (+)	Perro	Dragón	Norte	1	7am-9am	9am-11am	11am-1pm	
19	Domingo	9	26	4	Agua (-)	Cerdo	Madera (+)	Perro	Serpiente	Oeste	2	9am-11am	11am-1pm	1pm-3pm	
20	Lunes	9	27	4	Madera (+)	Rata	Madera (+)	Perro	Caballo	Sur	3	7am-9am	11am-1pm	3pm-5pm	
21	Martes	9	28	4	Madera (-)	Buey	Madera (+)	Perro	Cabra	Este	4	7am-9am	11am-1pm	1pm-3pm	
22	Miércoles	9	29	4	Fuego (+)	Tigre	Madera (+)	Perro	Mono	Norte	5	5am-7am	5am-7am	11pm-1am	
23	Jueves	9	30	4	Fuego (-)	Conejo	Madera (+)	Perro	Gallo	Oeste	6	9am-11am	9am-11am	1pm-3pm	
24	Viernes	9*	1	4	Tierra (+)	Dragón	Madera (+)	Perro	Perro	Sur	7	11pm-1am	1pm-3pm	1pm-3pm	TSP-9 / Nueva
25	Sábado	9*	2	4	Tierra (-)	Serpiente	Madera (+)	Perro	Cerdo	Este	8	5am-7am	7am-9am	1pm-3pm	
26	Domingo	9*	3	4	Metal (+)	Caballo	Madera (+)	Perro	Rata	Norte	9	3am-5am	11am-1pm	3pm-5pm	
27	Lunes	9*	4	4	Metal (-)	Cabra	Madera (+)	Perro	Buey	Oeste	10	7am-9am	9am-11am	3pm-5pm	
28	Martes	9*	5	4	Agua (+)	Mono	Madera (+)	Perro	Tigre	Sur	11	5am-7am	7am-9am	3pm-5pm	
29	Miércoles	9*	6	4	Agua (-)	Gallo	Madera (+)	Perro	Conejo	Este	12	5am-7am	7am-9am	11pm-1am	
30	Jueves	9*	7	4	Madera (+)	Perro	Madera (+)	Perro	Dragón	Norte	1	9am-11am	11am-1pm	11pm-1am	
31	Viernes	9*	8	4	Madera (-)	Cerdo	Madera (+)	Perro	Serpiente	Oeste	2	5am-7am	9am-11am	1pm-3pm	

Octubre 24 - Luna Nueva - Inicia el 9° Mes Lunar Intercalado (Mes Lunar Intercalado del Perro)

Abreviaturas: (+) = Yang (-) = Yin TC = Tallo Celestial RT = Rama Terrestre Tai Sui = Gran Duque San Sha = 3 Asesinos S2 = Sur 2 (172.5 al 187.5 Grados)

Estaciones del Año: TSS = Término Solar Seccional TSP = Término Solar Principal

24 Jie Qi (Términos Solares) TSS-9 = Rocío Frío (Han Lu) TSP-9 = Heladas (Shuang Jiang)

NOVIEMBRE 2014

6 SO	2 O	1 NO	4 S	5 N	8 SE	7 E	3 NE
9 SE	8 E	4 NE	5 SO	1 O	9 NO	3 S	4 N
...	...	...	...	...	...	...	...

Información del Mes

2014 Noviembre
Inicio del Mes Chino:
- Solar: **Noviembre 7**
- Lunar: **Noviembre 22**

Rama Terrestre del Mes : Cerdo

Pilar Anual (Calendario Solar Chino): Madera Yang / Caballo (Jia Wu), desde 4/Febrero/2014 - 3/Febrero/2015

Tai Sui	
Anual	Caballo S2

Ramas en Choque		
	Anual	Mensual
	Rata	Serpiente

San Sha (3A)		
	Mensual	
	Oeste	Perro
	Gallo	

Grupo Choque
Oeste

16 — 24 Términos Solares y Fases Lunares
- Llena
- TSS-10
- TSP-10/Nueva

15 — Horas Más Auspiciosas del Día (1 / 2 / 3)

Calendario

Fecha	Día	Lun. Mes	Lun. Día	9E Año	9E Mes	9E Día	Dir.	Mes TC	Mes RT	Día TC	Día RT	Jian Chu (Dia)	RT en Choque Sui Po (Dia)	Dir. San Sha (Dia)	28	Q M D J	Horas 1	Horas 2	Horas 3	24 Términos / Fases
1	Sábado	9*	9	4	9	3	O	Madera (+)	Perro	Fuego (+)	Rata	3	Caballo	Sur	3		7am-9am	1pm-3pm	7pm-9pm	
2	Domingo	9*	10	4	9	2	SO	Madera (+)	Perro	Fuego (-)	Buey	4	Cabra	Este	4		3am-5am	5am-7am	11pm-1am	
3	Lunes	9*	11	4	9	1	S	Madera (+)	Perro	Tierra (+)	Tigre	5	Mono	Norte	5		5am-7am	9am-11am	11am-1pm	
4	Martes	9*	12	4	9	9	N	Madera (+)	Perro	Tierra (-)	Conejo	6	Gallo	Oeste	6	(-) 6	7am-9am	11am-1pm	1pm-3pm	
5	Miércoles	9*	13	4	9	8	SO	Madera (+)	Perro	Metal (+)	Dragón	7	Perro	Sur	7		5am-7am	11am-1pm	1pm-3pm	
6	Jueves	9*	14	4	9	7	C	Madera (+)	Perro	Metal (-)	Serpiente	8	Cerdo	Este	8		3am-5am	7am-9am	11am-1pm	Llena
7	Viernes	9*	15	4	8	6	NO	Madera (-)	Cerdo	Agua (+)	Caballo	8	Rata	Norte	9	(-) 9	7am-9am	11am-1pm	1pm-3pm	TSS-10
8	Sábado	9*	16	4	8	5	SE	Madera (-)	Cerdo	Agua (-)	Cabra	9	Buey	Oeste	10		5am-7am	7am-9am	1pm-3pm	
9	Domingo	9*	17	4	8	4	S	Madera (-)	Cerdo	Madera (+)	Mono	10	Tigre	Sur	11		5am-7am	7am-9am	9am-11am	
10	Lunes	9*	18	4	8	3	N	Madera (-)	Cerdo	Madera (-)	Gallo	11	Conejo	Este	12		7am-9am	9am-11am	11pm-1am	
11	Martes	9*	19	4	8	2	E	Madera (-)	Cerdo	Fuego (+)	Perro	12	Dragón	Norte	13	(-) 3	3am-5am	5pm-7pm	11pm-1am	
12	Miércoles	9*	20	4	8	1	SE	Madera (-)	Cerdo	Fuego (-)	Cerdo	1	Serpiente	Oeste	14		7am-9am	9am-11am	11pm-1am	
13	Jueves	9*	21	4	8	9	S	Madera (-)	Cerdo	Tierra (+)	Rata	2	Caballo	Sur	15		7am-9am	5pm-7pm	7pm-9pm	
14	Viernes	9*	22	4	8	8	N	Madera (-)	Cerdo	Tierra (-)	Buey	3	Cabra	Este	16		5am-7am	9am-11am	3pm-5pm	
15	Sábado	9*	23	4	8	7	SO	Madera (-)	Cerdo	Metal (+)	Tigre	4	Mono	Norte	17	(-) 5	5am-7am	7am-9am	11pm-1am	
16	Domingo	9*	24	4	8	6	E	Madera (-)	Cerdo	Metal (-)	Conejo	5	Gallo	Oeste	18		5am-7am	9am-11am	11pm-1am	
17	Lunes	9*	25	4	8	5	S	Madera (-)	Cerdo	Agua (+)	Dragón	6	Perro	Sur	19		3am-5am	5am-7am	11am-1pm	
18	Martes	9*	26	4	8	4	NO	Madera (-)	Cerdo	Agua (-)	Serpiente	7	Cerdo	Este	20		5am-7am	7am-9am	9am-11am	
19	Miércoles	9*	27	4	8	3	O	Madera (-)	Cerdo	Madera (+)	Caballo	8	Rata	Norte	21	(-) 8	3am-5am	5am-7am	11pm-1am	
20	Jueves	9*	28	4	8	2	SE	Madera (-)	Cerdo	Madera (-)	Cabra	9	Buey	Oeste	22		5am-7am	7am-9am	1pm-3pm	
21	Viernes	9*	29	4	8	1	C	Madera (-)	Cerdo	Fuego (+)	Mono	10	Tigre	Sur	23		5am-7am	7pm-9pm	11pm-1am	
22	Sábado	10	1	4	8	9	NO	Madera (-)	Cerdo	Fuego (-)	Gallo	11	Conejo	Este	24	(-) 2	1pm-3pm	11am-1pm	3pm-5pm	TSP-10/Nueva
23	Domingo	10	2	4	8	8	O	Madera (-)	Cerdo	Tierra (+)	Perro	12	Dragón	Norte	25		5am-7am	11am-1pm	3pm-5pm	
24	Lunes	10	3	4	8	7	SE	Madera (-)	Cerdo	Tierra (-)	Cerdo	1	Serpiente	Oeste	26		3am-5am	5am-7am	11am-1pm	
25	Martes	10	4	4	8	6	S	Madera (-)	Cerdo	Metal (+)	Rata	2	Caballo	Sur	27		3am-5am	5am-7am	11am-1pm	
26	Miércoles	10	5	4	8	5	NO	Madera (-)	Cerdo	Metal (-)	Buey	3	Cabra	Este	28		5am-7am	3pm-5pm	9pm-11pm	
27	Jueves	10	6	4	8	4	OE	Madera (-)	Cerdo	Agua (+)	Tigre	4	Mono	Norte	1		11am-1pm	3pm-5pm	11am-1pm	
28	Viernes	10	7	4	8	3	S	Madera (-)	Cerdo	Agua (-)	Conejo	5	Gallo	Oeste	2		5am-7am	11am-1pm	11am-1pm	
29	Sábado	10	8	4	8	2	N	Madera (-)	Cerdo	Madera (+)	Dragón	6	Perro	Sur	3		11am-1pm	9am-11am	11am-1pm	
30	Domingo	10	9	4	8	1	E	Madera (-)	Cerdo	Madera (-)	Serpiente	7	Cerdo	Este	4		11am-1pm	3pm-5pm	11pm-1am	

Abreviaturas

(+) = Yang   (-) = Yin   TC = Tallo Celestial   RT = Rama Terrestre   Tai Sui = Gran Duque   San Sha = 3 Asesinos   S2 = Sur 2 (172.5 al 187.5 Grados)

Estaciones del Año: TSS = Término Solar Seccional   TSP = Término Solar Principal

24 Jie Qi (Términos Solares) TSS-10 = Llegada del Invierno (Li Dong)   TSP-10 = Nevada Menor (Xiao Xue)

2014 Diciembre

Inicio del Mes Chino:
Pilar Anual (Calendario Solar Chino): Madera Yang / Caballo (Jia Wu), desde 4/Febrero/2014 - 3/Febrero/2015

- Lunar: **Diciembre 22**
- Solar: **Diciembre 7**

Rama Terrestre del Mes : Rata

	Anual	Mensual
Tai Sui	Caballo S2	
Ramas en Choque	Rata	Caballic
San Sha (3A)	Serpiente / Caballo / Cabra	Caballo
Grupo Choque		Sur

Calendario diario

Gregoriano (Occidental)	Lun. Mes	Lun. Día	4 Pilares Mes (TC)	4 Pilares Mes (RT)	Día (TC)	Día (RT)	Jian Chu (Día)	RT en Choque Sui Po	Dir. San Sha	24 Términos Solares / Fases
1 Lunes	10	10	Madera (-)	Cerdo	Fuego (+)	Caballo	8	Rata	Norte	
2 Martes	10	11	Madera (-)	Cerdo	Fuego (-)	Cabra	9	Buey	Oeste	
3 Miércoles	10	12	Madera (-)	Cerdo	Tierra (+)	Mono	10	Tigre	Sur	
4 Jueves	10	13	Madera (-)	Cerdo	Tierra (-)	Gallo	11	Conejo	Este	
5 Viernes	10	14	Madera (-)	Cerdo	Metal (+)	Perro	12	Dragón	Norte	
6 Sábado	10	15	Madera (-)	Cerdo	Metal (-)	Cerdo	1	Serpiente	Oeste	Lena / TES-11
7 Domingo	10	16	Fuego (+)	Rata	Agua (+)	Rata	1	Caballic	Sur	TSS-11
8 Lunes	10	17	Fuego (+)	Rata	Agua (-)	Buey	2	Cabra	Este	
9 Martes	10	18	Fuego (+)	Rata	Madera (+)	Tigre	3	Mono	Norte	
10 Miércoles	10	19	Fuego (+)	Rata	Madera (-)	Conejo	4	Gallo	Oeste	
11 Jueves	10	20	Fuego (+)	Rata	Fuego (+)	Dragón	5	Perro	Sur	
12 Viernes	10	21	Fuego (+)	Rata	Fuego (-)	Serpiente	6	Cerdo	Este	
13 Sábado	10	22	Fuego (+)	Rata	Tierra (+)	Caballo	7	Rata	Norte	
14 Domingo	10	23	Fuego (+)	Rata	Tierra (-)	Cabra	8	Buey	Oeste	
15 Lunes	10	24	Fuego (+)	Rata	Metal (+)	Mono	9	Tigre	Sur	
16 Martes	10	25	Fuego (+)	Rata	Metal (-)	Gallo	10	Conejo	Este	
17 Miércoles	10	26	Fuego (+)	Rata	Agua (+)	Perro	11	Dragón	Norte	
18 Jueves	10	27	Fuego (+)	Rata	Agua (-)	Cerdo	12	Serpiente	Oeste	
19 Viernes	10	28	Fuego (+)	Rata	Madera (+)	Rata	1	Caballic	Sur	
20 Sábado	10	29	Fuego (+)	Rata	Madera (-)	Buey	2	Cabra	Este	
21 Domingo	10	30	Fuego (+)	Rata	Fuego (+)	Tigre	3	Mono	Norte	
22 Lunes	11	1	Fuego (+)	Rata	Fuego (-)	Conejo	4	Gallo	Oeste	TSP-11 / Nueva
23 Martes	11	2	Fuego (+)	Rata	Tierra (+)	Dragón	5	Perro	Sur	
24 Miércoles	11	3	Fuego (+)	Rata	Tierra (-)	Serpiente	6	Cerdo	Este	
25 Jueves	11	4	Fuego (+)	Rata	Metal (+)	Caballo	7	Rata	Norte	
26 Viernes	11	5	Fuego (+)	Rata	Metal (-)	Cabra	8	Buey	Oeste	
27 Sábado	11	6	Fuego (+)	Rata	Agua (+)	Mono	9	Tigre	Sur	
28 Domingo	11	7	Fuego (+)	Rata	Agua (-)	Gallo	10	Conejo	Este	
29 Lunes	11	8	Fuego (+)	Rata	Madera (+)	Perro	11	Dragón	Norte	
30 Martes	11	9	Fuego (+)	Rata	Madera (-)	Cerdo	12	Serpiente	Oeste	
31 Miércoles	11	10	Fuego (+)	Rata	Fuego (+)	Rata	1	Caballo	Sur	

Horas Más Auspiciosas del Día (columnas 1, 2, 3) y las tablas de **9 Estrellas** / **Calendario Solar Chino** acompañan cada fila.

Abreviaturas: (+) = Yang (-) = Yin TC = Tallo Celestial RT = Rama Terrestre Tai Sui = Gran Duque San Sha = 3 Asesinos S2 = Sur 2 (172.5 al 187.5 Grados)

Estaciones del Año: TSS = Término Solar Seccional TSP = Término Solar Principal

Qi (Términos Solares) TSS-11 = Nevada Mayor (Da Xue) TSP-11 = Solsticio de Invierno (Dong Zhi) / Comienza el ascenso Yang (+) del año. Las Estrellas Diarias vuelan en sentido Yang

De esta manera concluye nuestro libro, deseamos de todo corazón que se convierta en una guía y una herramienta para fluir con la naturaleza y el entorno, así como con el cielo y los astros durante el año del caballo; que se convierta en la llave para abrir una puerta hacia un nuevo estilo de vida en el que fluya la armonía, el equilibrio y el amor.

Gracias por recibir este material con la misma ilusión y cariño con el que fue escrito, el esfuerzo ha sido grande.

Con mucho cariño:

Mónica y Bruno Koppel

Bibliografía

ASLAKSEN, HELMER, *When is Chinese New Year?*, Dpt. of Mathematics, National University of Singapore.

–, *The Mathematics of the Chinese Calendar*, Dpt. of Mathematics, National University of Singapore, 2002.

BINJIE, CHUN, *Relatos Mitológicos de la antigua China*, Miraguano Ediciones, Madrid, 1992.

BUZAN, TONY, *El gran libro de los mapas mentales*, Ediciones Urano, 1996.

CHUNG, LILLY, *Easy ways to Harmony*, Gold Medal Book, Estados Unidos, 1998.

–, *Meng The Path to Good Fortune*, Llewellyn Publications, Estados Unidos, 1997.

EITEL, ERNEST J., *Feng Shui, la ciencia del paisaje sagrado en la antigua China*, Ediciones Obelisco, España, 1997.

FAN, HEE Yin, *Discover Your Destiny, Your Future Revealed*, Times, Singapore, 1996.

HO, YONG, *China, An Illustrated Guide*, Hippocrene Books, USA, 2000.

JIAN-JUN, CHENG / Adriana Fernandes-Goncalves, *Chinese Feng Shui Compass, A Step by Step Guide*, Jiangxi Science and technology Publishing House, China, 1999.

KARCHER, STEPHEN, *How to Use the I Ching, A Guide to the Ancient Oracle of Change*, Barnes & Noble, China, 1999.

KERMADEC, JEAN Michel de, *Los ocho signos de su destino*, Ibis, España, 1992.

KOPPEL, MÓNICA, Koppel, Bruno, *Feng Shui, Agenda y Almanaque Chino 2003*, Editorial Lemara, México, 2002.

–, *Ambientes Especiales con Feng Shui, Cómo sanar tu casa y tu vida*, Alamah, México 2001.

–, *Feng Shui para niños, Cómo crear ambientes infantiles de armonía y éxito*, Alamah, México 2002.

–, *2003 Año de la cabra, feng shui, ki de las nueve estrellas para crear abundancia, armonía y amor*, Alamah, México 2002.

–, *Astrología, numerología y feng shui, el ki de las nueve estrellas*, Alamah, México 2001.

–, *Guía Completa de feng shui*, Edaf, Madrid, España, 2001.

KONTLER, CHRISTINE, *Arte chino*, Libsa, España, 2002.

KWOK, MAN HO, *Chinese Astrology*, Tuttle Publishing, Boston, Estados Unidos, 1997.

– y O'Brien, Joanne, *The Elements of Feng Shui*, Barnes & Noble, China, 1991.

LAU, KWAN, *Feng Shui for Today, Arranging Your Life for Health and Wealth*, Tengu Books, Estados Unidos, 1997.

LAU, THEODORA, *The Chinese Horoscopes Guide to Relationships, Love and Marriage, Friendship and Business*, Doubleday, Estados Unidos, 1997.

LENK & Paul, *Epistemological Issues in Classical Chinese Philosophy*, State University of New York, Albany, Estados Unidos, 1993.

LIN, HENRY B., *The Art and Science of Feng Shui*, Llewellyn Publications, Estados Unidos, 2000

LIP, EVELYN, *Feng Shui, Environments of Power, A Study of Chinese Architecture*, Academy Editions, Singapore, 1995.

LIP, EVELYN, *Personalize your Feng Shui, A Step by Step Guide to the Pillars of Destiny*, Heian International, Inc. Singapore, 1997.

–, *Feng Shui, A Layman's Guide*, Heian International, Inc. Singapore, 1996.

–, *Feng Shui for Business*, Heian International, Inc. Singapore, 1989.

–, *Feng Shui for the Home, Make the Best of Your Home with Expert Feng Shui Advice on*, Heian International, Inc. Singapore, 1995.

Lo Raymond, *Feng Shui, The Pillars of Destiny, Understanding Your Fate an Fortune*, Times, Singapore, 2000.

–, *Feng Shui & Destiny for Families*, Times, Singapore, 2001.

–, *Feng Shui & Destiny for Managers*, Times, Singapore, 1996.

Maeth, Russel, Flora Botton y John Page, *Dinastía Han*, El Colegio de México, México, 1984.

McNaughton, William y Li Ying, *Reading & Writing Chinese*, Tuttle Publishing, Boston, MA, Estados Unidos, 1978.

Moran, Elizabeth y Val Biktashev, *The Complete Idiot's Guide to Feng Shui*, Alpha Books, Estados Unidos, 1999.

Ni, Hua-Ching, *The Book of Changes and the Unchanging Truth*, Seven Star Communications, Estados Unidos, 1997.

Needham, Joseph, *Science and Civilization in China, Vol. 3 Mathematics and Sciences of the Heavens and the Earth*, Cambridge University Press, 1959.

Perrotet, Oliver, *Visual I Ching*, Edaf, Madrid, España, 1989.

Robert Ford Company, *Strange Writing, Anomaly Accounts in Early Medieval China*, State University of New York, Albany, Estados Unidos, 1996.

Sachs, Robert, *Numerología China, El Ki de las Nueve Estrellas*, Ediciones Obelisco, España, 1995.

Sang, Larry, *The Principles of Feng Shui*, AFSI, Estados Unidos, 1994.

Skinner Stephen, *Feng Shui*, Parragon, Italia, 1997.

–, *Feng shui para la casa actual*, Editorial Oceano, Barcelona, España, 2001.

Sung, Edgar, *Ten Thousand Years Book, The Essential Tool for Chinese Astrology*, MJE Publishing, Estados Unidos, 1999.

–, *Practical Use of the Chinese Almanac*, MJE Publishing, Estados Unidos, 1996.

TAN, RICHARD, *Shower of Jewels*, T & W Books, San Diego, California, Estados Unidos, 1996.

TAI, SHERMAN, *Chinese Astrology*, Asiapac, Singapore, 1996.

TOO, LILLIAN, *Creating Abundance with Feng Shui*, Ballantine Wellspring, Estados Unidos, 1999.

– y Yap Cheng Hai, *Applied Pa Kua and Lo Shu Feng Shui*, Oriental Publications, Malaysia, 1993.

–, *Chinese Astrology for Romance and Relationships*, Ritz Print, Malaysia, 1999.

–, *Water Feng Shui for Wealth*, Konsep Books, Malaysia, 2000.

TWICKEN, DAVID, *Flying Star Feng Shui Made Easy*, Writers Club Press, Estados Unidos, 2000.

WALTERS, DEREK, *El gran libro del feng shui*, Ediciones Obelisco, España, 1997.

WILHELM, RICHARD y Wilhelm Hellmut, *Understanding the I Ching, The Wilhelm Lectures on the Book of Changes*, Princeton Bollingen Series, Estados Unidos, 1995.

WOLPIN, SAMUEL, *Las dinastías chinas*, Kier, Argentina, 1989.

WONG, EVA, *Feng Shui, The Ancient Wisdom of Harmonious Living for Modern Times*, Shambala Publications, Estados Unidos, 1996.

–, *A Master Course in Feng Shui*, Shambala Publications, Estados Unidos, 2001.

XIAOCHUN, TAN, *The I Ching*, Asiapac, Singapore, 1995.

YAP, JOEY y Yap Cheng Hai, *Xuan Kong Advanced Study Course*, YCHFSCE, Malaysia, 2001.

YONG, TAN Khoon, *The Secrets of the Five Dragons*, Times, 2001.

Otras fuentes (artículos)

CHOY, HOWARD, *A Brief History of Flying Stars Feng Shui*.

–, *The Principles and Applications of Xuan Kong Cures*

–, tr al inglés de un extracto del *Ba Zhai Ming Jing* (*El espejo brillante de las ocho mansiones*), 2001.

Ross, Kelley L., *The Chinese Calendar*, 1999-2001.

INFORMES

Para asesorías, cursos, venta de productos, diseño de jardines, estudios personales, estudios de cuatro pilares, Escuela Profesional de Feng Shui en línea

Email
luisacfs@prodigy.net.mx

Página web:
http://www.fengshui-monicakoppel.com.mx

Facebook:
www.facebook.com/Monica Koppel

Twitter:
@monicakoppel